βασιλεία τοῦ θεοῦ

神の国

説教

及川 信
Shin Oikawa

一麦出版社

Soli Deo Gloria

目次

装画　柴田みどり
装釘　須田照生

神の子の到来

ルカによる福音書四章三八節～四四節

イエスは会堂を立ち去り、シモンの家にお入りになった。シモンのしゅうとめが高い熱に苦しんでいたので、人々は彼女のことをイエスに頼んだ。イエスが枕もとに立って熱を叱りつけられると、熱は去り、彼女はすぐに起き上がって一同をもてなした。日が暮れると、いろいろな病気で苦しむ者を抱えている人が皆、病人たちをイエスのもとに連れて来た。イエスはその一人一人に手を置いていやされた。悪霊もわめき立て、「お前は神の子だ」と言いながら、多くの人々から出て行った。イエスは悪霊を戒めて、ものを言うことをお許しにならなかった。悪霊は、イエスをメシアだと知っていたからである。

朝になると、イエスは人里離れた所へ出て行かれた。群衆はイエスを捜し回ってそのそばまで来ると、自分たちから離れて行かないようにと、しきりに引き止めた。しかし、イエスは言われた。「ほかの町にも神の国の福音を告げ知らせなければならない。わたしはそのために遣わされたのだ。」そして、ユダヤの諸会堂に行って宣教された。

メシアの到来

今日の箇所で一四節から始まった一つの単元が終わります。内容は、ガリラヤ地方における伝道です。一六節から、イエス様の故郷であるナザレにおける安息日礼拝の場面が始まります。その時イエス様がお読みになった聖書の言葉はイザヤ書のメシア預言です。非常に大事な言葉なので、今日も読ませていただきます。

主の霊がわたしの上におられる。
貧しい人に福音を告げ知らせるために、
主がわたしに油を注がれたからである。
主がわたしを遣わされたのは、
捕らわれている人に解放を、
目の見えない人に視力の回復を告げ、
圧迫されている人を自由にし、
主の恵みの年を告げるためである。

（ルカ四・一六〜一八）

ルカが、その福音書と続編である使徒言行録で書いているすべてのことは主の霊、つまり聖霊の働きです。イエス様の誕生も聖霊の業ですし、教会の誕生も福音宣教の業も聖霊の業です。イエス様が読まれたイザヤの言葉は、主なる神から霊を注がれたメシアが「福音を告げ知らせるために」この世に「遣わされる」という預言です。その「福音」とは、「捕らわれている人」「圧迫されている人」に「自由」や「解放」を与えることです。「自由」も「解放」も原語では同じアフェシスという言葉で、今日の箇所にアフィエーミという動詞の形で出てきます。そして、二度出てきた「告げる」はケールスソウで今日の箇所では「諸会堂で宣教された」という形で出てきます。「福音を告げ知らせる」とか「遣わされる」という言葉も、今日の箇所に出てきます。ルカは、これらの言葉を単元の枠組に使って、神の子・

メシアとは誰であり、そのメシアが与える自由・解放とは何であるか、福音とは何であるかを語っているのです。最初にそのことを頭に入れておいていただきたいと思います。

高熱が意味するもの

今日の箇所は、前回語った場面と同じ日の出来事から始まります。イエス様は、カファルナウムの会堂で礼拝をささげた後、シモン・ペトロの家に行きます。礼拝後の食事をとるためだったと思います。しかし、家に入ると、本来なら一行をもてなすはずのシモンの姑が高熱のゆえに寝込んでいたのです。その姑の病をイエス様が癒すという話が最初に出てきます。表面的な出来事は病の癒しです。そこに、イエス様の神の子としての力が現れていると言ってよいと思います。しかし、それだけなのかと言えば、そんなことではないでしょう。

「高い熱に苦しんでいた」と訳されています。でも、ルカは敢えて高い熱に「捕らわれている」「支配されている」（スネコウ）と書いています。悪霊が取りついている感じです。だから、つい先ほどまでいた会堂で悪霊を叱りつけて男の中から悪霊を追放したのと同じように、イエス様は「熱を叱りつけ」ました。イエス様にしてみると、病気も悪霊も人間を支配し、神様との交わりから引き離していく力なのです。

熱が去る

言葉で叱ると熱は「去った」とあります。私たち現代人にとっては「熱は下がる」ものですが、ルカが見ている現実は体内で起こる自然現象ではありません。現代でも、老人が高熱を出せば命とりになりかねません。病院だとか解熱剤がない時代であれば、それは尚更のことです。当時の人々にしてみれば、死の力がこの老人に襲い掛かり、支配しようとしていると思うしかないことです。その絶望的な状況を、主イエスはその言葉だけで打開されます。しかし、それは単なる病の癒しを意味するものではありません。

ここで「熱は去る」とありますけれど、その「去る」は先ほど言ったアフィエーミという言葉が使われています。つまり、捕らわれている人を解放し、圧迫されている人を自由にするということなのです。ですから、ここに記されていることは、イエス様こそ来るべきメシアであり、この方を通して福音がもたらされているということなのです。

それは、アフィエーミがしばしば「罪を赦す」という意味であることからも明らかです。この先の五章で、イエス様は「人の子が地上で罪を赦す（アフィエーミ）権威をもっていることを知らせよう」とおっしゃりつつ、中風という病に苦しむ人を癒されます。シモンの姑の癒しはこの出来事に向かっていき、さらにその先へと向かう出来事なのです。つまり、ここで既に罪の赦しが暗示されているのです。

もてなす

それは、彼女が「一同をもてなした」という言葉にも表れています。この言葉は、後に教会用語となっていく「奉仕する」（ディアコネオウ）という言葉です。八章の初めには、イエス様に病を癒されたり悪霊を追放していただいたりした女たちが、イエス様と弟子たちの宣教の旅に同行し、様々な奉仕をしたと記されています。後の教会の原型がそこにあるのです。ですから、ここも高熱で苦しんでいた姑が健康を取り戻してよかったねという話ではなく、彼女は死の力に支配されそうだったけれど、主の霊を受けて遣わされたメシアの言葉によってその力から解放され、今や主に仕える者となった。新しい人間が創造された。そういう霊的な次元での救いの出来事が起こったことを告げているのです。

一人ひとりに手を置く

そうこうしている内に「日が暮れ」ました。安息日が終わったのです。安息日には歩く距離も制限されていましたし、仕事をすることが禁じられていました。そこで安息日が終わると同時に、家族や知人に病人がいる人々が、その病人たちをイエス様の所に続々と連れて来たのです。今でも有名な医師がいる病院の待合室は、毎日多くの人々で一杯です。シモンの家が、そういう状況になったのです。するとイエス様は「その一人ひとりに手を置いて癒され」ました。旧約聖書でもユダヤ教の文献の中でも、手を置くことは基本的に神様の祝福を祈ることだそうです。牧師や長老を任職する時に私たちの教会では按手礼という式を執り行いますけれども、それはまさに牧師や長老に選び立てられた人に手を置いて神様の祝福を祈る式です。礼拝の最後に、牧師は手を挙げて祝福を告げますけれど、それも集まった一人ひとりの上に手を置いて祝福するイエス様を象徴的に表している行為だと思います。

私は、この場面もまた一つの礼拝の場面だと思います。私が司式をする時も長老がする時もそうですが、この講壇に立って祈る時にごく自然に出てくる言葉の一つに、「今日も私たち一人ひとりのその名を呼んでここに集めてくださいましたことを感謝します」という言葉があります。私たちは名もなき集団としてここに集まって来ている訳ではありません。一人ひとりがイエス様にその名を呼ばれて、ここに集まって来ているのです。主イエスが、「誰でも重荷を負って苦労している者は私の許に来なさい」と招いてくださっているのです。

私たちは、それぞれ一週間の歩みの中で疲れを覚えていますし、傷ついている場合もあります。悔いていることもあります。どうしようもない呻きを抱えている場合もある。また、そういう重荷を抱えている方を、主イエスに会わせたくて礼拝にお連れする場合もある。自分がその方の重荷をいくら聞いても、根本的な解決にはならない。是非、主イエスに出会って欲しい。主イエス自身に手を置いて祈ってもらえれば、きっとその荷が軽くなる。そう信じて、家族や友人を礼拝にお連れする場合もあるでしょう。来週の特別伝道礼拝は特にそのことを覚える礼拝でもあります。

そういう私たち一人ひとりを主イエスが見つめ、そして言葉をかけ、手を置いて祈ってくださる。そのようにして、私たち一人ひとりに襲い掛かり、支配し、神様から引き離そうとしている力から解き放ってくださる。自由を与えてくださる。そして、神様に仕えて生きる喜びを新たにしてくださる。そういう霊的な現実が起こるのが礼拝ではないでしょうか。

牧師はただの人間ですし、皆さんが抱えている重荷の一つひとつをほとんど知りません。知ったとしても、その重荷を軽くすることができる訳ではありません。でも、皆さんの中には、「今日は私のために説教をしてくれた」と思う方もおられるはずです。今日の自分に対して、神様が語りかけてくださったという実感をもつ経験です。私も信徒だった頃、何度もそういう礼拝経験をしました。説教者になってからは、毎週のみ言葉が今の自分に対する神の言葉なのだと実感する経験をしています。その経験抜きに、説教はできません。自分に語りかけられてもいない言葉を、今日与えられる神の言葉として皆さんに語ることなどできようはずもないことです。そして、そういう霊的な現実がどのようにして今の現実になったかが、今日の箇所の奥底にある問題なのです。

お前は神の子だ

しかし、その問題に行き着くために、四一節以下を読まねばなりません。悪霊も病も、人を捕らえ、圧迫し、神から引き離す力です。彼らにとって最も恐ろしいのは、自分たちが支配し、圧迫している人間たちを解放し、自由にしていく神の子、メシアの到来であることは言うまでもありません。彼らは、自分たちの支配を打ち破る者が、このナザレのイエスであったことに驚愕し、「お前は神の子だ」と喚きながら退散します。本物が出てきた時は、偽物は退散せざるをえないのです。しかし、その時に、彼らは敗北宣言なのかどうか分かりませんが、「お前は神の子だ」と叫びながら出て行ったのです。しかし、主イエスはそのことを禁じられました。それはどうしてでしょうか？

そのことで、主イエスの権威と力がより衝撃的に人々に伝わるわけですから望ましいことなのではないかとも思います。今風に言えば、宣伝効果は抜群のはずです。しかし、主イエスは禁じる。それは何故か？

いろいろな可能性があると思いますけれど、たとえば「天皇」という言葉を聞いたとき、皆さんは何をイメージされるのでしょうか。それは人によって様々だと思います。ある人たちは戦前から戦中にかけての「現人神」としての天皇を思い出すでしょう。政治的な意味での最高君主であり、宗教的な意味で神でもある。その言葉一つで、何万、何十万という人々が死ぬ戦争を始めることもできれば、終わらせることもできる。そういうなんとも不可思議な存在を思い浮かべる人がいると思います。しかし、現代の学生たちに「現人神」と黒板に書いても読めませんし、誰のことだか分かりません。「天皇」と書いても、かつてのような存在をイメージする学生はいません。

称号というものは、時代によってその意味合いがどんどん変化します。イギリス国王だって女王だって同じです。百年前と今では全く違う。誰がどういう意味で呼ぶかでも称号の意味はかわります。

しかし、イエス様が神の子、メシアであるという意味は、時代によって変わったり、呼ぶ人間によって意味が違ったりしてはならないことです。まして、悪霊が呼ぶ時と新約聖書がイエス様を神の子、メシア・キリストと告白する時では意味が全く違うことは言うまでもありません。悪霊は悪霊の理解に基づいて「神の子」と言いふらします。それは、自分たちよりも圧倒的に強い力をもっている存在のことでしょう。その悪霊の言葉を聞くことによって人々も同じイメージをもち、その神の子の力を欲してイエス様の所に集まって来る。ただそれだけを求めるようになる。つまり、単なる病の癒し、悪霊の追放だけを求めて集まって来るようになる。そういう事態は避けなければならないのです。それは誤解に基づく神の子、メシア理解だからです。

人里離れた所へ行く主イエス

そういうこともあって、イエス様は夜が明けると「人里離れた所へ出て行かれ」ます。しかし、人々はイエス様を捜し回り、「自分たちから離れて行かないようにと、しきりに引き止め」ました。何故、人々はイエス様を強く引き止めるのかと言えば、悪霊も病も追い出してくれる神の子、メシアを自分たちの所に確保しておきたいからでしょう。こんな便利な有難い存在はないからです。ナザレの人々が、「カファルナウムでいろいろなことをしたと聞いたが、郷里のここでもしてくれ」と思っているのも同じことです。イエス様をそういう存在として自分たちの所に確保しておきたいのです。それはよく理解できることではないでしょうか。でも、彼らの理解は悪霊と同じなのです。

悪魔は、荒れ野でイエス様を誘惑しました。その時、悪魔は「神の子なら、この石にパンになるように命じたらどうだ」「神の子なら、ここから飛び降りたらどうだ」と言いました。
それと同じ誘惑を今、イエス様は人々から受けているのです。その場所は「人里離れた所」です。ギリシア語ではエレーモスと言いますけれども、それは「荒野」と訳された言葉と同じなのです。悪魔は人であり、人は悪魔であるとも言えます。ルカ福音書では、「人里離れた所」とは、イエス様が祈る場所として出てきますが、それはイエス様にとっては、誘惑と戦う場所でもあるのだと思います。
悪魔からの誘惑、そして人々からの誘惑。その本質は同じです。神の子、メシアを単なる悪霊追放者、奇跡行為者として限定し、自分たちの利益のために使う。神の子が、そういう有益なものである限り自分たちの所に引き留めておきたい。まだまだ手を置いてもらっていない病人はいるのです。そういう人間を助けないまま行ってしまうのか？　まさかメシアであり神の子である方はそんな無慈悲なことはしませんよね⁉　もし、留まってくれるなら家を建ててあげる、お手当もはずみますよ……。人々には、そういう思いもあるでしょう。そして、肉をもった人として生きるイエス様にとって、その思いに応えることは安全で魅力的な道でもある。イエス様が夜明けと同時に出て行った「人里離れた所」とは、イエス様にとってはまさに誘惑と戦う荒野なのです。

神の国の福音

イエス様は言われました。

「ほかの町にも神の国の福音を告げ知らせなければならない。わたしはそのために遣わされたのだ。」そして、ユダヤの諸会堂に行って宣教された。

あらゆる所で神の国が到来したという福音を告げ知らせる。それがイエス様に与えられた使命なのです。それは、イエス様の願望ではなく神様の願望であり、神様がイエス様に与えた道です。その道を歩み通す。そのためにイエス様は神様から遣わされたのです。ひとつ所に止まって、その地の人々の願望に応えるという道を歩むことがイエス様の使命なのではありません。「ほかの町にも神の国の福音を告げ知らせる」。それが、神様がイエス様に与えた使命なのです。

イエス様の使命とは、一人でも多くの人々を「神の国」に招き入れることです。人が神の国に生きるためにどうしても必要なこと、それは罪が赦されることです。身体的精神的な病が癒されることが、即神の国に招き入れられることではありません。健康であっても罪の支配の中に落ちていることなど幾らでもあります。そのことが主観的に苦しい場合もあれば、何も気づかずに楽しい場合もある。逆に、不治の病を得た苦しみを味わいつつも、主イエスによって罪の赦しを与えられ、神様との愛の交わりである「神の国」に生かされる喜びを実感していることも幾らでもあるのです。問題は、目に見える肉の次元ではありません。

シモンの姑の癒しの本質は、彼女の病の癒しではなく彼女の罪の赦しであり、彼女が喜びをもって神に仕える者となったということです。そのことを見落としたり、見誤ると、聖書はとんでもない方向に私たちを導く書物となります。

主イエス・キリストの言葉も業もすべては主の霊、聖霊の業であり、主イエス・キリストを証しする聖書は聖霊の導きの中で書かれた書物です。だから、いつも聖霊の導きを祈りつつ読んでいかなければなりません。学問的に読む必要はありませんが、聖霊の導きを求めて読み続ければ、いろいろなことが示されてきます。

使命

使命は自分で決めるものではなく、神様から与えられるものです。だから、「わたしは～したい」と願って生きるのではなく、「わたしは～をせねばならない」「することになっている」という形で生きるものです。ですから、使命感に燃えている人には一種の悲壮感が漂うのは当然です。与えられた使命に拘束されているからです。でも、そこには大きな喜び、充実感があることも当然です。そこには肉の欲望を満たす喜びとは全く異なる喜びがあります。神様に奉仕をしている喜び、神様に与えられた賜物を神様にささげることができる喜び、そういう喜びがそこにはあるものです。そして、使命に拘束されることは、罪の束縛から自由にされることなのであり、そこには真の解放の喜びがあるのです。

主イエスは、「ほかの町にも神の国の福音を告げ知らせなければならない」とおっしゃいました。「なければならない」はギリシア語ではデイという言葉です。その言葉が集中的に出てくるのは、主イエスの復活を告げる二四章です。しばらく二四章の言葉に耳を傾けたいと思います。

必ず実現する神の言葉

安息日が明けた週の初めの日の早朝、女たちがイエス様の遺体に油を塗るという最後の奉仕をささげようとして墓に行きます。彼女たちは、ガリラヤ地方で主イエスに癒され、悪霊を追放され、それ以来、主に仕えることを使命とし、最大の喜びとしてきた人々です。しかし、その墓にイエス様の遺体はなく、二人の天使がいました。天使は彼女たちにこう言いました。

「なぜ、生きておられる方を死者の中に捜すのか。あの方は、ここにはおられない。復活なさったのだ。ま

だガリラヤにおられたころ、お話しになったことを思い出しなさい。人の子は必ず、罪人の手に渡され、十字架につけられ、三日目に復活することになっている、と言われたではないか。」
（二四・五～七）

「必ず～となっている」がデイです。十字架の死と復活、その道を歩み通すこと、それが神様がイエス様に与えた道、使命なのです。そして、それはかつてイエス様が彼女らを含む弟子たちに語っていたことなのです。

しかし、その言葉を信じることができずに、失望と悲しみの思いを抱えつつ生まれ故郷の町エマオに帰っていく二人の弟子がいました。その弟子たちの道を復活の主イエスは共に歩んでくださいました。でも、彼らはイエス様は死んだと思い込んでおり、その目でイエス様を見てもそれがイエス様だとは分からなかったのです。そういう弟子たちに、イエス様はこう語りかけられました。

「ああ、物分かりが悪く、心が鈍く預言者たちの言ったことすべてを信じられない者たち、メシアはこういう苦しみを受けて、栄光に入るはずだったのではないか。」
（二四・二五～二六）

「はずだったのではないか」が、デイです。苦しみと栄光。十字架と復活。その道を歩み通すのが神から遣わされたメシアです。病の癒しや悪霊追放は、イエス様がメシアの道を歩む過程の中で起こったことであり、その究極ではありません。そして、癒しも追放も、十字架の死と復活を通してもたらされる罪の赦しと新しい命への招きなのです。神の国に罪人を招き入れるためのものなのです。それは旧約聖書から新約聖書に至る聖書全体を通して明らかにされていることであり、一部分だけを読んで勝手な解釈をしている限り、決して分からないことです。

イエス様は、二人の弟子たちに「モーセとすべての預言者から始めて、聖書全体にわたり、御自分について書かれていることを説明」（二四・二七）してくださいました。そして、彼らの家に入り、「パンを取り、賛美の祈りをささげた上で、パンを裂いてお渡しに」なりました。「すると、二人の目が開け、イエスだと分かったが、その姿は見えなくなった」（二四・三一）のです。この時、初めて彼らの目が霊的な次元に開かれました。そして、肉眼でイエス様が見えなくとも、いや見えないからこそ、イエス様はユダヤの諸会堂だけでなく全世界の諸会堂に一人ひとりを招き、罪の支配からの解放と自由を与えるメシアとして生きておられることが分かりかけてきたのです。彼らは大喜びでエルサレムに帰りました。そこには、やはり復活の主イエスと出会ったシモン・ペトロもいました。

その日、イエス様はエルサレムに集まっている弟子たちの真ん中に立ち「あなたがたに平和があるように」（二四・三六）と祝福の宣言をされました。おそらく両手を挙げて宣言されたと思います。そして、聖書の言葉は必ず実現すること、それはメシアの十字架の死と復活を通して与えられる罪の赦しであることを告げられたのです。そして、罪の赦しという福音はユダヤの他の村や町どころか、あらゆる国の人々に「宣べ伝えられる」（二四・四七）ことになるとおっしゃる。「宣べ伝えられる」は、四章の単元を囲む枠に出てきたケールスソウという言葉です。誰によって宣べ伝えられるのかと言えば、弟子たちなのです。

主イエスは「罪の赦しを得させる悔い改めが、その名によってあらゆる国の人々に宣べ伝えられる」「エルサレムから始めて、あなたがたはこれらのことの証人となる。わたしは、父が約束されたものをあなたがたに送る。高い所からの力に覆われるまでは、都にとどまっていなさい」（二四・四七～四八）

と弟子たちに言われました。

ペンテコステに起こったこと

イエス様が復活されてから五十日目、ペンテコステと呼ばれる日、エルサレムの一室で祈る弟子たちに、天から「炎のような舌が分かれ分かれに現れて、一人一人の上に止まった」（使徒二・三）と使徒言行録には記されています。まさに、弟子の一人ひとりが、主イエスによる火と聖霊の洗礼を授けられ、手を置かれて祝福の祈りをしていただいたのだと思います。その時、彼らは上からの力に満たされて世界中の言葉で神の国の福音を宣べ伝え始めました。シモン・ペトロは、イエス様の十字架の死を語った後、こう続けました。

「神はこのイエスを復活させられたのです。わたしたちは皆、そのことの証人です。それで、イエスは神の右に上げられ、約束された聖霊を御父から受けて注いでくださいました。あなたがたは、今このことを見聞きしているのです。……だから、イスラエルの全家は、はっきり知らなくてはなりません。あなたがたが十字架につけて殺したイエスを、神は主とし、またメシアとなさったのです。」

（使徒二・三二～三六抜粋）

この聖霊に満ちた説教を聞いて罪を悔い改めた人々は、罪の赦しに与る洗礼を受け、共に主イエスの命に与る聖餐の食卓を囲むようになり、地の果てまで神の国の福音を宣べ伝える伝道を始めたのです。すべては聖霊の業です。その聖霊がこの二千年間、生きて働いているからこそ、今から九十三年前に中渋谷教会も日本の東京の渋谷の地に誕生したのだし、今もこうして礼拝において主の言葉を語り、聞いて信じ、聖餐の食卓を囲みつつ、「神の国」の福音を宣べ伝えているのです。

私たちに起こること

私たちは今日、新たに高い所からの力に包まれて福音伝道の御業に奉仕する者に造り替えられることを切に願います。来週は特別伝道礼拝です。誘える方がいる人は熱心に誘ってください。いない方は誘われてきた方が、主イエスと出会えるように熱心に祈ってください。毎年こなす恒例行事として覚えるのではなく、最初で最後であっても悔いがないという思いをもって備えなければなりません。知らぬうちに罪の力に支配されている一人ひとりを主イエスの許にお連れして、言葉をかけていただき、手を置いて祈っていただくことを切に祈りつつその日に備えていきたいと思います。それが私たちの使命なのです。そして、その祈りは御心に適う祈りですから、必ず何らかの形で実現するのです。

聖なる父なる御神

今日もあなたの憐れみの中に置かれて、一人ひとりその名を呼ばれて、あなたを礼拝する者としてここに立てられてありますことを心から感謝をいたします。あなたが名を呼んでくださらなければ、あなたが招いてくださらなければ、私たちはこの主の日にこの場にいることはできません。ただあなたの恵みによって、永久《とこしえ》に変わることのない命の言葉をいただき、永久に変わることのない救い主、イエス・キリストを信じる信仰を与えられて今日も主を賛美できます。そこに私どもの、他の何ものにも替えがたい喜びがあります。御神様、これから一週間の歩みを始めます。豊かに祝福し、聖別し、派遣をしてください。

来週の礼拝は私どもの特別伝道礼拝であります。その日に向かって、私どもが愛する家族、知人をイエス・キリストに紹介すべく、毎日祈りを深めていくことができますように。そして来る主の日、またどうぞあなたの憐れみの中に置かれて、私どもが、また私どもが声をかける者が、一人、また一人とこの会堂に集められて、聖霊の注ぎの中にみ言葉を聴くことができますように。今この時も、被災地において、本当に耐えがたい苦しみ、悲しみを抱えながら生きておられる多くの方たちがおられます。あなたしか、慰め、励まし、力を与えることはできません。どうぞあなたが御顧み、御慰めを豊かに注いでください。またどうぞその地に立つあなたの教会が、またこの地に立つ私どもが、そのことを絶えず覚え、私たちにできることをあなたに示されて、懸命に、その連帯、また支援の業《わざ》に励むことができますように、私たちを強めてください。

この場に集うことができなかった兄弟姉妹たちをどうぞ顧み、また、礼拝から離れてしまっている者たちをあなたが連れ返してくださいますように。主イエス・キリストの御名によって祈ります。アーメン

（二〇一一年六月十三日）

何を見ているのか

ルカによる福音書七章一八節～三五節

　ヨハネの弟子たちが、これらすべてのことについてヨハネに知らせた。そこで、ヨハネは弟子の中から二人を呼んで、主のもとに送り、こう言わせた。「来るべき方は、あなたでしょうか。それとも、ほかの方を待たなければなりませんか。」二人はイエスのもとに来て言った。「わたしたちは洗礼者ヨハネからの使いの者ですが、『来るべき方は、あなたでしょうか。それとも、ほかの方を待たなければなりませんか』とお尋ねするようにとのことです。」そのとき、イエスは病気や苦しみや悪霊に悩んでいる多くの人々をいやし、大勢の盲人を見えるようにしておられた。それで、二人にこうお答えになった。「行って、見聞きしたことをヨハネに伝えなさい。目の見えない人は見え、足の不自由な人は歩き、重い皮膚病を患っている人は清くなり、耳の聞こえない人は聞こえ、死者は生き返り、貧しい人は福音を告げ知らされている。わたしにつまずかない人は幸いである。」ヨハネの使いが去ってから、イエスは群衆に向かってヨハネについて話し始められた。「あなたがたは何を見に荒れ野へ行ったのか。風にそよぐ葦か。では、何を見に行ったのか。しなやかな服を着た人か。華やかな衣を着て、ぜいたくに暮らす人なら宮殿にいる。では、何を見に行ったのか。預言者か。そうだ、言っておく。預言者以上の者である。

『見よ、わたしはあなたより先に使者を遣わし、
　あなたの前に道を準備させよう』

と書いてあるのは、この人のことだ。言っておくが、およそ女から生まれた者のうち、ヨハネより偉大な者はいない。しかし、神の国で最も小さな者でも、彼よりは偉大である。」民衆は皆ヨハネの教えを聞き、徴税人さえもその洗礼を受け、神の正しさを認めた。しかし、ファリサイ派の人々や律法の専門家たちは、彼から洗礼を受けないで、自分に対する神の御心を拒んだ。

「では、今の時代の人たちは何にたとえたらよいか。彼らは何に似ているか。広場に座って、互いに呼びかけ、こう言っている子供たちに似ている。

『笛を吹いたのに、／踊ってくれなかった。葬式の歌をうたったのに、／泣いてくれなかった。』

洗礼者ヨハネが来て、パンも食べずぶどう酒も飲まずにいると、あなたがたは、『あれは悪霊に取りつかれている』と言い、人の子が来て、飲み食いすると、『見ろ、大食漢で大酒飲みだ。徴税人や罪人の仲間だ』と言う。しかし、知恵の正しさは、それに従うすべての人によって証明される。」

Kさんの死

先週、私たちは若くして肝臓を患い四十四歳で亡くなったK・H（男性）さんの棺を前にして礼拝をささげました。私は、金曜日の早朝にKさんの死をN夫人から知らされて以来、深い悲しみと喪失感を抱いていました。Kさんは、心の中に深い悲しみを湛えていた人だと思います。彼自身の言葉を使えば、彼の心の中には「自分でも分からない大きな黒い塊」があり、それが溶けていかないことが大きな苦しみであり、また悲しみでした。しかし、Nさんと出会い、義母のSさんを通してこの教会と出会い、皆さんと出会い、主イエス・キリストと出会い、その御腕に抱かれる安心と喜びを少しずつ知らされていった方です。

先週の朝礼拝の説教者は、左近豊牧師でした。その説教の中に、「人間性の奥底にあるどす黒い塊のようなものに責め苛まれ」とか、「『神の似像』として造られたはずの人間性が、……破壊され失われてしまった現実」という言葉がありました。人間を支配している根源的な罪を表す言葉です。

罪人とは、悪事をする人のことではありません。命の創造主であり導き手である神様との交わりを喪失し、本来の人間の姿を失った人のことです。精神的な意味で、孤児あるいは迷子のように、心の落ち着き所や身の置き場がない、本当の居場所を失ってしまった人のことです。私たちは、主イエス・キリストと出会う前はそういう罪人として生きていたのだし、そこにはそこはかとない悲しみがありました。しかし、だからこそ救いを求めてイエス・キリストに出会い、信じることができるようになったという面があると思います。

真の悲しみ

左近牧師は、十字架の死を経て復活されたイエス様の光を見つつ、「まことの『悲しみの人』となられたこの方なしには見ることのできない悲しみがある」とおっしゃいました。私もそう思います。礼拝後にKさんの死と葬儀の日程を皆さんに報告した際、「この方なしに見ることができない悲しみがあり、またこの方だけが見ていてくださる悲しみがある。その悲しみを経験することは不幸なことに違いないけれど、この悲しみを通してイエス様と出会い、その慰めを受けることができるとするなら、それは幸いと言うべきではないだろうか。Kさんは、イエス様と出会うその悲しみを知っていた人だと思う」と言いました。それは、左近牧師の説教の最後に読まれた主イエスの言葉が「悲しむ人々は幸いである。彼らは慰められる」だったからでもあります。

Kさんの死を知らされた時から、彼が書いた文章や、いつもmaybe（多分）という言葉で締め括られた彼からのメールを読み返しつつ、葬儀で語るべき説教を書き続けました。生きている実感を求めつつ、心のどこかにすべてはmaybeと言わざるをえない悲しみを抱えていたKさんを、主イエスはいつも見つめていたのだし、今はその御腕に抱きしめてくださっている。その主イエスの眼差しと抱擁する姿を私自身の心の目が見つめることができるまで書き続けていました。

そして、なんとか第一稿を書き上げた時、信頼する幾人かの方にメールで送って読んでいただきました。Kさんをご存じない他教会の方にも読んでいただきました。Kさんを知って欲しいという思いと、私の悲しみを知って欲しいという思いがあったからだと思います。

そして、今の私にとって最も深いことを教えていただけるある先生から、こういう返信をいただきました。

「諸々の悲しみに打ちひしがれてはならない。maybe、否、surely、諸々の悲しみをくぐって、真の悲しみに達した方はあの方以外にいないに違いない。その方だけが慰めを用意してくださる」。「そのうち最も大いなるは愛なり」。その愛が「すまい」を満たしている。なんという恵みでしょう。

「真の悲しみに達したあの方」とは、十字架上で「わが神、わが神、なぜわたしをお見捨てになったのですか」と叫び、また「父よ、彼らをお赦しください。自分のしていることを知らないのです」と祈られたお方のことです。ただこの方だけが、自分のしていることが分からない、自分が何者であるかも分からない、本来の姿を失ってしまった人間の根源的な罪による悲しみを見てくださっている。ただこの方だけが、そういう罪人を自らの悲しみをもって傍らに呼び寄せてくださる。慰めてくださる。そして、復活の命に生かしてくださる。そこに愛がある。その愛で愛されている。その事実を知る。いや、知らされる。そのことに勝る幸いはないと思います。そして、Kさんは結果として人生の晩年になってしまった日々の中で、その幸いを与えられた方だと思います。

信仰によって知るメシア

今日は、ルカ福音書七章の二四節からです。イエス様は洗礼者ヨハネの弟子たちに「わたしにつまずかない人は幸いである」とおっしゃいました。イエス様の先駆者であるヨハネも「つまずく」可能性がある一人の人間であるということでしょう。

ヨハネの弟子たちがヨハネに伝えたイエス様とは、身体に障碍を持ち、また病を持ち、様々な意味で貧しい者たち、そのことの故に罪人とされていた人々を癒し、福音を告げ知らせているイエス様です。しかし、このイエス様は一般に期待されていたメシア（救い主）のイメージとは異なるものでしたし、ヨハネが宣べ伝えたメシアとも実は異なるものだったと、私は思います。だから、彼もまた「来るべき方」はこの方なのかどうか、揺れたのではないかと思います。

ヨハネは、悔い改めない罪人たちを容赦なく裁くメシアの到来を告げました。ヨハネは「悔い改めよ」と迫りました。上辺だけでなく、真実な罪の悔い改めを迫ったのです。相手が誰であれ、そのことを迫り、罪を糾弾しました。世の支配者ヘロデであっても、それは変わりませんでした。彼は、ヘロデの救いのために悔い改めを迫ったのです。しかし、彼の救いを求めたのに、そのことを恨まれ、危険視されて、結局は処刑されてしまう。そこに、ヨハネの悲しみがあります。それは罪人としての悲しみではなく、神の義（正しさ）に従って生きる人間が、必然的に味わうことになる悲しみであり、罪人のための悲しみです。そういう意味でも、ヨハネはイエス様の先駆者でした。

その悲しみを味わいつつ、彼は「来るべき方」がイエス様なのかどうかを弟子に尋ねさせるのです。しかし、イエス様から「そうだ、わたしがそれだ」という明確な答えは与えられませんでした。イエス様が、来るべきメシアであるか否かは、二二節にある告知を信じるか否かに掛かっているからです。イエス様が来るべきメシアであるかないか、それはただ「信仰」によってのみ知ることです。客観的な証拠によって、すべての人が同じように「認識」することではありません。

洗礼者ヨハネとは

主イエスは、ヨハネの弟子たちが帰った後、周囲を取り囲んでいた群衆に問いかけます。「あなたがたは何を見に荒野に行ったのか」と。弱々しく風になびく葦のような人物か？　それとも、上等な服を着た王侯貴族か？　そんなものではないだろう！「預言者」を見に行ったのだろう！　確かに、彼は預言者だ。しかし、それ以上の者なのだ。あなたがたは、その姿を見たのか⁉　と言われる。

そして、旧約聖書の言葉を自由に引用されます。

「見よ、わたしはあなたより先に使者を遣わし、
あなたの前に道を準備させせよう。」
（出エジプト二三・二〇）

「あなた」とは「来るべきメシア」のことであり、主イエスご自身のことです。ヨハネは、メシア到来を準備する者として「預言者以上の者だ」と、主イエスはおっしゃる。そして、人間の中で最も偉大な者だ、大きな存在だとおっしゃる。「風にそよぐ葦」から始まり、あっと言う間に人間として最大の存在になるのですが、本当に言いたいことはその次の言葉でしょう。

「**しかし、神の国で最も小さな者でも、彼よりは偉大である。**」

この場合の「神の国」とは、いわゆる天国のことではありません。イエス様を主、メシア（キリスト）と信じ、罪の赦しを与えられ、主イエスとの交わりに生きている共同体、神の家族のことです。つまり、私たちキリスト教会のことです。そこに生きる最も小さな者でも、人間として最も大きなヨハネよりも大きい、と主イエスは言われるのです。これは論理的にはありえないことですけれど、主イエスがもたらしてくださった新しい現実とは、そういうものなのです。

ヨハネ福音書の中で、イエス様はこうおっしゃっています。

「**人は、新たに生まれなければ神の国を見ることはできない。**」（ヨハネ三・三）
「**だれでも水と霊とによって生まれなければ、神の国に入ることはできない。**」（ヨハネ三・五）

この言葉は人間の輪廻転生を言っている訳ではありません。罪人はイエス様をメシアと信じ、水と霊の洗礼を受けることを通して神の国を見、また入ることができるとおっしゃっているのです。新約聖書は、そのような神の国がイエス様と共に到来した福音を告知しているのです。

そして、ヨハネはそのことを告げた人物として旧約の最後に位置しつつ、新約の入り口に立つ人です。その意味で、それまでの人物で最大のものなのです。

民衆

この辺りから本題に入っていくのですけれど、二九節は解釈が分かれます。

民衆は皆ヨハネの教えを聞き、徴税人さえもその洗礼を受け、神の正しさを認めた。

原文では「民衆は皆、聞いた」とだけ書かれています。それでは分からないので「ヨハネの教え」を補っているのです。しかし口語訳聖書では、「これを聞いた民衆は皆、また取税人たちも、ヨハネのバプテスマを受けて神の正しいことを認めた」となっています。つまり、「民衆」はイエス様の言葉を聞いた人々です。私は、そちらの解釈をとります。

口語訳聖書では、この場にいたイエス様の言葉を聞いた民衆が、はるか遠くのヨルダン川沿岸にいるヨハネから洗礼を受けに行ったかのように見えます。でも、それは不可能ですし、この時ヨハネは既に領主ヘロデによって牢獄に閉じ込められていたとすれば、尚更不可能です。

ここでルカが言いたいことは、預言者としてのヨハネの言葉を聞いて「罪の赦しを得させる悔い改めの洗礼」を既に受けていた「民衆」は、この時、イエス様の言葉を聞いて、「神の正しいことを認めた」ということだと思います。

ファリサイ派　律法の専門家

しかし、ファリサイ派の人々や律法の専門家たちは、彼から洗礼を受けないで、自分に対する神の御心を拒んだ。

「ファリサイ派の人々」や「律法の専門家」とは、神の民ユダヤ人が伝えてきた律法を生活に適用し、それを順守した人々です。そして、そのことによって神から義とされる、正しい者と認められることをめざし、また認められていると確信していた人々だと言ってよいと思います。真面目な人々なのです。しかし、えてしてそういう人は他の人々、特に異邦人と接触しつつ不正な利益をあげている徴税人のような人々を、「罪人」として軽蔑しているものです。彼らは、そういう罪人と触れただけで自分が汚れると信じていました。障碍者や病人、貧しい人々も皆、罪があるからそういう裁きを受けているのだとして交わりから排除していたのです。その彼らが、「罪の赦しを得させる悔い改めの洗礼」をヨハネから受けるはずもありません。自分には罪がないと思っているのですから。そして、そうであるが故に、イエス様の言葉を聞こうがその業を見ようが、彼らはそこに救いをもたらす福音を見ることはありません。彼らは見聞きすればするほど、イエス様に「つまずく」のです。

自分には罪がないと思っている人が、悔い改める必要を感じないのは当然です。それは、罪による悲しみを抱く必要がないことですから、主観的には幸せなことでしょう。しかし、主観的事実と客観的事実はしばしば異なります。彼らは、自らを救うことができるという確信の故に、「自分に対する神の御心を拒んだ」のです。

「神の御心」とは、神様の救いのご計画、罪人の罪を赦して神の国に招き入れる業を現します。しかし、彼らはその救いを自ら拒む。彼らだって救いを求めているのに、それが人生の目的なのに、神に義とされることを願って生きているのに、自らを義とすることで、その救いを拒んでしまう。まさに、「自分のしていることを知らない」罪人の姿がここにはあります。そして、その姿は今の時代の多くの人々にも見ることができる姿でもあります。主イエスは、その姿を見て、深い悲しみを抱かれます。

笛吹けど

その主イエスがこう言われるのです。

「では、今の時代の人たちは何にたとえたらよいか。彼らは何に似ているか。広場に座って、互いに呼びかけ、こう言っている子供たちに似ている。
『笛を吹いたのに、
踊ってくれなかった。
葬式の歌をうたったのに、
泣いてくれなかった。』」

この譬えに関して、いくつもの解釈があります。しかし、どれをとっても何かがおかしいのです。その一つひとつにふれる時間はありませんから、今の私の思うことだけを語ります（私の解釈も、辻褄が合わない所があります）。

「笛を吹く」とは、罪を赦された者たちと赦したイエス様との喜びに満ちた宴会、祝宴の模様を語っているのだと思います。もちろん、笛を吹いているのはイエス様です。イエス様は、ご自身がもたらしている神の国をしばしばそのような宴会にたとえておられます。しかし、その宴会の招きに応える人はいない。

それに対して、時間的には先に登場したヨハネは、罪の本質は死であり、その結末は悲しみに満ちた葬式であると告げ、人々に悔い改めを迫ったのです。しかし、その時代の人々は彼の言葉をまともに受け止めなかった。

イエス様は罪の赦しによる神の国到来という喜びを告げているのに、やはり、その言葉をまともに受け止めない。結局どちらの言葉もまともに受け止めず、悔い改めない。神の許に立ち帰らない。そういう人々が、ファリサイ派や律法の専門家に限らず、大勢いる。そのことを、イエス様は深い悲しみをもってお語りになっているのだと思います。

あなたがたは

それ故に、続けてこうおっしゃるのです。

「洗礼者ヨハネが来て、パンも食べずぶどう酒も飲まずにいると、あなたがたは、『あれは悪霊に取りつかれている』と言い、人の子が来て、飲み食いすると、『見ろ、大食漢で大酒飲みだ。徴税人や罪人の仲間だ』と言う。しかし、知恵の正しさは、それに従うすべての人によって証明される。」

先ほど「今の時代の人たちは」と言われていたのに、ここでは「あなたがたは」と言われる。今、こうして礼拝をささげている私たちを含めて、「あなたがたは」と主イエスはおっしゃっているのです。

前回も語りましたように、キリスト者である私たちもまた、自分に都合の良いみ言葉を好み、都合の良いメシアを好み、気に入らない言葉やメシアは拒むことにおいて、当時の人々となんら変わりがないからです。

ヨハネは荒野で「駱駝の毛衣を来て、蝗と野蜜を食料としていた」と、マタイ福音書にはあります。そこには、極端な禁欲と同時に、神の民にとって大切な食卓の交わりを拒否するという異常さがあります。

相手が誰であってもその隠れた罪を暴き、欺瞞をあぶり出し、容赦なく責めるヨハネの言葉に、人々は一つの真実があることを認めざるをえません。しかし、それは多くの人々が好む「預言者」ではありません。だから、「あれは悪霊に取りつかれている」と言って排除するのです。痛いところを衝いてくる人を、私たちは遠ざけるものです。

しかし、その一方で、主イエスが、徴税人のような人々と宴会の席に連なると「見ろ、大食漢で大酒飲みだ。徴税人や罪人の仲間だ」と言って排除する。彼らにとっては、食事を共にすることは祈りを共にすることであり、神への信仰を共にすることだからです。

そういう信仰と文化を持っているわけではない私たち日本人だって、誰が見ても罪人だと言わざるをえない人と一緒に食事をすることはしません。そんな所を人に見られてしまえば、その罪人と仲間だと思われて、それまで属していた社会から排除されてしまうからです。

しかし、主イエスはすべての人と食卓を共にされます。すべての人の罪が見えるからです。自覚をしているいないにかかわらず、すべての人が実は孤児であり、迷子となっている。自分の本当の居場所を失っている。その根源的な悲しみが、主イエスには見えるからだし、その悲しみを慰めようとしてくださるからだと思います。

ファリサイ派との食事

来週、私たちは三六節以下を読むことになります。

さて、あるファリサイ派の人が、一緒に食事をしてほしいと願ったので、イエスはその家に入って食事の席に着かれた。

イエス様は、ファリサイ派の人々とも食事をされます。彼らを愛することを通して、己の罪に気づいて欲しいからだと思います。罪は、愛されることによってしか、本当には知ることができないものなのです。

しかし、あろうことか、その町に住む「罪深い女」が後ろからイエス様に近づき、「泣きながらその足を涙でぬらし始め、自分の髪の毛でぬぐい、イエスの足に接吻して香油を塗った」というのです。これはまさに異常な光景です。その女はどういう事情でそうなったか分かりませんが、売春で生活の糧を得ていた女です。そうなると、これは異常というよりも異様なことです。ファリサイ派の人々は、その女のするままにさせておくイエス様に対して強い不信感を抱きます。彼らは、心の中でイエス様の言葉や業の力に一種の驚きを覚えていたはずですから尚更です。

罪の赦し・神の国

この食事の場面の終わりは、こういうものです。

イエス様は、泣きながら足に香油を塗る「罪深い女」に向かって「あなたの罪は赦された」と言うのです。すると、同席の者たちが、「罪まで赦すこの人は、いったい何者だろう」と訝しがる。しかし、イエス様はそんなことにはお構いなく、「あなたの信仰があなたを救った。安心して行きなさい」とおっしゃいます。「安心して行きなさい」は、私たちが礼拝の最後に毎週聞くことになる派遣の言葉、「平和の内に出て行きなさい」と全く同じ言葉です。

そして、それに続く八章の書き出しはこういうものです。

すぐその後、イエスは神の国を宣べ伝え、その福音を告げ知らせながら、町や村を巡って旅を続けられた。

その旅には、七つの悪霊を追い出していただいたマグダラの女と呼ばれるマリアも一緒でした。女が弟子になること自体、ユダヤ人社会の中では異常なことです。それが、悪霊に取りつかれて社会から追放されていた女であれば尚更のことです。

しかし、「神の国」とは、そういうものなのです。「神の国」とは、イエス様から罪を赦していただくことによって入る神様との交わりなのですから。いわゆる真面目で立派な人間が、そのことの故に入るものではないのです。

己が罪を自覚し、その罪を悲しみ、泣きながら主イエスに縋る者たちを、主イエスは憐れんでくださいます。汚れた者として遠ざけるわけではありません。「わたしに触るな」とはおっしゃらない。憐れみをもって、その人々の罪を赦し、その御腕に抱いてくださるのです。そして、御腕に抱かれた小さな者は、この地上で最も大きな者よりも大きいのです。

神の国の門

主イエスがファリサイ派の人たちと食事をすることからも分かりますように、神の国は、すべての人に向かって開かれています。しかし、そこに入ってくる者は少ない。それもまたいつの時代においても変わることのない事実でしょう。神の国の門は開かれていても、たしかに狭い門だからです。その門から入るためには、自分が罪人であることを知るという深い悲しみが必要だからです。その悲しみを経ないで、信仰の喜びがあるわけではありません。

正しさを認める

今日の箇所で見落としてならないことは、枠のように出てくる「民衆は皆、神の正しさを認めた」と「知恵の正しさは、それに従うすべての人によって証明される」という言葉だと思います。

「神の正しさを認める」「知恵の正しさが証明される」とは、ディカイオオウという言葉です。しばしば「義とする」と訳される言葉です。今日の箇所では、人々が神様の正しさとか知恵の正しさを認める、神や知恵を正しいとしています。この場合の「知恵」とは、イエス・キリストを通して示された神様の救いの御業、あるいはご計画の意味です。そのことを人間が義と認める（正しいと認める）とは、神様がイエス・キリストを信じる罪人の罪を赦し、義としてくださる。そのあり方を「正しい」と受け止めることです。しかしそれは、私たちが神様のなさることを客観的に見て、正しいか正しくないか判定することではありません。

そうではなくて、聖書に告知されている主イエスの言葉を聞き、その業を見て、この方こそ罪に支配されていた惨めな私のメシア、私の悲しみを知り、そして私のために悲しみ、その悲しみの極みを、あの十字架の上で味わい、復活を通して罪の支配から解放してくださった救い主であると信じることなのです。ただそのことにおいて、私たちは主イエスを正しいお方、主イエスを罪の贖い主として送り給うた神は正しいお方であると証しできるのです。そして、その時、本当の人間になる。

あの十字架の場面では、隣の十字架につけられていた犯罪者が自分の罪を告白し、主イエスに対する信仰を告白しました。その犯罪者に向かって、主イエスは「あなたは今日、わたしと一緒にパラダイスにいる」と言われたでしょう。

そして、主イエスを犯罪者として処刑した側のローマの百人隊長は、自分が十字架で処刑した十字架の主イエスを見て、「本当にこの人は正しい人だった」と言ったのです。この十字架にこそ、神の正しさ、神の知恵が現れている。そのことを信じて、神様を賛美したのです。ファリサイ派と徴税人ほどに立場の違う二人が、同じ姿を見て、同じ信仰を与えられているのです。

何を見ているのか

主イエスの十字架の死の姿に何を見るのか？　すべてはそこに掛かっています。博愛に生きた偉大な愛の人を見るのか、権力と戦ってついに処刑された殉教者を見るのか、それとも、「もろもろの悲しみをくぐって、真の悲しみに達した」メシア・キリストを見るのか。そのことが問われているのです。あの十字架に「真の悲しみに達した」キリストを見ることができた者は、自分の悲しみがキリストに見られていることを知った者です。そして、そのことにおいて何にも替え難い慰めを得ることができる人です。そして、その人は、人生の根底にある罪の悲しみに打ちひしがれることなく、その罪に対して十字架の死と復活を通して勝利してくださった方への信仰によって、感謝と喜び、賛美と望みに生きることができるのです。

主イエスは、その信仰を生きて欲しいと願って、今日も私たちに語りかけてくださっているのです。「あなたがたは何を見に、この礼拝に来たのか?」との主イエスの問いに対して、「主よ、あなたです。私たちの救い主であるあなたです」と応えることができる者は幸いです。

御父

み言葉を感謝いたします。あなたのみ言葉だけが私たちの命の光であり、導きです。この光に照らされて、この導きの中を生きなければ、私たちは闇の中で迷子となり、ただ滅びとしての死が待つのみであります。この光を与えられて、光を見つめて、また光から見つめられて、その光の中を光の子として歩むことができるのは、ただただあなたの恵みによります。御神、どうぞ、これからも私たちを恵んでくださいますように、憐れんでくださいますように、一週ごとにこの礼拝へ招いてください。そして、この礼拝と礼拝の間のこの世における歩みを、平和のうちに出て行き、あなたに仕え、隣人を愛し、あなたを愛し、隣人に仕える歩みができますように。主イエス・キリストのみ名によって祈り願います。

アーメン

（二〇一二年二月十九日）

神の国の福音

ルカによる福音書八章一節～三節

すぐその後、イエスは神の国を宣べ伝え、その福音を告げ知らせながら、町や村を巡って旅を続けられた。十二人も一緒だった。悪霊を追い出して病気をいやしていただいた何人かの婦人たち、すなわち、七つの悪霊を追い出していただいたマグダラの女と呼ばれるマリア、ヘロデの家令クザの妻ヨハナ、それにスサンナ、そのほか多くの婦人たちも一緒であった。彼女たちは、自分の持ち物を出し合って、一行に奉仕していた。

わたしの母、わたしの兄弟たち

三月の聖句として正面玄関に掲げている聖句は、「わたしの母、わたしの兄弟とは、神の言葉を聞いて行う人たちのことである」という主イエスの言葉です。歩きながら、あるいは立ち止まって聖句を見上げる方がいます。そういう方たちにとって、この主イエスの言葉はどのように響くのかなと思います。この言葉は、ルカ福音書八章二一節の言葉です。イエス様の母と兄弟たちがイエス様に会うためにやって来た。しかし、家の中は人でごった返しており、母や兄弟は近づくことさえできませんでした。そこで、人に頼んだ。その人は、「母上と御兄弟たちが、お会いしたいと外に立っておられます」とイエス様に告げました。その時のイエス様の答え、それが、「わたしの母、わたしの兄弟とは、神の言葉を聞いて行う人たちのことである」なのです。教会の前を歩きながらこの言葉を読んだ人がそのことを知ったら、この教会の門を叩くことはないだろうと思わないわけでもありません。

実は招き

このイエス様の言葉ほど冷淡な拒絶の言葉はないとも言えます。お腹を痛めて産んだ息子にこんなことを言われたら、その母はいったいどれほど嘆くだろうかと思います。兄弟たちにしてもそれは同じでしょう。

しかし、イエス様はこの言葉を、家の外にいる家族を拒絶するために言ったのではないと思います。むしろ、逆です。家の外に立つ肉親の家族たちに、神の家族になってほしい、神の家族の一員としてこの家の中に入ってきて欲しい。そういう熱い思いがこもった招きなのだと、私は思います。しかし、その「神の家族」になるためには、それまでの肉の家族としての関係を根本的な所では切らねばならないのです。そうすることによって、さらに深い関係、主イエスの愛で愛し合う交わりが生まれてくるのです。

神の家族

キリスト者になるとは神の子になることです。私たちは、子として神様を「アッバ、父よ」と呼ぶ「兄弟姉妹」です。中渋谷教会では、互いに「兄弟姉妹」と呼ぶことは多くありません。しかし、言葉として使っても使わなくても、私たちが兄弟姉妹であることは事実です。教会の交わりの中では、夫婦とか親子もまた主にある兄弟姉妹です。また、他人とも主にあって兄弟姉妹となる。そういう全く新しい関係性の中に入るためには、それまでの古い関係性を捨てざるをえません。しかし、それは私たちにとってそれほど簡単なことではありません。そして、主にある兄弟姉妹となった者同士が、互いに主の愛で愛し合うこともそんなに簡単なことでないことを、私たちは知っているはずです。
今日の箇所は、前回の罪深い女の話の余韻の中で、「神の国」とは何であるかを語る箇所です。そして、「神の国」とは別の言い方をすると「神の家族」です。だから、今日の箇所と一九節以下の神の家族に関する話は、一つの単元を構成する枠のような構造になっていると思います。

神の国

そのことを踏まえた上で、これまでどのような箇所で「神の国」という言葉が出てきたかを振り返っておきたいと思います。
最初に出るのは、四章四三節です。そこでイエス様はご自身を引きとめようとする人々に対して、こうおっしゃいました。

「ほかの町にも神の国の福音を告げ知らせなければならない。わたしはそのために遣わされたのだ。」そして、ユダヤの諸会堂に行って宣教された。

今日の箇所でも同じことが言われています。神の国の福音を告げ知らせ、宣教する（宣べ伝える）。そのために神様から遣わされたイエス様は、町々村々を隈なく歩き回るのです。そして、この後には十二人の弟子たちを派遣し、七十二人の弟子たちを派遣されます。可能な限り多くの人々に、神の国が到来したことを宣べ伝えようとされるのです。イエス様の生涯はまさに伝道の生涯なのです。

そして、ルカ福音書の最後では、復活の主イエスが弟子たちにこう言われます。

「メシアは苦しみを受け、三日目に死者の中から復活する。また、罪の赦しを得させる悔い改めが、その名によってあらゆる国の人々に宣べ伝えられる。」（ルカ二四・四六）

「エルサレムから始めて、あなたがたはこれらのことの証人となる。わたしは父が約束されたものをあなたがたに送る。高い所からの力に覆われるまでは、都にとどまっていなさい。」（ルカ二四・四七～四八）

「神の国」とは、十字架と復活のメシアによって与えられる罪の赦しのことです。罪の赦しを通して私たちは神の子となり、兄弟姉妹となり、その愛の交わりに生かされるのです。そこに「神の国」がある。誰もが悔い改めることを通して、その国の中に生かされることが福音であり、救いです。

復活されたイエス様は、イスラエルの町々村々を越えて、「あらゆる国の人々」にその救いを与えるための伝道を継続されるのです。そのために、あの「十二人」に高い所からの力、聖霊が与えられるのです。その聖霊を注がれた弟子たちは、福音の使徒として、あらゆる国の人々に宣べ伝えるための旅を続けます。その働きが、ルカ福音書の続きである使徒言行録に記されているのです。そして、今、私たちがここで礼拝をささげていることは、今も主イエスがこの国の人々に神の国を宣べ伝えているということなのです。

イエス様と一緒にいる者たち

しかし、その伝道は「十二人」だけがするのではありません。主によって神の家族にされたすべての人がするのです。その最初が、今日の箇所に記されていることだと思います。

ここには、町や村を巡って神の国の福音を宣べ伝えるイエス様と「十二人も一緒だった」と記されています。しかし、その直後にマグダラのマリア、ヨハナ、スサンナ、「そのほか多くの婦人たちも一緒であった」とあるのです。

私たちは現代に生きていますし、それも現代の教会に生きていますから、こういう記述にさほど違和感を感じないで読んでしまうかもしれません。しかし、少し前までは、男女の席が別々に決まっていることはよくありました。私の前任地である松本の教会も、私が赴任した当初（二十五年前）は礼拝堂の右側に男性が座り、左側に女性が座っていました。昔の中渋谷教会もそうだったという話を聞いたことがあります。それは教会の信仰に基づく決まりではなく、かつての日本の儒教的な教育の影響でしょう。今は、男女が渾然一体となっています。この方がキリストの教会らしいことは言うまでもありません。

しかし、イエス様の時代のユダヤ人社会においては、成人男子と女や子どもとでは画然とした違いがありました。神殿の造りも、成人男子の庭には女や子どもは入れませんでした。その点では、女は子どもと同じ扱いなのです。律法学者、民の長老、祭司長という社会の上層にいる人々は皆男です。そして、ラビと呼ばれる律法学者の弟子たちも皆男です。女はいません。

そういう男中心のユダヤ人社会、あるいは「この世」の中に、イエス様は「神の国が到来した」ことを告げるのです。それは、非常に過激というか、激烈なことです。まさに古い革袋の中に、これからどんどん発酵する新しいぶどう酒が注ぎ込まれてくるようなことだからです。もし、そのぶどう酒を入れ続けていたら、古い革袋としての社会体制は内側から破壊されていきます。権力を持った男たちが、そんなことを許すはずもありません。拒絶するのは当然のことです。

主イエスは、この後、これ以上ない激しさで拒絶されます。しかし、そのことをご承知の上で、イエス様は町々村々を巡り歩き、神の国の福音を宣べ伝えられるのです。

神の国の逆転　一

かつて人口の八割が自分は中流階級だと思っていた日本も、今や勝ち組、負け組と言われるような格差社会になっています。かつては見えなかった階層がはっきり見えてきています。そして、富に恵まれた人は笑い、そうでない人は泣く。そういう現実があります。あからさまな身分制度があるわけではないにしても、社会の中で上に立つ者と下に立つ者はいます。

当時のユダヤ人社会のような宗教的社会においては、上に立つ者とは神に近いものであり、下に立つ者は神から遠い、あるいは見捨てられた人となります。神に祝福された人々は健康や富に恵まれ、見捨てられた人々は病気や貧しさに見舞われるということにもなる。

しかし、そういう社会の中で、イエス様はこう言われるのです。

「貧しい人々は、幸いである、
神の国はあなたがたのものである。
今飢えている人々は、幸いである、
あなたがたは満たされる。
今泣いている人々は、幸いである、
あなたがたが笑うようになる。」

（ルカ六・二〇～二一）

「この世」においては、富を持っている人々が幸いなのです。そこには神様の祝福があるからです。罪人はその祝福がないから飢えるようなことになるのであり、泣く羽目になるのだ。それがこの世の人々の論理です。しかし、イエス様はその論理と真っ向から対立し、対決されるのです。

神の国の逆転　二

洗礼者ヨハネ、彼が偉大な人物であることは当時の多くの人々が認めていました。しかし、イエス様はこうおっしゃいます。

「およそ女から生まれた者のうち、ヨハネより偉大な者はいない。しかし、神の国で最も小さな者でも、彼よりは偉大である。」

ここでも、常識では決して分からない神の国の現実が語られています。社会の常識の枠内に留まろうとする限りは、この神の国を受け入れることはできません。イエス様がおっしゃる神の国を受け入れるとは、それまで自分が生きていた社会、またその常識の外に出るしかないのです。それが新しい革袋になることであり、古き自分に死んで新しい自分に生まれ変わるということです。洗礼を受けるとはそういうこと。教会に生きるとはそういうことなのです。より良い常識人になることではありません。常識は弁えているけれど、神の国をもたらしてくださった主イエスへの信仰に生きることなのです。

だから、主イエスが宣べ伝え、もたらしておられる神の国を受け入れる人はまれなのです。そのことを、主イエスは「笛吹けど踊らず」と言って嘆かれました。多くの人々、特に世の上層階級を生きている人々は、洗礼者ヨハネが禁欲すれば「あれは悪霊に取りつかれている」と敬遠し、イエス様が罪人と食事をすれば「あれは大酒飲みだ」と軽蔑したのです。

その後、ある町の中で娼婦を生業としていた「罪深い女」が、泣きながら罪の赦しを乞い求め、イエス様を愛を示しました。イエス様は、その女に向かって「あなたの罪は赦された」とおっしゃった。しかし、その場にいた男たちは、そのことに対して嫌悪感を抱いたのです。

十二人と婦人たち

「神の国」の福音を告げる今日の箇所は、罪深い女の罪が赦された出来事の続きです。そして、それは「神の家族」とは何であるかを告げる一九節以下と枠をなしているのです。ここで強調されていることは、イエス様と「一緒に」いたのはあの「十二人」だけではなく多くの「婦人たち」もいたということです。このことが当時の社会の中でどれほど常識外れのことであるかは、既に語ってきたことからお分かりいただけると思います。婦人たちがいる。彼女らはそれぞれの持ち物を提供しあって、主イエスと弟子たちの一行に奉仕をしていました。この現実の中に既に、神の国とは何であるかが明らかにされているのです。

二人の女性

婦人たちの中でどういう人物であるかが分かるのは二人です。一人は、イエス様によって「七つの悪霊を追い出していただいたマグダラの女と呼ばれるマリア」であり、もう一人は、「ヘロデの家令クザの妻ヨハナ」です。スサンナはここにしか出てきませんし、どういう女性かは分かりません。マグダラのマリアとヨハナ、この二人はイエス様と一緒にいる女性たちの代表でしょう。しかし、その二人はこの世ではとても一緒にいるような人たちではありません。ただ、主イエスにおいてのみ一緒におり、共に奉仕をささげることができる女性たちなのです。

マグダラのマリア

マリアは、「悪霊を追い出して病気をいやしていただいた」女性たちの代表です。彼女は、七つの悪霊に取りつかれていたのです。「七」は完全数ですから、手の施しようがないほど心身の障碍、あるいは病魔に襲われていたのだと思います。「悪霊」とは神様に敵対する力です。だから、マリアはその力に完全に支配されている罪深い女、ということにもなります。祭司だとか律法学者たちは、尚更彼女をそういう罪人として見たはずです。救いようがないと見たのです。自分には罪がないと思う人間は、他人のことを救いようがないと見るものです。

けれども、七つの悪霊に取りつかれたマグダラのマリアは、自分には罪がないなどとは到底思えません。罪があるが故にこのような形で裁かれている。そう思わざるをえなかったでしょうし、人々の侮蔑と嫌悪の視線にさらされつつ耐え難い悲しみを抱いていたでしょう。あの罪深い女が、外につまみ出されるのも覚悟の上で、イエス様に近づいてその足に接吻したように、マリアもまた必死の思いで主イエスに近づき、救いを求めたでしょう。そのマリアの信仰を主イエスは受け入れてくださったのです。そして、彼女をご自身との交わりの中に入れ、主イエスと共に歩む教会の交わりの中に招き入れてくださったのです。マリアは、そのことにどれほど大きな感謝と喜びを感じたでしょうか。彼女は、その時以後、まさに主イエスに献身をしたのです。

どのように愛すればよいのか

後に、マグダラのマリアは直前に出てきた罪深い女、つまり町の娼婦と同一人物だとする伝説が生まれてきました。そして、娼婦から聖女へと生まれ変わった女として、マグダラのマリアは宗教画家が好んで描く女性となったのです。

今から四十年も前に、『ジーザス・クライスト・スーパースター』というロックミュージカルが作られ、世界中で大ヒットしました。今も舞台で演じられています。そのミュージカルの中でも、マグダラのマリアは元娼婦として描かれています。そして、弟子のユダが、マリアの愛と信仰を受け入れるイエス様をなじるのです。「その女がどんな女か知った上で、彼女の愛を受け入れるのか⁉ 汚らわしい」と。しかし、イエス様は断固として彼女をかばい、弟子の一人として接します。その主イエスの愛に心打たれるマリアが歌う歌は、私にとっては若い頃から忘れることができない歌の一つです。

I don't know how to love him.「この方をどのように愛したらよいのか分からない」という歌です。「男は嫌と言うほど見てきた。しかし、こんな人とは会ったことがない。こんな愛で愛されたことはない。この方のような愛で愛されることは、最早それまでの自分ではいられなくなること。それが怖い。でも、この方の愛を受け入れないで生きていくことは最早できない。でも、この方をどの様に愛したらよいのか、私には分からない。でも、愛していきたい。自分のすべてをささげて、この方を愛していきたい」。そういう心をマリアが歌うのです。

この演劇はすぐに映画化されて、日本でも上映されました。私は、イエス様を信じてよいのかどうか迷っていた高校生の時に何度か観ました。そして、この歌には心かき乱されました。今はまたその頃とは違う意味で、やはり心が揺さぶられます。

主イエスの愛に打たれる。愛には愛で返したい。でも、主イエスの愛にどうやって応えたらよいのか、それは分かりません。そんなことができるとも思えない。ただ、私は私として、主イエス・キリストというお方がかつており、今も生きておられること。今でも私たちを愛し、神の国の福音を宣べ伝えてくださり、神の国に招いてくださっていることを礼拝で語り続け、またどこでも、時が良くても悪くても語り続けることなのかもしれないと思います。そんなことで済む話ではないとも思いますが、そんなことでもちゃんとやるのは私には大変なことです。皆さんにも、それぞれに主イエスの愛に応答するあり方があるはずです。

ヨハナ

このマリアに対して、ヨハナは、全く対極にある女性だと思います。彼女はガリラヤの領主ヘロデの家令の妻です。今で言えば高級官僚の妻です。そして、夫クザが仕えているヘロデとは、自分の罪を容赦なく暴く洗礼者ヨハネを牢獄に閉じ込めている男です。イエス様は、そのヨハネの後を継ぐ形で登場した人物です。だから、ヘロデは後にイエス様を処刑することに加担することになる男です。

そのヘロデに仕える夫を持つのがヨハナです。マリアとは似ても似つかないというか、生涯顔を合わせるはずもない女性です。しかし、彼女は、ガリラヤ地方一帯に噂が広まっていたイエス様に興味をもち、その説教を聞き、その業を見たりしたのでしょう。そして、イエス様の愛の力に心打たれて、回心してしまったのでしょう。それだけでなく、ヘロデに仕える夫を残して家を出てしまったのではないでしょうか。彼女はイエス様と一緒におり、自分の持ち物を出して、イエス様と弟子たちの伝道旅行を支えていたのですから。

イエス様や十二弟子たちの伝道の旅は、旅館から旅館を泊まり歩くものではありません。イエス様は、「狐には穴があり、鳥には巣がある。しかし、人の子には枕するところがない」と言われたことがあります。時には野宿をしながら、神の国の福音を宣べ伝えるのです。一緒にいる女たちも、寒さ、暗さ、ひもじさに耐えつつ奉仕をささげるのです。上流階級のヨハナが、埃にまみれ、昼は太陽の光に照らされ、夜は夜露に濡れながら、庶民階級、それも罪人とされていた女性たちと共に主イエスの一行に奉仕をささげているのです。それは、常識では考えられないことです。

奉仕

「奉仕する」とは、食事の給仕という意味でしばしば使われる言葉です。しかし、次第にそれは教会の中で重要な役割を果たす「執事」を意味する言葉にもなっていきました。教会の活動にとって、なくてならぬ働きの一つです。

たとえば、今日の午後は年に一回の「計画（予算）総会」を開催します。しかし、その前に食事をします。普段は女性たちが、そして年に数回は男性たちが食事当番をしてくださいます。しかし、総会の時は、後片付けをする方が議事に参加できないと困るので、おにぎりとかサンドイッチを手配します。その手配を誰がしているかはほとんどの人が知りませんし、それはそれでよいのです。しかし、総会の前に昼食を食べなければ穏やかな気持ちで総会を開くことはできません。特に私は空腹になると普段以上に短気になるからです。そういう方は他にもいるだろうと思います。

少し別の意味ですが、来るイースターの祝会にしろ、クリスマスの祝会にしろ、様々な手配、準備をしてくださる方たちがいなければ和やかに楽しい祝会をもつことはできません。また、毎週、掃除に来てくださる方たちもいます。そういう数々の奉仕のお陰で、教会は清潔が保たれ、円滑に行事をこなしていくことができるのです。そして、その奉仕をささげてくださる方たちの顔はいつも嬉しそうです。そこには、主イエスに愛されている喜びがあり、主イエスを愛し、兄弟姉妹を愛する喜びがあるからでしょう。

主にあって一つ

主イエスと一緒にいた婦人たちは、立場も身分もそれまでの生きてきた境遇も何もかも違います。しかし、誰も彼もが、主イエスの愛に心を打たれ、何とかしてその愛に応えたい、主イエスを愛し、互いに愛し合って生きたいと思っている。その一点において同じなのです。そして、その一点が神の国の中核です。私たちは、その一点において神の家族とされているのです。

先週今週と受洗や転入によって四人の女性たちが教会の一員になりました。全く異なる経緯を経てこの教会に導かれてきた方たちです。しかし、今は、神の国の中に生き、神の国を宣べ伝え、福音を告げ知らせながら旅を続けるこの教会の一員です。そのことを心から感謝したいと思います。

最後まで仕える

ルカ福音書は、この後、主イエスの種蒔きの譬話を記します。そのテーマは、神の言葉を聞いて行うこと、それも行い続けることです。聞いても行わない、あるいは暫くは行っても止めてしまうなら、それは空しい。しかし、聞き続け、行い続ける、信じ続ける、愛し続けるなら百倍もの実を結ぶ、と主イエスはおっしゃいます。

マグダラのマリアとヨハナ、またガリラヤの婦人たち、彼女たちはそういう百倍の実を結ぶ人たちでした。なぜそれが分かるかと言うと、彼女らはこの後もずっとイエス様と一緒におり、奉仕を続けたことが明らかだからです。

ルカ福音書はそのことをとても丁寧に書いています。彼は、イエス様の十字架の場面、また埋葬の場面、そして復活の場面のそれぞれに「ガリラヤから従ってきた婦人たち」がいたことをはっきり記します。

復活の場面だけを読みます。安息日が明けた日曜日の朝、最後の奉仕として、イエス様のご遺体に香料を塗ろうと墓に行ったのは十二弟子ではなく彼女たちです。

そこで彼女たちは、天使にこう告げられました。

「人の子は必ず、罪人の手に渡され、十字架につけられ、三日目に復活することになっている、と言われたではないか」。（ルカ二四・七）

この天使の言葉を男の弟子たちに告げたのは、「マグダラのマリア、ヨハナ、ヤコブの母マリア、そして一緒にいた婦人たちであった」と書かれています。そして、男の弟子たちは女たちが告げた言葉を「たわ言のように思った」とあります。

ガリラヤからエルサレムまでの厳しい伝道の旅路を、食事の準備をはじめとする様々な奉仕によって支え続けたこの女性たちが、十字架の目撃者であり、埋葬の目撃者であり、そしてイエス様が復活されたことの最初の証言者になるのです。彼女らの証言こそが、十字架、埋葬、復活の出来事がすべての福音書に記されることの元になっているのです。
女、子どもを一人前の人間として扱わない社会の中で、主イエスは「子どものように神の国を受け入れる人でなければ、決してそこに入ることはできない」とおっしゃり、罪の赦しを求める女性を一人また一人と弟子に迎え入れていかれました。そして、主イエスの愛に心打たれ、主イエスを愛し、喜びをもって奉仕をささげ続けた女性たちが、神の国の土台である十字架の死と埋葬と復活の証人となっていくのです。そこにも、主イエスがもたらした神の国の姿が現れています。私たちは、その神の国の原型としての教会に迎え入れられた神の子であり、神の家族です。昼食後にもたれる総会にも、その恵みに対する感謝と賛美をもって臨みたいと思います。

聖なる御父
み言葉を感謝いたします。み言葉を通して、あなたが主イエス・キリストによってもたらしてくださった、あなたの国が何であるかを教えていただきました。恵みによって私どもは信仰を与えられ、罪の赦しを与えられ、あなたの国、あなたの支配の中に今、生かされております。感謝をいたします。御神様、どうぞ、あなたの御心だけを尋ね求めて、あなたに喜んでいただけることだけを求めて、御子主イエスを愛し、主イエスと共に生き、そして主イエス・キリストを宣べ伝えていくことができますように、私ども一人ひとりを強め、支え、守ってください。午後の総会も心を一つにして、あなたの御心に適うことだけを求めて臨むことができますように。主イエス・キリストのみ名によってお願いをいたします。アーメン

（二〇一二年三月十八日）

何も持って行ってはならない

ルカによる福音書九章一節～六節

イエスは十二人を呼び集め、あらゆる悪霊に打ち勝ち、病気をいやす力と権能をお授けになった。そして、神の国を宣べ伝え、病人をいやすために遣わすにあたり、次のように言われた。「旅には何も持って行ってはならない。杖も袋もパンも金も持ってはならない。下着も二枚は持ってはならない。どこかの家に入ったら、そこにとどまって、その家から旅立ちなさい。だれもあなたがたを迎え入れないなら、その町を出ていくとき、彼らへの証しとして足についた埃を払い落としなさい。」十二人は出かけて行き、村から村へと巡り歩きながら、至るところで福音を告げ知らせ、病気をいやした。

いよいよ九章に入ります。随分長い時間をかけて八章を読んできたことになります。漸くルカ福音書の三分の一まできたわけで、まだまだ頂上をめざす登山が続きます。皆さんと共に一歩一歩登っていきたいと思います。

構造

八章はこういう言葉で始まっていました。

すぐその後、イエスは神の国を宣べ伝え、その福音を告げ知らせながら、町や村を巡って旅を続けられた。十二人も一緒だった。悪霊を追い出して病気をいやしていただいた何人かの婦人たちも……一緒だった。

「神の国を宣べ伝える」「福音を告げ知らせる」「十二人」「悪霊追放」「病気の癒し」が共通した言葉です。これらの言葉によって、八章の冒頭と九章の冒頭で八章全体を囲っているのです。その八章では、イエス様ご自身がその言葉と業を通して神の国を宣べ伝え、十二弟子はそのすべてを間近で見てきたのです。その上で、イエス様は弟子たちを神の国の宣教のために遣わされる。それが今日の場面です。十二人は、イエス様に遣わされた者として、その言葉と業を通して神の国到来という喜ばしい知らせ、「福音」を村から村へと巡り歩きながら告げ広めるのです。

何も持って行ってはならない

その際、主イエスは「旅には何も持って行ってはならない」とおっしゃいます。そして、どこかの家に迎え入れられたらそこに留まれ。しかし、誰も迎え入れないようであれば、足についた埃を払い落としてその町を出て行くようにとおっしゃるのです。いずれも厳しい言葉です。この言葉の意味を考えるために、少し先まで読んでおきたいと思います。

ルカ福音書は弟子の派遣について何度も語る福音書です。一〇章の冒頭で、主イエスは七十二人を任命し、これからイエス様が訪ねるつもりの町や村に二人一組で派遣されます。

そこでも、イエス様は弟子たちに持ち物を持つことを禁じ、どこかの家に入ったら、「その家に泊まって、そこで出される物を食べ、また飲みなさい。働く者が報酬を受けるのは当然だからである。家から家へと渡り歩くな」とおっしゃっているのです。

神の国とは神様の支配のことですし、それは神様の守りでもあるでしょう。伝道のために派遣される者が神様の支配、守りの中に生きるためには、神様を信じなければなりません。その信仰に立って身も心も委ねなければならないのです。自分の力で生きる道を確保しつつ、「神様、私の富と安全を守ってください」と保険をかけるようにお願いをしても、何の意味もありません。神様に依り頼むのであれば、全身全霊依存しなければならないのです。伝道者は、主イエスに遣わされた所に身一つで行き、ある家に迎え入れられたなら旅立ちの時まではその家に留まり続け、そこで出されるものを感謝して食べなければいけない。隣の家の方がご馳走を出すとか、個室をあてがうとか、風呂もあるとか、そういう好条件であることが分かっても、そういう事柄で出処進退を決めてはいけない。神の国をその心に迎え入れる者が伝道者の働きを支え、そのことにおいて共に伝道してくれるのであれば、時が来るまではその家に留まる。それが伝道者のあり方です。現代の伝道者にとって、教会はそういう「家」だと言ってもよいと思います。

ここに伝道者のあり方の一つの原型があることは確かです。しかし、そのあり方を安易に普遍化してはならないことも事実です。

主イエスが逮捕される直前、主イエスは弟子たちに「今は、財布のある者は、それを持って行きなさい。袋も同じようにしなさい。剣のない者は、服を売ってそれを買いなさい」とおっしゃっているのです。

ここでイエス様が何をお語りになっているかは、その時にご一緒に聴き取りたいと願っています。ただ、ここを読んで分かることは、九章の段階で、主イエスは弟子教育、弟子の訓練をしているのだということです。神の国を宣べ伝えるために主イエスによって選び立てられた者たちには神の支配、守りがある。彼らがその使命を果たしている以上、必要は満たされる。伝道者がそのことを経験することは大事です。九章の段階で、イエス様はそういう経験を弟子たちにさせているのだと思います。

伝道者の働きを支えるのは町に住む信徒です。無論、その人々は最初から信徒であったわけではありません。伝道者の説教と働きを通してイエス・キリストに出会い、信仰を与えられたのです。その信徒が伝道者を迎え入れ、その働きを支えることを通してその町での伝道の御業は進展していくのです。

命懸け

もし伝道者が入ってきても、その町の人が誰も神の国の福音を受け入れない場合、その責任は伝道者にあるわけではなく受け入れない側にある。足の塵を払って出て行くとは、そういうことです。語る方も聴く方もある種命懸けなのです。主イエスに遣わされた者は、神から遣わされたメシアとしてのイエス様を伝える言葉に命を懸けます。その言葉を聴いて信じる者は、それまでの命に死に新たに生まれ変わるのです。これも命懸けです。しかし、拒絶する者は神の国の中に生きる命を得ることはできない。つまり、土から造られ土に返るだけの肉体を抱えているだけで終わる。そういうことでしょう。

しかし、これもただ一回のチャンスを逃せばそれですべてが終わりだ、と解釈するのはちょっと行き過ぎでしょう。イエス様は、ご自身を嘲りつつ殺す者たちの罪の赦しのために十字架の上で祈ってくださいましたし、隣で磔にされている犯罪者が死の直前に悔い改めた時、その罪の赦しを宣言されたのですから。

ただ、神の国の福音を語ったり聴いたりすることは生半可なことではない。生と死を分けることである。今日の箇所で、イエス様がそのことを厳しくお語りになっていることは確実だと思います。生と死を分ける境界線は、人の口を通して語られる神の言葉を聴いて信じるか否か、その信仰と不信仰の間に引かれるのです。

十字架による繋がり

先週は、中渋谷教会から派遣される形で私は石巻山城町教会に行き、そこで説教と講演をさせていただきました。翌日から教会学校の夏季学校があるとかで、関川祐一郎牧師の出身教会である東京の十貫坂教会から生徒や四名の神学生が応援に駆けつけていました。その礼拝には、中渋谷教会からも五名の方が出席をしてくださいました。その前々週も二人の方が出席され、これから礼拝に行ってくださる予定の方もおります。これまでに、延べで言えば十名以上の方が中渋谷教会から山城町教会の礼拝に出席しています。そういう顔の見える交わりをもつことが、継続的な連帯と支援にとっては何よりも必要なことだと思います。

お互いに顔を見る回数が増えると親しみが湧きますし、安心します。私は三回目ですから、午後の講演の際も、普段はあまりおしゃべりにならないであろう婦人たちが活発に質問してくださいました。

先週、中渋谷教会の礼拝には十貫坂教会の牧師であり、祐一郎牧師の父上でもある関川泰寛牧師に説教をしていただきました。関川牧師は、「十字架のキリストだけを指し示す」と題して説教してくださいましたし、私は山城町教会の大きなステンドグラスの真ん中に立つ十字架について語りました。

そういう意味では、先週は三つの教会が十字架のキリストにおいて一つとなって礼拝をささげることができたと思います。教会同士の連帯も支援も十字架の愛抜きには本質的にはありえないことなのです。

被災地の模様

五月に福島教会をお訪ねした時は、午後の時間を利用して海岸線や放射能汚染地域を車で走りました。今回は金曜日の夜に石巻に行き、土曜日は三陸の海岸線を北上して岩手県の釜石まで走りました。原発がある女川、気仙沼、南三陸、陸前高田、釜石です。三陸の入り組んだ海岸線は変化に富み、本当に美しいものです。しかし、その地形の故に津波は異常な高さになり、また一点に集中して町や村に襲い掛かったことがよく分かります。

女川の小さな港町は鉄筋のビルがなんとか原形を止めているだけで、狭い土地を埋め尽くしていたであろう民家やその他の建物はすべて破壊されて、もう誰も住んでいませんでした。南三陸町もビルの残骸の取り壊しが続いており、そこで働く人たちのためのコンビニが仮店舗で営業しているだけでした。一本の松が奇跡的に残った陸前高田は、細長い湾に囲まれた一直線の海岸線が自慢の町だったと思います。しかし、その地形故に凄まじく勢いを増した津波が襲ってきて海岸線から高台に至る地域は壊滅しました。松の木も枯れてしまいました。鉄の町釜石の海沿いの工場は動いていましたが、町の被害は甚大です。私はナビゲーションを頼りに新生釜石教会を捜しました。ナビは「地方銀行のある角を右折です」とか、「ガソリンスタンドの角を左折です」「コンビニが目印です」と言うのです。でも、銀行は廃屋となり、ガソリンスタンドは空き地となり、コンビニも破壊されていました。

境界線

被災地を車で走っていて感じることは、生死を分けた線があるということです。どの町でもここまでは津波がきたということが分かるラインがあります。曲がり角一つ、あるいは一メートルの差で破壊と残存、あるいは生と死を分ける線が引かれています。今回の震災を「ボーダーライン・デザスター」（境界線災害）と呼んでいる人がいるそうですが、分かる気がします。

その境界線の僅かに外側に建つ家は無事です。また、津波が襲ってきた時、境界線の外にいた人や外に逃げることができた人は無事です。しかし、不幸にも逃げ遅れた人々は命を落としました。その差は本当に僅かなものであり、どうしてそういう差があるのかは分かりません。石巻の高台の家は無事だし、陸前高田の高台の家も無事です。しかし、その家から見える光景は根こそぎ破壊された町の光景であり、その破壊の中で無残に命を落としていった多くの方たちがいるのです。ご家族を亡くされた方もいる。友人や恋人を亡くされた方もいる。毎日、そのことを思い起こさせる町の跡を見つつ、店も学校も病院もなにもかもが一瞬にしてなくなった土地で生活をするとは、いったい、どういうことなのだろうかと思わされました。何枚かの写真を撮って掲示板に貼っておきましたから、関心のある方は御覧になってください。

私は車で走りながら、今日ご一緒に読むことになるみ言葉を思っていました。関川祐一郎牧師はまさに被災地の町に建つ教会に遣わされた伝道者です。自分で選んだのではなくイエス様に選ばれて遣わされたのです。「そのことを信じることができなければ、自分を支えることができなかった」と、関川牧師はおっしゃっていました。

宮城県も岩手県も海岸線の町に教団の教会はほとんどありません。石巻から二百キロほど北上して漸く新生釜石教会があるのです。しかし、その間にいくつもの町や村があります。こういう町に開拓伝道に遣わされるとしたら、私はどうするのだろうか？　と思わされました。震災前だってかなり途方に暮れます。しかし、震災後の今、町の中枢部が破壊され、多くの人々が仮設住宅に移ったこの町に神の国の到来を宣べ伝える伝道者として遣わされるとしたら？　ただでさえ胸が押し潰されているのに、そういう想像まで加わってなんとも言えない思いになりました。破壊と離散、生と死の分断という現実を前にして「神の国を宣べ伝える」。喜びの知らせとしての「福音を告げ知らせる」とはどういうことなのか？

石巻で

九時に走り始めましたが釜石に着いたのは午後の二時近くでした。来た道を帰ったらとてもレンタカーの返却時刻に間に合わないので、帰りは内陸部まで行き高速道路を使って必死になって帰って来ました。なんとか時間ギリギリで返却した後、心を落ち着け、市内のホテルに着いていた中渋谷教会の仲間に連絡をして、翌朝の礼拝に備えて山城町教会への道をお教えしたりしました。

その後、私の宿のすぐ近くの小さな鮨屋に入りました。客は誰もおらずいかにもさびれていました。しかし、カウンターの奥の棚に笑福亭鶴瓶とご主人が一緒に写っている写真がありました。昨年の五月か六月に『鶴瓶の家族に乾杯』という番組で彼が訪ねた鮨屋だったのです。その日の放映を私も見ていたことを思い出し、それから昨年の三月以来に起こった様々なことをお聞きすることができました。

石巻から帰った翌日の月曜の夜、鶴瓶氏が被災地の方々を再び訪ねる場面の放映があるということで、その番組を見ました。彼が、こうやって被災地で懸命に頑張っている方たちを何度も訪ね、連絡を取り合い、笑いで励まそうとする姿勢に感銘を受けました。その番組には、石巻のお寺の住職ご夫妻も出ていました。その奥様が言っておられたことは、「震災後、多くの人がしたかったことは祈りだったんです。お寺が避難所になって、それができたことが本当に嬉しかった。そして、鶴瓶さんやさだまさしさんが来てくれて、励ましてくれて本当に嬉しかった」ということです。住職は今、牡鹿半島の被災地を巡って供養の祈りをささげているそうです。破壊しつくされ、多くの人々がその命を落とし、今は人影もなくなった集落を訪ねて、供養の祈りをささげる。私は、その姿を想像して、本当に頭が下がります。

釜石で

私が多少無理しても岩手県の釜石まで行きたかった理由は、石巻の北側で最も近い教団の教会がそこにあるからだけではありません。釜石は、中渋谷教会の会員であるT・Y（女性）さんが若き日に牧師と共に信徒伝道者として働いた地だからです。Tさんは今年の二月で百歳になられましたが、多少耳が遠いだけで今もお元気です。そのTさんがニコニコしながらお話くださった思い出があります。

当時、釜石の教会学校に来ていた子どもたちは地元の鉄工所に勤めている労働者の子どもたちでした。その子どもたちを海岸に連れて行き、イエス様がガリラヤ湖の上を歩く紙芝居を見せて「イエス様は海の上を歩きなさったんだよ」と言うと、子どもたちが「へぇ～海の上を歩いたの？」って目を見張って驚いた。そういうお話を何度か聞いたことがあります。その海も見たかったし、Tさんが懸命に伝道した釜石の教会も見たかったし、Tさんに現在の状況を少しでもお伝えしたいなと思ったのです。

もちろん、昭和の初期と今では時代は全く違います。昔は砂浜の海岸があったかもしれませんが、今はすべて港になっていてコンクリートだらけでした。新生釜石教会は、建築後十年ほどの堅固な会堂でしたから建物は残っています。でも、以前見た写真では会堂内に二メートル以上もヘドロ混じりの水が入ってきて滅茶苦茶に破壊された教会です。多くのボランティアが来て縁の下のヘドロを掃除するところから始まって、礼拝を守ることができるようになったはずですが、今も一階の窓には青いビニールシートが貼ったままでした。

玄関には、「今こそ祈りの時」と墨汁で書かれた紙が貼られており、「物より繋がり、作業より笑顔」というカラフルな色彩の横断幕が掲げてありました。

「今こそ祈りの時」という言葉の背後には祈ることもできない苦しみがあったはずです。「物より繋がり、作業より笑顔」という言葉にも、救援物資の山や多くのボランティアによる作業に支えられつつ、本当に支えになるものは何であるかを痛切に知らされていった実体験があるでしょう。

その教会の周辺に建っている建物の大半に人の気配はありません。シャッターやビニールシートで窓が塞がっていたり、廃墟のまま放置されていたりします。そして、既に建物が取り壊されて空き地になっている土地がたくさんある。そういう町に遣わされている伝道者がいます。そして、その町に住み、牧師を支え、牧師と共に伝道する信徒の方たちがいます。帰りの車中では、石巻や釜石で伝道を続ける牧師や信徒のことを考え続けました。

主イエスの伝道

伝道で何をするのかと言えば、イエス・キリストによる神の国の到来を告げ知らすのです。その神の国、神の支配とは何であるかと言えば、罪と死の支配を打ち破る神の力です。悪霊に憑かれているとか、重い病にかかっているということは、当時、悪霊や罪の力によって神様との活ける交わりを断たれ、生きながらにして死の力に支配されていることの徴でした。イエス様は、そういう人々と出会い、「あなたも神の支配、その守りの中に生かされることができる」と語りかけ、その業を通して一人ひとりを神の国に招き入れていかれたのです。一人ひとりに信仰を与えることによって、生と死を分ける境界線を越える神の国へと招き入れてくださったのです。そのイエス様の歩みの果てが、あの十字架の死であり復活なのです。

いったい何者なのだろう

ルカ福音書では、イエス様が何者であるかについての問いが折々に出てきます。今日の続きの箇所では、「いったい、何者だろう。耳に入ってくるこんなうわさの主は」と領主のヘロデが口にします。その問いに対するイエス様ご自身の答えが、九章二二節に出てきます。

「人の子は必ず多くの苦しみを受け、長老、祭司長、律法学者たちから排斥されて殺され、三日目に復活することになっている。」

この十字架と復活の主イエスが私たちの主、王として支配してくださる。守ってくださる。私たちの肉体の生と死の間にある境界線を越えて守ってくださる。罪人である私たちと神様との間にある境界線を越えて、私たちの所に神様の支配、その守りをもたらしてくださっている。その福音を信じる。そこに私たちの人生の支えがあり、またこの地上を生きていく希望があるのです。

海の上を歩く主イエス

皆さんは創世記の書き出しをご存じだと思います。あそこに描かれている情景は闇と混沌です。具体的には全地が海の水に呑み込まれている情景です。そして、「海」は混沌の象徴でありまた死の支配の象徴だと思います。私たち人間ではどうすることもできない圧倒的な罪と死の力の象徴なのです。創世記では、神様がその海の水を天上、地上、地下に、その言葉一つで分けていく様が描かれます。罪と死の支配を打ち破るのは神様の言葉です。神様はその言葉において、ご自身の支配を天地に打ち立てていかれるのです。

そして、神様は、ついにご自身の「言」そのものである主イエスをこの世に誕生させ、主イエスの死と復活を通して罪と死の支配を打ち破ってくださったのです。主イエスは今や神の右の座で私たちのために執り成しつつ、終わりの日の救いの完成へと導き続けてくださっています。主イエスは、まさにそういう意味で海の上を歩くことができる唯一のお方なのです。

終わりの日

その主イエスが終わりの日に再びやって来られる。救いを完成するために、神の国を完成するために再臨される。私たちキリスト者はそのことを信じており、そのことを信じているが故に今既に神の国の中に生かされているのです。

ヨハネの黙示録二一章は、その神の国完成の時をこのように書き記しています。

わたしはまた、新しい天と新しい地を見た。最初の天と最初の地は去って行き、もはや海もなくなった。

罪と死の支配は完全に消滅し、永遠の神の国が天地に実現します。その様を黙示録はこう描きます。（黙示録二一・一）

「見よ、神の幕屋が人の間にあって、神が人と共に住み、人は神の民となる。神は自ら人と共にいて、その神となり、彼らの目の涙をことごとくぬぐい取ってくださる。もはや死はなく、もはや悲しみも嘆きも労苦もない。最初のものは過ぎ去ったからである。」（同書二一・三～四）

伝道に生きる教会

私たちは、いずこの町においても、主イエスが既にご自身の十字架の死と復活を通してもたらしてくださり、世の終わりに完成してくださる神の国を宣べ伝えるキリスト者です。伝道者もそれを支える信徒も共に、ご自身の命をささげて神の国をもたらしてくださるイエス様を「この方こそ、私たちの救い主キリストです」と告白し、神の国を宣べ伝え、福音を告げ知らせていくのです。その歩みをする時、私たちは何も持っていなくても、実はすべてを持っているのです。

パウロは、その伝道に生きるキリスト者の歩みをこう言います。

栄誉を受けるときも、辱めを受けるときも、悪評を浴びるときも、好評を博するときにもそうしているのです。わたしたちは人を欺いているようでいて、誠実であり、人に知られていないようでいて、よく知られ、死にかかっているようで、このように生きており、罰せられているようで、殺されてはおらず、悲し

んでいるようで、常に喜び、物乞いのようで、多くの人を富ませ、無一物のようで、すべてのものを所有しています。

（二コリント六・八〜一〇）

キリストを信じ、伝道して生きるとは、こういうことです。

御父、御名を崇め、感謝をささげます。

繰り返し背き、またあなたを忘れ、迷子になる、この私共を顧み、憐れみ、声をかけ、また手を差し伸べて、今日もこうして礼拝の場に導き返してくださいました。この時と場の中であなたのみ言葉を聴くこと抜きに、私どもはあなたに与えられた命を生きることはできません。生死を超えて与えられている神の国の命はあなたのみ言葉を聴き、信じることにおいて生きる命です。聴くためにはあなたが語ってくださらなければなりません。いつも新たに私共に語りかけてください。その語りかけを聴き、信じることができるように、いつも新たに命の聖霊を私共に注いでください。

今日これから始まりますこの一週間、それぞれの生活の場で、それぞれの仕事の場で、私どもの存在が、その働きが、キリストの香りを放つものでありますように、主イエス・キリストの御名によって祈り願います。アーメン

（二〇一二年七月二十九日）

わたしに従いなさい

ルカによる福音書九章二一節〜二七節

イエスは弟子たちを戒め、このことをだれにも話さないように命じて、次のように言われた。「人の子は必ず多くの苦しみを受け、長老、祭司長、律法学者たちから排斥されて殺され、三日目に復活することになっている。」それから、イエスは皆に言われた。「わたしについて来たい者は、自分を捨て、日々、自分の十字架を背負って、わたしに従いなさい。自分の命を救いたいと思う者は、それを失うが、わたしのために命を失う者は、それを救うのである。人は、たとえ全世界を手に入れても、自分の身を滅ぼしたり、失ったりしては、何の得があろうか。わたしとわたしの言葉を恥じる者は、人の子も、自分と父と聖なる天使たちとの栄光に輝いて来るときに、その者を恥じる。確かに言っておく。ここに一緒にいる人々の中には、神の国を見るまでは決して死なない者がいる。」

「分かる」ということ

前回の説教で「聖書は拾い読みするのではなく全部読まねば駄目だ。好きな所だけ読んで『イエス様はこういうお方だ』『ああいうお方だ』と決め付けてはならない」と言いました。もちろん、そこには創世記からヨハネ黙示録まで全部読むべきだという意味も込めてはいます。しかし、それは実際には大変なことです。分からないまま読み続けることは難しいし、妙な解釈をしたまま「読んだ」と思ってしまうことは困ります。前回の言葉で言えば、ラジオのチューニングを合わせるように、神様から送られてくる聖霊を受け止めることができるなら、一つの言葉から聖書全体が分かるということもあります。たとえ読んでいない箇所がたくさんあっても、「聖書が分かった」と言ってよいという面があると思います。

しかし、その「分かった」は、一＋一＝二であることが分かったように、明日も明後日も「分かっている」わけではありません。「分かった」と思ったことが明日は分からなくなる、あるいは「分かった」からこそ、分からないことが出てくる。そして、「分かった」ことを生きることができない苦しみが始まる。そういう類のことなのだと思います。

私が聖書を全部読むことを強調し、また今もルカならルカを最初から最後まで読むことを、私自身にまた皆さんに課しているのは、聖書の中にはできれば避けて通りたいところがいくつもあるけれども、そこを避けたら元も子もないからです。

「ありのままのあなたでいい」？

最近、世間でもキリスト教世界でもしばしば耳にする言葉は、「ありのままのあなたでいい」という言葉です。これは耳に心地のよい言葉です。こういう言葉を神の愛を表現する言葉として使う場合があります。そのこと自体を否定するつもりはありません。神様が私たち一人ひとりを掛け替えのない人間として創造してくださった。その事実を受け入れて感謝しよう。そういう意味で使うのであれば、それはその通りだと思います。しかし、聞いていると「ちょっと違うんじゃないか」と思うことがしばしばあります。どこかで微妙にずれていることがある。

私たちは弱い存在です。そして、ずるい存在です。一人ひとりの人間に対する神様の特別の愛を意味する言葉が、次第に人間の弱さやずるさをもそのまま肯定する言葉のようになっていく。「今のまま、何も変わらなくていいんだ。神様は、私の弱さもずるさも皆ご存じで、それでも愛し受け入れてくださっているんだ」。そういう風に受け止めていく。そして、安心する。そして実は更に堕落する。そういうことが起こっているように思います。

「ありのままのあなたでいい」が、私たちにそういう安心を与える言葉であるとするならば、イエス様の「悔い改めなさい」という言葉は何の意味もないことになります。イエス様が私たち人間に「悔い改めなさい」とおっしゃる時、それは、私たちが被造物としての本来の姿を失っているとの指摘であり、「そのままでは駄目だ」という断定であり、だからこその招きだと思います。

しかし、私たちはそういう否定的な言葉を聞きたくないものです。地震や津波はいつか来るなんて聞きたくはないし、原発の事故がまたいつか起こるなんてことも聞きたくはない。そして、自分がいつか死ぬということも聞きたくはない。でも、聞かないで、無視していてもそういうことは起こるときは起こるのです。そして、私たちは必ず死にます。そのことをまともに受け止めて、今のままの有様や態度ではその事態に対処できないと分かれば、真剣に悔い改めなければなりません。根本的に自分のあり方を変えねばなりません。しかし、そういうことに対して、私たちはえてして腰が引けるものです。大きな痛みを伴うからです。だから、「ありのままのあなたでいい」と言ってもらいたい。

頂点を越える恐ろしさ

なぜ、こういうことを長々と話すかと言うと、九章一八節以下は私が読むことも説教することも恐れている箇所だからです。そんなことができるはずもありませんが、できれば飛ばしたい。そういう箇所です。「ペトロのキリスト告白」「受難と復活預言」、そして次週ご一緒に読むことになる「山上の変容」は、ルカ福音書の一つの頂点だと言ってよいと思います。しかし、この箇所を読むことは私には恐ろしいことです。一つひとつの言葉が突き刺さってくるからです。

イエス様もこの頂点を越えていくことは恐ろしかったに違いありません。この頂点の向こう側にはエルサレムへの道があるからです。しかし、越えて行かねばならない。その時、イエス様はひとりで祈られました。そして、悲壮な覚悟をもって「あなたがたはわたしを何者だと言うのか」と弟子に問いかけ、また「わたしについて来たい者は、自分を捨て、日々、自分の十字架を背負って、わたしに従いなさい」と語りかけているのです。そこには、イエス様の絶対的な孤独、また悲しみがあると思います。その孤独の悲しみを思うと、心が痛みます。そして、イエス様を「神のメシアです」と告白しつつ、自分を捨ててそのメシアについていけない「弱い自分」、あるいはついていかない「ずるい自分」がイエス様の悲しみを深めている。そして、自分の身の置き所がなくなるのです。だから、こういう箇所は読みたくはないと思う。「ありのままのあなたでいい」とは言われないからです。

何者なのだろう?

ルカ福音書においては、これまで様々な人がイエス様のことを「何者なのだろう?」と言ってきました。そして、それぞれの人間がイエス様に関して勝手なイメージを抱いて脅えたり期待したりしていました。そういうものに囲まれる中、イエス様は「ひとりで祈られた」のです。ご自分のことを知り、何よりも愛してくださる父なる神に祈らざるをえなかった。イエス様ご自身が自分を捨て、日々、自分の十字架を背負って前進し、メシアになっていくために祈りが必要だったのでしょう。

様々なメシア期待

その祈りが終わった後、イエス様は「それでは、あなたがたはわたしを何者だと言うのか」と弟子に問われました。これは問う側にとっても問われる側にとっても恐ろしい問いです。そこに両者の存在が掛かっているからです。

ペトロは答えました。

「神からのメシアです」。

（ルカ九・二〇）

直訳すれば「神のメシアです」となります。人々は、この「神のメシア」に様々なイメージを抱きます。また、様々な期待をします。芸能界のアイドルにファンが勝手なイメージを抱くように「メシア」という言葉にも勝手なイメージを抱いて偶像化する。そういうことが昔も今もあります。教会の中でもあります。イエス様は厳しいお方だ、いや優しいお方だ、「ありのままのあなたでいい」と言ってくださるお方だ……と自分の願いを押し付けるものです。ペトロたちも例外ではありません。そのことをイエス様はよくご存じです。それ故にこうおっしゃる。

イエスは弟子たちを戒め、このことをだれにも話さないように命じて、次のように言われた。「人の子は必ず多くの苦しみを受け、長老、祭司長、律法学者たちから排斥されて殺され、三日目に復活することになっている。」

（同書九・二一）

「あなたが『神のメシアだ』と言う『わたし』は、必ず多くの苦しみを受け、排斥され、殺され、復活することになっている」とおっしゃる。これは人々が「メシア」に抱くイメージとは全く異なり、想像すらできないことです。だから、イエス様は弟子たちに「このことを誰にも話さないように命じ」られるのです。

「なっている」

ここで「なっている」という言葉が使われています。何度も出てくる言葉です。ギリシア語ではデイです。それは、神様の定めであり、そうであるが故にイエス様が主体的に選び取って歩まねばならぬ道を表す言葉です。ベルトコンベアーのように自分が何もしないままに運ばれていくのではありません。イエス様が神様の定め、あるいはご計画を全存在を懸けて受け止め、そして従う。そこで初めて実現すること。それがデイで表されるものです。

イエス様が従っていく道、それはイスラエルの代表者に「排斥される」道です。「排斥される」とは、よく吟味された上で捨てられることです。社会から抹殺されるだけでなく、殺されることなのです。神に立てられたメシアとして、神と人を愛した結果がそれなのです。人々はそのようにイエス様を評価し、その様に扱う。イエス様は一切の抵抗をしません。「排斥される」も「殺される」も受身形で書かれています。言うなればされるがままです。裏切られても憎まれても人を愛していく。祈りの中でその道を示されたイエス様は、その道を歩む決断をされたのです。

受動と能動

その道の果てには死があります。死んだらイエス様も最早何もできません。神を愛することも人を愛することもできません。死ぬとはそういうことです。

ここに「三日目に復活することになっている」とありますが、正確に言えばここも受身で「三日目に復活させられることになっている」です。イエス様は最早能動的には何もできない。ただ死体となって墓の中に横たわっているだけ。しかし、その「わたし」を神は復活させてくださることになっている、とイエス様はおっしゃる。それは、神様に対するイエス様の信仰の告白だと思います。ただ信じている。神様は、いや神様だけはそのことをなしてくださる。罪人を救うためにメシアを立て、罪の世に遣わされた神様のご計画は、メシアの十字架の死と復活を通して実現する。そのことを信じている。だから、一切を神様の御手に委ねてこの道を歩む。そういうイエス様の御決意がここにはあるでしょう。徹底的な受動を生きる能動的な決意があるのです。

皆に言われた。

「それから、イエスは皆に言われた」とあります。これは不思議な言葉です。二一節には「イエスは弟子たちを戒め」とありますし、イエス様の周りには弟子たちがいることは文脈上からも明らかです。しかし、ここでルカは敢えて「皆に言われた」と書く。「弟子たち全員」という意味であるとすれば、二一節の言葉は全員に向けてのものではなかったのかという疑問が出てきます。そこで、五千人の給食の時からイエス様の周囲には群衆もおり、その群衆に対しても言われたのだと解釈される場合もあります。しかし、ある人はルカ福音書を読む読者に対して語りかける意味でルカは「皆に」と書いたのだと解釈します。

原文は定冠詞がつかない「すべての人」です。私は、弟子も群衆も読者も含め、イエス様に「ついていきたい」と思う「すべての人」に対する言葉だと思います。つまり、「この時この場にいる人にだけではなく、読者をも含めてイエス様のことを少しでも知り、この方についていきたいと思うすべての人に対する言葉なのですよ」と、ルカは言っているのだと思う。私たちへの言葉です。だから怖いのです。

捨てる　失う

「わたしについて来たい者は、自分を捨て、日々、自分の十字架を背負って、わたしに従いなさい。自分の命を救いたいと思う者は、それを失うが、わたしのために命を失う者は、それを救うのである。」

（同書九・二三—二四）

ここで「捨てる」と訳された言葉は関係性を否定する、否認するという意味をもっています。一二章九節のイエス様の言葉、「人々の前でわたしを知らないと言う者は、神の天使たちの前で知らないと言われる」の「知らない」がそうです。その後、大祭司の家の庭で、イエス様の弟子であると疑われたペトロがそれを「打ち消す」時に使われる言葉でもあります。いずれも自分の利益のため、自分の命を守るために、イエス様を否認する。その関係を捨てる。そういう場面です。

私たちは自己愛の塊ですから自分を捨てることはできません。しかし、イエス様はご自分についてこようとする者にそのことを求めます。捨てることが、実は自分の命を救うことになるからです。無茶な修行をするとか、雑念を振り払うための荒行苦行をすることを求めておられるのではありません。そうではなく、自分の命を自分で救おうとすることを放棄しなさい、と主イエスは求めておられます。イエス様に従うが故に自分の命を失うことを求める。この「失う」は「滅ぼす」とか「殺す」とも訳される言葉です。しかし、イエス様に従うが故に、自分の命を失う者、殺す者は、実は、その命を救うことになるのです。だから、イエス様はそのことを求められるのです。非業の死とか殉教の死を求めているのではなく、私たちが命を得ることを求めてくださっているのです。しかし、それはこの言葉を信じて従わねば分からない言葉です。

日々、十字架を背負う

また、イエス様は「日々」とおっしゃる。「日々、十字架を背負って、わたしに従いなさい」と。「十字架」のことを人生の重荷のように言われることがあります。病気とか障碍とか、様々な困難な事態を指して「これがわたしの十字架です」と言う場合がある。でも、イエス様はここでそういうことをおっしゃっているわけではないでしょう。「わたしに従いなさい」が主文ですから。イエス様に従って生きることが、日々十字架を背負って生きることになるのです。

もちろん、「十字架」と言えば処刑によって殺されることですから「十字架を背負う」とは殉教の死を意味するとも言えるでしょう。でも、「日々」そういう意味で死ぬはずもありません。死ぬのは一回です。イエス様は、「日々、従う」ことを求めておられるのです。私たちの前を歩んでくださっているのはイエス様です。そのイエス様に従えば、世から排斥されることがあり、時代が時代であれば迫害に遭い、処刑されることもあるでしょう。しかし、その地上の最期が何であれ、日々、イエス様だけを信頼し、愛し、従っていく。イエス様が神を愛し、人を愛して生きたように、神を愛し、人を愛して生きていく。日々十字架を背負うとは、そういうことだと思います。

愛国

数年前からフェイスブックという通信手段が話題になっています。知り合いからメールで「友達として承認して欲しい」という意味のものが届き、訳も分からず「承認する」とキーボードを押すと、どんどん友だちなるものが増えていくのです。私にとっては不気味な世界でもあります。でも、時に良いこともあります。

最近、前からの友人が中国の反日デモの中で撮られた二枚の写真をフェイスブックに掲載していました。一つは、若い女性がポスターくらいの紙に大きな字でアピール文を書いて胸の前にかざしている写真です。その文章は日本語で訳すとこういうものだそうです。

「私たちは戦争も地震も水害もすべて経験した。私たちの領土は殴ったり、壊したり、燃やしたりすることで守るものではない。お願いだから傷つけるのは止めてください。私たちの祖国は愛で満ち溢れていることを思い出してください。」（抜粋）

もう一枚は、気勢を上げている群衆を背にした三人の男子高校生が「暴力反対」「愛国には理性を」と書かれた画用紙を頭の上に掲げている写真です。彼らの表情は怒りと恐怖がない交ぜになったようなものです。

両方とも中国国内のツイッターというパソコンの掲示板に掲載されたもので、高校生の画像を投稿した人は「彼らこそが中国の希望」というコメントを載せているそうです。

もし、この二つの事例が事実であるとすれば、若い女性も三人の高校生も決死の覚悟をもってやったことは間違いありません。「愛国」という言葉は一つですが、そこから出てくる行動は正反対のことがしばしばあります。国を愛するとはどういうことかで見解は真っ二つに分かれます。最近の中国の国内で、この女性や高校生のような主張を自らの顔を出しつつ主張することは命懸けのことだと思います。戦時中の日本の社会の中で「敵を愛しましょう」と言えば、「非国民」として投獄されたでしょう。あるいは、「キリスト以外を礼拝することはできません」と言えば、やはり投獄されました。

今、教育現場において「愛国教育」が叫ばれ、日の丸への敬礼、君が代斉唱の強制が進められています。しかし、国を愛するが故に「日の丸」に敬礼したり、「君が代」を斉唱したりすることはできないと拒否する教員や保護者や生徒たちがいます。私のような保護者や生徒には処分が下されることはありません。でも、公務員である教員には処分が下されます。処分する方も国を愛するからそうしているのでしょう。愛とは何かを吟味することはないでしょうが、とにかく自分たちは国を愛していると思っている。しかし、ひょっとしたら、国を愛しているのではなく、自分を愛し、その地位を守ろうとしているだけかもしれません。処分される教員は、その人として国を愛しているのです。中には、キリストを愛し、その信仰に基づいてそういうことをしている人もいる。

「愛国無罪」と叫びながら破壊活動をする人も、「愛国心」からそうしているのでしょう。あの騒動の中で愛と理性を訴える人も、彼らとしての「愛国心」からそうしている。しかし、権力をもった側、多数の側の愛が少数の者の愛を排斥し、時と場合によっては処刑する。そういうことはいずこの国の歴史の中でも繰り返されてきたし、今も繰り返されている現実です。

イエス様もまたそういう人間の歴史の中に生きておられるのだし、そのことを誰よりも深く知っておられました。そして、イエス様はご自分を愛しその肉体の命を救う道を選ぶこともできました。しかし、イエス様はイスラエルという特定の国を愛する道ではなく、天地万物を造り、人を創造し、世界を救いへと導き続ける神を愛し、「すべての人」を愛する道を選ばれました。そして、その道を歩むことを、イエス様について行こうと思うすべての者に求めるのです。

私たちキリスト者は、いわゆる「愛国」に生きるのではなく神を愛して生きる。その時に、自ずと国の愛し方は変わってくるでしょう。神を愛することを知らなかった時と愛し始めた時とでは、国を愛する愛し方は変わってくるし、他国に生きる人々を愛する愛し方も変わってきます。また自分を愛する愛し方も変わってくるし、当然、自分を愛するように隣人を愛するその愛し方も変わってくるはずです。

恥じる

イエス様は、神への愛と人への愛を教えるイエス様の言葉を「恥じる」者を、イエス様が世の終わりに審判者として来る時に「恥じる」。そうおっしゃる。これは弱くてずるい人間にとってはあまりにも厳しい言葉です。要するに「口先の信仰告白ではなく、日々の生活を通して、わたしに従うなら従う、従わないなら従わないと態度を鮮明にしなさい」ということだと思うからです。「自分の心地好さ、人からの評価を求めて生きるのか、それとも、わたしの弟子として生きるのか、そのどちらかをはっきりしなさい」。イエス様はそうおっしゃっている。違うでしょうか。

神の国を見る

そして、最後の言葉、「確かに言っておく」は、「本当のことを言う」と訳した方が良いように思います。では、「本当のこと」である「ここに一緒にいる人々の中には、神の国を見るまでは決して死なない者がいる」とは、どういう意味なのか？　いろいろな解釈があります。

私は、主イエスが逮捕される直前に弟子たちに語った言葉に注目すべきだと思います。その時、弟子たちは自分たちの中で誰が一番偉いかという愚かな議論をしているのです。あの緊迫した最後の晩餐の直後にです。でも、そういう愚鈍な彼らに向かって、主イエスは実に不思議なことをおっしゃるのです。私には理解できません。

「あなたがたは、わたしが種々の試練に遭ったとき、絶えずわたしと一緒に踏みとどまってくれた。だから、わたしの父がわたしに支配権をゆだねてくださったように、わたしもあなたがたにそれをゆだねる。あなたがたは、わたしの国でわたしの食事の席に着いて飲み食いを共にし、王座に座ってイスラエルの十二部族を治めることになる。」（ルカ二二・二八～三〇）

その直後に、彼らはイエス様を否認していくのです。自分の命を救うためです。その様にして自分の命を殺してしまう。しかし、そのことをご存じの主イエスは、ペトロに対して「あなたの信仰がなくならないように祈った」「あなたは立ち直ったら、兄弟たちを力づけてやりなさい」とおっしゃるのです。

この主イエスの言葉は、聖霊降臨を通して実現していきました。聖霊によって力づけられたペトロは、「人々が十字架につけて殺したイエスを、神は復活させて、主とし、メシアとなさったのです。悔い改めなさい。そして、罪を赦していただきなさい」（使徒二・三八）と説教したのです。その時、

「十二弟子」は教会を産み出し、支える「十二使徒」になったのです。その後、彼らは世界中に神の愛による支配、神の国を宣べ伝え始め、その働きが今も受け継がれているのです。

ここに至るまでに、彼らは無理解と失敗と挫折を繰り返しました。これ以後もやはりそういうことがある。私たちも同様です。しかし、主イエスは諦めません。彼らを諦めないのです。そして、「すべての人」を諦めない。捨てない。だから私たちは今日もこの礼拝堂にいます。私たちを主イエスが諦めないからです。そして、私たちすべての者に、今日も新たに「わたしについて来たい者は、日々、自分を捨て、自分の十字架を背負って、わたしに従いなさい」と語りかけてくださる主イエスが臨在しているこの礼拝堂、そこに主の支配、神の支配がある。ペトロたちは死ぬ前にその現実を見たし、私たちもその現実を見ているのです。その私たちはいつの日か、「天上のもの、地上のもの、地下のものがすべて、イエスの御名にひざまずき、すべての舌が、『イエス・キリストは主である』と公に宣べて、父である神を称えるのです」（フィリピ二・一〇〜一一）というパウロと同じ希望をもって、今日も明日も後日も信仰と希望と愛に生きるのです。主が「わたしに従ってきなさい」と言ってくださり、主が先立ってくださるからです。だから、私たちは何度失敗し、挫折しても、自分自身のことも諦めないし、弱くてずるい人間の歴史も諦めないで前進していけるのです。その歩みの果てに神の国の完成があり、私たちの復活があるのです。私たちは、そのことを信じているのです。

御父

新しい主の日に新しいお招きをいただき、その事実の中にあなたの憐れみがあり、私たちを決して見捨てず諦めない愛があることを今日新たに深く覚えて感謝し、御名を賛美いたします。私たちはあなたに背きながら、そして背くがゆえに、自分に人に、国に歴史に絶望してしまうのです。あなたこそがその罪の深さ醜さを誰よりもご存じなのに、あなたは御子主イエス・キリストを通してその罪を赦し、私たち人間を更に愛し、期待し、今も生きて働き、そのご計画を実現しておられる神です。恵みによってこの地上の生ある時に、そのあなたとの出会いを与えられ交わりを与えられて、一週ごとにこうしてあなたを礼拝できるこの幸いを感謝します。これからの一週間、今日ここであなたに告白して「あなたの御子はあなたに立てられたメシアです」。この告白を私たちの生活の中で生きることができますように。そのことが人々から喜ばれても、人々から蔑まれることであっても、そのことは関係ありません。好評を博しても不評であっても、あなたが「良い」と言ってくださる、その歩みをなしていくことができますように。それは主が先立って歩んでくださる歩みです。感謝いたします。主の御名によって祈ります。アーメン

（二〇一二年九月二十三日）

イエスに従うとは

ルカによる福音書九章五七節～六二節

一行が道を進んで行くと、イエスに対して、「あなたがおいでになる所なら、どこへでも従って参ります」と言う人がいた。イエスは言われた。「狐には穴があり、空の鳥には巣がある。だが、人の子には枕する所もない。」そして別の人に、「わたしに従いなさい」と言われたが、その人は、「主よ、まず、父を葬りに行かせてください」と言った。イエスは言われた。「死んでいる者たちに、自分たちの死者を葬らせなさい。あなたは行って、神の国を言い広めなさい。」また、別の人も言った。「主よ、あなたに従います。しかし、まず家族にいとまごいに行かせてください。」イエスはその人に、「鋤に手をかけてから後ろを顧みる者は、神の国にふさわしくない」と言われた。

愛は死のように強い

旧約聖書の中に「雅歌」というものがあります。普段は読むことがない書だろうと思います。私もむかし読んだきりもう何年も読まずにきました。でも、今日のイエス様の言葉を読みつついろいろ思い巡らしていた時、「雅歌」の中にこういう言葉があることを思い出しました。

愛は死のように強く
熱情は陰府のように酷い。
火花を散らして燃える炎。
大水も愛を消すことはできない
洪水もそれを押し流すことはできない。
愛を支配しようと
財宝などを差し出す人があれば
その人は必ずさげすまれる。

（雅歌八・六後半〜七）

この言葉が「雅歌」の中で何を意味するのか、そのことを私はよく知りません。おそらく、愛というもの、それも神様の愛の次元は私たち人間が考えるようなものではない。すべてを呑み込みすべてを押し流してしまう大水や洪水すらも、愛に対しては無力である。まして、財宝を差し出しても何の意味もない。しかし、私たち愚かな人間は、しばしばそういう低次元のことをする。そういうことなのではないかと思います。

次元の違い

私たちは今、ルカ福音書九章を読んでいます。九章の主題は、「神の国」と「弟子たち」と言ってよいでしょう。九章の冒頭でイエス様は十二弟子を「神の国を宣べ伝え病人をいやすために」遣わされます。以後、もっぱら弟子たちの教育と訓練をしてこられたのだと思います。今日の箇所の直前にある対話においても「イエス様に従うとはどういうことであるか」「神の国はどういうものであるのか」を教えておられるのです。しかし、彼らはイエス様が何をお語りになっているのかが分かりません。生きている次元が違うのです。次元が違うと言葉は通じません。

弟子　神の国

今日の箇所には三人の人物が出てきます。イエス様の弟子になろうとする人物です。その三人に対するイエス様の言葉はいずれも厳しいものであり、誰だってその言葉を聞けばうな垂れて、後ずさりをするほかにありません。私たちの誰も、イエス様の弟子になどなりようがないことを思い知らされるからです。しかし、イエス様の弟子として生きることが「神の国」を生きることなのであり、それこそが救いなのです。イエス様の弟子にならずして、私たちは「神の国」に生きることなどできません。そうであるとすれば、厳しい言葉を言われたからといって、諦めてしまうわけにはいかないでしょう。

今日登場する匿名の三人が、その後どうしたのかは分かりません。「こりゃ駄目だ」と思って諦めてしまったのか、それともイエス様の言葉の意味、その次元を理解しようと求め続け、新たな思いで「主よ、あなたに従います」と言って従い始めたのか、それは分からない。この箇所は私たちへの問いかけですから、私たち自身がその答えになるのです。

進んで行く

「一行が道を進んで行くと」とあります。「進んで行く」はポレウオマイという言葉です。ルカはこの言葉を意図的に使っています。五一節の「イエスは、天に上げられる時期が近づくと、エルサレムに向かう決意を固められた」のエルサレムに「向かう」がポレウオマイで、「イエスがエルサレムを目指して進んでおられたからである」もポレウオマイです。

「決意を固める」とか「目指して」は、「顔を向けた」が直訳です。まっすぐにエルサレムのほうを見つめて前進する主イエスがそこにはおられます。しかし、師の心を知らぬ弟子たちはいつもあらぬ方向を見ている。

そういう文脈の中で今日の話が出てくるのです。この文脈を考慮すれば、今日の箇所は単純に「弟子の覚悟」（聖書新共同訳小見出し）を教えるものとしては読めないだろうと思います。

どこに何を持つか？

弟子たちと共にエルサレムに向かうイエス様に、ある人が「あなたがおいでになる所なら、どこへでも従って参ります」と言いました。イエス様の答えを直訳すると「狐は穴を持っており、空の鳥も巣を持っている。しかし、人の子は枕する所をどこにも持っていない」。あるいは「枕する所を持たない」となります。原文では「持つ」という言葉が使われているのです。狐や鳥は自分たちに必要なものとして穴や巣を作っています。動物にとっても帰って来て安心して眠る場所は必要なのです。人間にとっては尚更必要です。しかし、イエス様はそういう安住の場所を「持っていない」。「持ちたくても持つことができない」という面があるでしょう。しかし、敢えて「持たない」とおっしゃっているのだとも思います。

直前の段落では、イエス様たちはサマリア人の村に入ることを拒まれました。イエス様は、いつでも行く先々で歓迎されたわけではなく、やむをえず野宿をされたことが幾度もあったでしょう。イエス様はお生まれになったその時既に、「宿屋には彼らの泊まる場所がなかった」のです。この地上に枕する所を持たない歩みは、誕生の時から始まっているのです。その行き着く先が十字架です。

しかし、イエス様の言葉を聞いてすぐに表面的な意味で納得してはならないと思います。イエス様は、伝道を開始して以来絶えず野宿していたわけではありません。ガリラヤ伝道の時は弟子のシモン・ペトロの家を定宿とし、エルサレム滞在中はマルタとマリアの家を宿としていたと思われます。だから、「枕する所がない」は、「毎日野宿をする」の意味ではなく、「この地上に安住の地を確保して生きているわけではない」。あるいは「この世に最終目的地を持っているわけではない」。ここで生きて、ここで死んで、墓の中に永眠するために生きているわけではない」。そういう意味なのだと思います。

イエス様の答えを聞いた人が、どういう反応をしたかは分かりません。想像するに、何を言われているか分からぬまま、この時はその場を立ち去ったのではないかと思います。

父の葬り

イエス様は別の人には「わたしに従いなさい」と招かれました。その人は、イエス様を「主よ」と呼んでいるにもかかわらず、こう答えます。

「まず、父を葬りに行かせてください。」

父を葬る、これはユダヤ人社会の中では最大の義務だったそうです。もちろん、日本の社会でも父の葬儀をしない息子は親不幸者であり、かつての封建制社会の中ではその土地に住むことは許されなかったでしょう。ここで、この人の父が今死んだばかりかとか危篤なのかと詮索することに意味はありません。問題は、この世における最大の義務とイエス様に従うこととのどちらが大事なのか、優先すべきなのかだからです。

死者に葬らせよ⁉

イエス様の言葉はこれまた衝撃的なものです。

「死んでいる者たちに、自分たちの死者を葬らせなさい。あなたは行って、神の国を言い広めなさい。」

これは何を意味しているのでしょうか？「死んでいる者」と「死者」は原文では同じで「死人」の複数形です。でも、死人が死人の葬儀などできようはずもありません。表面的な次元に立つ限り、イエス様の言葉は全く意味不明です。

一五章には有名な「放蕩息子と父の譬話」があります。その中に、「この息子は死んでいたのに生き返り、いなくなっていたのに見つかったからだ」と父が言う場面があります。「死んでいた」は「死者だった」です。もちろん、息子は家を出た時からこの時まで肉体としては生きています。しかし、父の目から見れば、財産をふんだくって父の家を出て行くこと自体がもう既に本来の命を失っていること、死んでいることなのです。

今日の箇所もその意味で受け取るとすれば、神の国の宣教を受け入れずに、この世の富や地位を求めて生きていること自体が死んでいることなのです。今の日本の現実で言えば、信仰をもたない普通の人々は死んでいる。葬儀はそういう人々に任せなさい。しかし、神の国を信じて受け入れている者は、そういう葬儀をするのではなく神の国を言い広めなさいとおっしゃっていることになります。しばしば、そのように解釈されますし、当たっている面があると思います。

私の話の流れでは「遊び暮らして死んだ者の葬儀は、同じ穴のムジナに任せておけ」と、イエス様がおっしゃったことになります。しかし、あの譬話は弟が出て行った後も家に残って父に仕えていた兄が実は父を愛しておらず、父の家に入ることを拒むところまで続きます。兄は父と同じ家に住んでいても同じ愛を生きているわけではない。父の心を我が心としているわけではない。真面目で親孝行に見える兄の内実が暴かれていく話でもあります。

目に見える行動が放蕩か孝行かが問題なのではなく、その心が、また生きている次元が、この世なのか神の国なのか、それが問題なのではないでしょうか。そういう意味では、真面目に息子の義務を果たしている兄もまた「死んでいる者」ということになります。彼はもちろん、父が死ねば長男の義務として父の葬りをするでしょう。しかしそれは、イエス様がもたらした神の国に相応しい葬儀なのか？　それが問題です。

泣くな

ルカ福音書では、これまで二度、死者が出てきました。一つは、ナインという町の寡の一人息子が死んだ場面であり、もう一つは会堂司ヤイロの娘が死んだ場面です。いずれの場面でも、遺族はもちろん集まってきた人々も泣いています。愛する人の死を前にした時、私たちは泣くしかないのです。私たちは死者に対しては墓に葬ること以外に何もできないのですから。

イエス様は、そういう人々の悲しみをその身に受け止めてくださいます。泣く者と共に泣いてくださいます。しかし、いつまでも共に泣き続ける訳ではありません。一人息子を失った寡には「もう泣かなくともよい」とおっしゃり、ヤイロの娘の死を悼んで泣いている人々には「泣くな。死んだのではない。眠っているのだ」とおっしゃいました。そして、「若者よ、あなたに言う。起きなさい」「娘よ、起きなさい」と呼びかけて生き返らせたのです。いずれの場合も、人々は驚愕しました。まったく次元の違う現実を目の当たりにした時、私たちはただ驚き恐れるものです。

神の家族の葬儀

今日は、皆さんのお手元に「会報」十一月号が配られています。巻頭言は召天者記念礼拝で語った説教の要約です。その中で、私はＷ（女性）さんの埋骨式にふれつつ「イエス様は……私たちの『罪を赦し』『墓から贖い出す』ために復活し、今は聖霊とみ言葉において私たちを導く道、真理、命として共に生きてくださっているのです」と語っています。

ヨハネ福音書一一章には死後四日も経ち墓に納められているラザロに対して、イエス様が「ラザロ、出て来なさい」と大声で叫ぶと、ラザロが墓から出てきたと記されています。

中渋谷教会では会員が亡くなった場合、基本的に会員の皆さんにお知らせします。亡くなった方と親しかったかどうかは別にして、ご都合のつく方はご参列いただきたいと、私は願っています。毎回多くの方が参列くださって感謝しています。私たち教会員同士は肉の家族ではありませんが、神の家族です。その神の家族としてご遺族たちに「神の国を言い広める」務めがあると、私は信じています。

「亡くなったあなたのご家族はイエス・キリストを信じる信仰によって罪赦されています。だから、その方にとって死は滅びではありません。死は復活に至るものなのです。私たちは近い将来、ご遺骨を墓に納めますが、そこが信仰者にとっての終の棲家ではありません。私たちが永遠に枕する所は墓の中ではなく、神の国です。イエス・キリストを信じて生きた者は、イエス・キリストがその十字架の死と復活と昇天を通して切り開いてくださった道を通って神の国を目指して進んで行くのです。信仰に生きる命は肉体の死で終わるものではありません。どうぞイエス・キリストを信じてください。そして、望みをもってください。あなたも礼拝にいらしてください」。

そのように告げる。神の国を「言い広める」。それが、私たちの教会の葬儀です。だから、それは教会を挙げてささげるべきものです。牧師の説教だけでなく、皆さんの賛美の声、力強く「アーメン」と唱和する声を通して、ご遺族に神の国を告げ知らせるのです。そのようにして主イエスの慰めを共に分かち合う。それが既に神の国の中に生かされている私たちキリスト者、イエス様の弟子の葬儀だと私は思います。

だから「死んでいる者たちに、自分たちの死者を葬らせなさい。あなたは行って、神の国を言い広めなさい」とは、単純に「父親の葬儀など神の国の宣教に比べれば大したことではない。私の弟子になろうとするあなたはそんなことをする必要はない」ということではないでしょう。そうではなく、「あなたは、最早泣き続けるほかにない葬儀をする人間ではない。それは死んでいる者たちがやることだ。あなたは、今死を目前にしているのであろうあなたの父のもとに行きなさい。そして、神の国の到来を伝えなさい。それが、あなたのすべきこと。あなたにできることなのではないか。」イエス様は、そうおっしゃっているように思います。

本当の父

次の人は、「主よ、あなたに従います。しかし、まず家族にいとまごいに行かせてください」と言います。最初の人の問題は、枕する所としての家であり、二番目の人は親でした。そして、三番目の人は家族です。家、親、家族、それは私たちがこの世を生きる上で大切なものです。イエス様も「父母を敬う」戒めを大事にされましたし、「人は父母を離れてその妻と結ばれ、二人は一体となる」（マタイ一九章五節）とおっしゃり、家族の大切さを説いておられるのです。

しかし、その一方でこういうこともありました。イエス様が十二歳の時、家族全員でエルサレム神殿に参拝に行った後、イエス様だけが父母に何も言わずに神殿に残り、境内で学者たちと論じ合っていたのです。三日後にわが子を境内で見つけた母は怒りました。するとイエス様は「どうしてわたしを捜したのですか。わたしが自分の父の家にいるのは当たり前だということを、知らなかったのですか」と答えたというのです。ここでルカは敢えてマリアとかヨセフの名は記しません。私たちの誰にでも当てはまる出来事として書きたいのだと思います。

前任地の松本でのことですが、会員の女性が三つ子を産み、その三人の子どもを連れて教会学校に通ってきていました。その子たちはもう高校三年生になっています。その子らが四歳か五歳の頃のことです。お母さんと三つ子が揃って家に帰ったら、お父さんが疲れて炬燵に足を入れたまま眠っていたのだそうです。そのだらしない姿を見た三つ子の一人が、「ねえ、お母さん、このお父さんは本当のお父さんじゃないんだよね？」と言ったのだそうです。もちろん、それは「本当のお父さんは神様だよね？」ということなのですが、お母さんは「どう答えたらよいか困った」と言うので、私は例によって大笑いをしました。

神の愛

イエス様は「子供のように神の国を受け入れる人でなければ、決してそこに入ることはできない」とおっしゃいました。たしかにそうなのだと思います。

地上の家族、肉の家族もまた神様が与えてくださったものなのです。父も母も、妻も夫も、子も孫も、父なる神様が与えてくださったものです。だからこそ大事なのです。貴重なのです。自分のものではないからです。私たちがどれほど家族を愛したとしても、家族の罪を赦し、墓から贖い出すことはできないし、救うことはできません。それができるのはイエス・キリストの父なる神様だけです。父なる神様が最も強く私たち一人ひとりを愛し、家族を愛してくださっているのです。私たちと家族の罪を赦し、墓から贖い出してくださるのは、主イエス・キリストの父なる神様だけです。

イエス様に従うとは、その神様の支配、愛による支配を信じて、神様の御心に従うことです。それが神の国を生きることであり、実はそのことが家族を本当の意味で愛することなのです。

イエスと家族

イエス様も、家族と別れて神の国の宣教を始めました。そして、今、エルサレムに向けての旅を始めておられる。父ヨセフは早死にしたのではないかと考えられていますから、マリアは寡です。その母を残して長男であるイエス様が枕する所もない旅を続け、最後には十字架に磔にされて死んでしまうのです。それが、イエス様の本当のお父さんの御心だからです。イエス様が、残された母の悲しみの慮りを最優先されるのであれば、とてもその道を歩むことはできなかったでしょう。でも、イエス様にとっては父の御心を生きる道しかないし、その道を選択することは復活と昇天に至ることであり、天に至る道を開かない限り、母も兄弟も死者によって葬られる死者になるだけです。残された者たちが泣き崩れる葬儀をして終わる命を生きるだけなのです。

枕する所のない旅を続けた結果、エルサレムで十字架に磔にされる。そのことを知りながら、イエス様は顔をまっすぐにエルサレムに向けられました。後ろを振り返ることはなさいませんでした。それは何故か。家族を愛しているからです。肉における家族を救いたいからです。神の国に招き入れたいのです。そのことを最優先しているからです。だから、イエス様は「後ろを顧みる」ことをせずに前を向いて進んで行き、その後に従ってくるように招いてくださるのです。それは厳しい修行への招きではなく、「死のように強い愛」に生きることへの招きでしょう。

イエス様が神の国の宣教の旅に出てしまった時の母マリアの嘆きは深かったでしょうし、弟たちの怒りや失望も強かったに違いありません。でも、マリアも弟の一人であるヤコブも後に、イエス様の死と復活、そして昇天と聖霊降臨を経て誕生したキリスト教会のメンバーになっていったのです。イエス様が、この世における息子としての義務や家族との義理を果たすことなく前進することを通して、義務や義理を遥かに上回る愛を与えたからです。「雅歌」にあったように、大水にも洪水にも呑み込まれず、流されることのない神の愛を与えたから、イエス様の家族は神の国に生きることができるようになったのです。

福島教会

先週の木曜日、私は福島教会の聖研祈祷会で奨励をさせていただきました。今回で三回目です。今週の土曜日には、日曜日の伝道礼拝の説教者であり、午後のコンサートの演奏者でもある井上とも子牧師を福島教会の似田兼司牧師にご紹介するため日帰りで行ってきます。中渋谷教会からも八、九名の方が礼拝とコンサートを共にするために行ってくださることになっており感謝です。このことに関わる費用の一切は、皆さんがささげてくださっている震災支援献金で賄われますことも感謝です。福島教会の皆さんも、目に涙を浮かべつつ感謝の気持ちを私に伝えてくださいました。今後も「顔の見える連帯と支援」を継続していきたいと願っています。

わたしに従いなさい

私は聖研祈祷会の奨励の結論部で、ルカ福音書の一二章にふれました。そこでイエス様は弟子たちにこうお語りになっています。

「だから、言っておく。命のことで何を食べようか、体のことで何を着ようかと思い悩むな。命は食べ物よりも大切であり、体は衣服よりも大切だ。……何を食べようか、何を飲もうかと考えてはならない。また、思い悩むな。……あなたがたの父は、これらのものがあなたがたに必要なことをご存じである。ただ、神の国を求めなさい。そうすれば、これらのものは加えて与えられる。小さな群れよ、恐れるな。あなたがたの父は喜んで神の国をくださる。」

（ルカ一二・二二～三二 抜粋）

二〇一一年の三月十一日の震災によって会堂を取り壊さざるをえず、牧師の交代という経験をした福島教会の今年の標語は、「小さな群れよ、恐れるな。あなたがたの父は喜んで神の国をくださる」です。私たちが求めるべきもの、求め続けるべきもの、それは「神の国」です。この世のものではありません。この世のものだけでは私たちの命は生かされないのです。この世のものは死者による葬りで終わる肉体に関わるだけです。命を生かすものではありません。イエス様の言う「命」、それは永遠の命です。神様の愛によって生かされ、神様を愛して生きる命です。神の国に生きる命です。イエス様は、その命を私たちに与えるために十字架の死に向かわれるのです。そして、私たちを招かれる。「わたしに従ってきなさい」と。

それは黙々と厳しい修行に耐えるとか、禁欲生活に励むとか、そういうことではありません。イエス様によって既に到来している神の国に生かされる喜びを求め続け、その喜びを分かち合うために生きることなのです。イエス様に愛されているように愛し合うことなのです。その愛は、この世の愛とは次元を異にしますから、この世においてはなかなか受け入れられないことです。また、私たちがこの世に未練を持っている限り、その愛を生きることは不可能です。だからこそ、私たちはイエス様の語りかけをいつも新たに聞き続けなければならないのです。主の日ごとに共に礼拝をし、新たに神の国に生きる者とされ、礼拝からこの世へと神の国をもたらす者として派遣される。そのことを繰り返しつつ、神の国を言い広めていく。「神の国にふさわしい」者とされていく。そこに私たちの喜びがあり、希望があります。イエス様は、その喜びと希望を与えるために、今日も私たちに語りかけてくださっているのです。そのことが本当に分かる時、私たちは、「あなたがおいでになる所なら、どこへでも従って参ります」と喜びをもって、また正しく言うことができるのです。そして、イエス様に神の国に連れて行っていただける。神の国を言い広めることができる。なんと幸いなことかと思います。

聖なる御父

あなたの招きの中に今日もあり、この礼拝を与えられておりますことを心から感謝をいたします。この世において絶えずあらぬ方向を見、あらぬ方向に進んでしまうこの私どもを、あなたは顧みてくださって、どこを見つめ、どこに向かって進んで良いか、み言葉を通して示してくださいます。み言葉を通して主イエス・キリストが今、私たちの前を生きており、み国の実現を目指して歩んでいるその姿を見せてくださいます。そして主イエス・キリストのみ言葉が私たちに力を与え、望みを与え、そして進むべき方向を示してくださいます。感謝をいたします。これからも憐れみのうちに置いてください。そして繰り返し繰り返し礼拝をささげることを通して、私たち一人ひとりがみ国にふさわしい者となることができますように。

人の死に直面してなお、喜びの神の国の福音を宣べ伝えることができますように。主イエス・キリストのみ名によってお願いをいたします。アーメン

（二〇一二年十一月二十五日）

神の国は近づいた

ルカによる福音書一〇章一節～一二節

その後、主はほかに七十二人を任命し、御自分が行くつもりのすべての町や村に二人ずつ先に遣わされた。そして、彼らに言われた。「収穫は多いが、働き手が少ない。だから、収穫のために働き手を送ってくださるように、収穫の主に願いなさい。行きなさい。わたしはあなたがたを遣わす。それは、狼の群れに小羊を送り込むようなものだ。財布も袋も履物も持って行くな。途中でだれにも挨拶をするな。どこかの家に入ったら、まず、『この家に平和があるように』と言いなさい。平和の子がそこにいるなら、あなたがたの願う平和はその人にとどまる。もし、いなければ、その平和はあなたがたに戻ってくる。その家に泊まって、そこで出される物を食べ、また飲みなさい。働く者が報酬を受けるのは当然だからである。家から家へと渡り歩くな。どこかの町に入り、迎え入れられたら、出される物を食べ、その町の病人をいやし、また、『神の国はあなたがたに近づいた』と言いなさい。しかし、町に入っても、迎え入れられなければ、広場に出てこう言いなさい。『足についたこの町の埃さえも払い落として、あなたがたに返す。しかし、神の国が近づいたことを知れ』と。言っておくが、かの日には、その町よりまだソドムの方が軽い罰で済む。」

九章の主題

昨年のアドヴェント以来、一か月半ぶりにルカ福音書に戻ります。

思い起こしてみると、九章の冒頭は十二弟子の派遣でした。「神の国」を宣べ伝え、病人を癒すために、イエス様は弟子たちに悪霊追放や癒しの権能を授けて派遣されたのです。その伝道の旅には「何も持って行ってはならない」とおっしゃっています。それからいくつかの重大な出来事が続いています。そして五一節に「イエスは天に上げられる時期が近づくと、エルサレムに向かう決意を固められた」とあります。これがルカ福音書の前半と後半を区切る言葉です。

その後、イエス様の弟子に関する事例が集められています。「どこへでも従って参ります」と言う人には「人の子には枕する所もない」とおっしゃり、「まず、父を葬りに行かせてください」と言う者には、「あなたは行って、神の国を言い広めなさい」とおっしゃいました。そして、「まず家族にいとまごいに行かせてください」と言う者には「鋤に手をかけてから後ろを顧みる者は、神の国にふさわしくない」とおっしゃったのです。九章の主題は、神の国を宣べ伝えることです。

十二人　七十二人

一〇章は「その後、主はほかに七十二人を任命し、御自分が行くつもりのすべての町や村に二人ずつ先に遣わされた」という言葉で、始まります。

十二人の派遣の後は七十二人です。写本によっては「七十人」となっているものもあります。ルカは、創世記の一〇章に出てくる民族分布表の数を参考にしているのだと思います。そこには、ノアの三人の息子（セム、ハム、ヤフェト）を先祖とする民族が全世界に散らばっていた様が描かれています。

ヘブライ語聖書では七十部族なのですが、一般に「七十人訳聖書」と呼ばれるギリシア語訳聖書では七十二部族になっています。そういうことから、ルカ福音書の写本に「七十人」のものや「七十二人」のものがあるのでしょう。

ここで注意しておきたいことは、この出来事はルカ以外の福音書には記されていないということです。つまり、これはルカがどうしても書いておきたい出来事だということです。その理由は、福音書の最後とその続きである使徒言行録の最初を読めば明らかだと思います。

福音書の最後で、復活されたイエス様は「『また、罪の赦しを得させる悔い改めが、その名によってあらゆる国の人々に宣べ伝えられる』と。エルサレムから始めて、あなたがたはこれらのことの証人となる」と、弟子たちにおっしゃっています。

使徒言行録の冒頭には「あなたがたの上に聖霊が降ると、あなたがたは力を受ける。そして、エルサレムばかりでなく、ユダヤとサマリアの全土で、また、地の果てに至るまで、わたしの証人となる」と、あります。

「あらゆる国の人々に宣べ伝える」「あなたがたはこれらのことの証人となる」「地の果てに至るまで、証人となる」。ルカ福音書や使徒言行録におけるイエス様は、その伝道の業をユダヤの田舎であるガリラヤ地方から始められるのです。そこで伝道すべき相手としてイエス様が見ているのは、最初から「あらゆる国の人々」なのです。ガリラヤの町や村の人々に留まりません。だとするなら、「収穫は多いが、働き手が少ない」のは言うまでもありません。まずは十二人から始められましたが、それではどうにもなりません。七十二人だってまだまだ少ない。これはどんどん増えていかなければなりません。そして、実際にそうなっていく様を使徒言行録は記していきます。そういう長い文脈を考慮して、今日の箇所も読んでいく必要があると思います。

伝道者と信徒の業

今日の箇所に出てくる七十二人の名前が記されることはありません。彼らは、「十二使徒」として教会の土台になる人々でもありません。しかし、彼らの働きはイエス様にとってなくてならぬものです。伝道は、いわゆる「伝道者」だけに託された使命ではなく、伝道者と信徒が共々に携わる教会の業だからです。

彼らは、イエス様がこれから行こうとする町や村に二人ずつ先遣隊のように遣わされます。二人以上の証言があって、初めてその証言が真実なものであると認められるからでもあるでしょう。でも、この派遣は狼の群れの中に小羊が送り込まれるようなことですから、一人では心細くてたまらない。そのことをイエス様は配慮してくださったのかもしれません。

聖書の読み方

彼らは、「財布も袋も履物も持って行くな。途中で誰にも挨拶をするな」と言われます。こういう言葉を読む時に注意すべきことは、言葉を文字通りに受け止めて文字通りに行うことが求められている訳ではないということです。もちろん、聖書の言葉、またイエス様の言葉を自分に都合のよいように薄めて解釈することは禁物です。まともに受け止めなければなりません。

でも、イエス様はエルサレムで逮捕される直前には、「今は、財布のある者は、それを持って行きなさい。袋も同じようにしなさい。剣のない者は、服を売ってそれを買いなさい」と、弟子たちにおっしゃっているのです。

これを文字通りに行うとすれば、イエス様の言葉のどちらかを捨てることになります。それはそれでおかしなことです。自分の都合のよいように薄めてしまうのも問題だけれど、杓子定規に受け止めて実行することも問題です。イエス様がその時に目の前にいる人々に何を言おうとしたのかを見極め、それは今に生きる私たちにとってはどういうことなのかを真剣に考えるべきなのだと思います。

その場合、私のような「伝道者」の受け止め方と、皆さんのような信徒の受け止め方では同じ面と違う面の両方があるでしょう。何も持たずに町や村に行き、どこかの家に迎え入れられたら「この家に平和があるように」と告げるというのは、やはり私のように伝道を職務とする伝道者に対する言葉であると、私は思います。

けれども、キリスト教の一派であることを自称する「〇〇の証人」という宗教団体の人々は二人一組になって戸別訪問し、パンフレットを売りつけたり、いきなり説教を始めることがあります。「あなたも伝道者としてそのような伝道をせよ」とイエス様から命じられていると、私は思いません。私には別の仕方の伝道が命じられていると思います。

二人ずつ遣わされる

先ほど、伝道は伝道者だけでやるものではないと言いました。伝道者と信徒が協働してやるのです。私たち伝道者は、大体の場合は招かれた所で語ることしかできません。先週も、私は大学や市民講座で聖書の話をしましたが、それはそういう機会と場を与えてくれた方がいるからです。その方が道を開いてくださったから、私はその道を歩いて行き、聖書の話をすることができたのです。こういうことも、

「二人ずつ遣わされる」ことだと思います。

私は、皆さんのご家族にお会いして聖書の話をしたいと願っています。でも、いきなりお宅に伺って「今日は聖書の話をするためにきました」と言っても、それは反ってご家族の信仰の躓きになることでしょう。そういう機会を皆さんが作るためには、何年もの祈りと配慮が必要でしょう。伝道礼拝にお誘いしたり、クリスマス礼拝やキャンドルライト・サービス、バザーやCS遠足など、様々な機会を捉えて教会を知って貰う、牧師や信徒の顔を知って貰うなどのことをして初めて可能になることではないでしょうか。そういう協働の祈りと業の積み重ねの中で、私はお宅に伺うことができ、聖書の話をすることができ、そして最後に祈ってお別れすることができる。そういうことだと思いますし、そのことがイエス様から求められているのだと思います。私たちは、そのようにして「二人ずつ先に遣わされる」のではないでしょうか。

緊急事態

「財布を持つな」とは、派遣された限りは自分の食べることや着ることなどに気を遣わず、神の国の伝道に専心しなさいということでしょう。派遣されてもいないのに、勝手に血気盛んに出て行き、「働く者が報酬を受けるのは当然だ」と思うのは大間違いです。イエス様は派遣する者を「任命する」のですから。その任命もなく勝手なことをしてはいけません。しかし、任命されたら従うしかありません。「挨拶をするな」とは、「おはようとも言うな」ということではないでしょう。「この場合の挨拶とは、長々と安否を尋ねたりお茶を飲んだりすることだ」とある本には書いてありました。ただ、そこまで行かずとも挨拶をしている間に言うべきことを言うことができなくなってしまうことはあります。本当に大事なこと、また緊急のことを告げなければならない場合、挨拶などをしている場合ではないのです。今にも火が襲い掛かってくるような時に、長々と挨拶などしていたら両方とも焼け死んでしまいます。何はともあれ、「火事だ。逃げろ」と言わねばならぬでしょう。

挨拶をするな

私事で恐縮ですが、「挨拶をするな」という言葉を聞いて思い出すことがあります。人によって様々ですけれど、私は洗礼を受けるまでに本当に長いこと逡巡した人間です。私は牧師の家庭に生まれ育ちましたが、それが嫌で堪りませんでした。そして、「洗礼など受けたら牧師になるしかないじゃないか」という非常に切迫した思いをもっていました。イエス様を信じたいとは思うし、信じなければ人生を生きていくことは空しく、苦しいことだと思っていましたけれど、「洗礼を受ける」とはどうしても言えませんでした。何度もその言葉が喉元まで上がってはくるのですが、いつも寸での所でその言葉を飲み込んできたのです。

しかし、ある日の晩、先に洗礼を受けていた兄とそのことに関して夜を徹して語り合いました。そして、明け方になりました。兄は、「俺はこれから寝る。お前は起きていろ。そして、親父が起きてきたら、『おはよう』とも言うな。お前が真っ先に言葉として出さねばならぬのは『洗礼を受けたい』という言葉だ。もし、今日、お前がその言葉を最初に言わずに『おはよう』なんて言ったら、お前はまたもや機会を逸して再び悶々と悩み続けることになる。分かったな」と言ったのです。私は深く納得しました。そして、それからまんじりともせず朝まで待って、決して言いたくないその言葉を、決して言いたくない相手に言ったのです。その時のことは、今でも鮮明に覚えています。一九七六年の年末のことです。その時に、私が牧師になることはどうしようもない形で決定しました。それは、どれほど抵抗しても無駄なことでした。

また、私の娘が高校生になる時、私の勧めで高校生を対象に伝道する団体の二泊三日のキャンプに行きました。娘がそのキャンプから帰って来た時、私は教会の二階ホールで「お帰り。キャンプはどうだった?」と言って迎えました。しかし、娘は「ただいま」とも言わず、いきなり「私、洗礼を受けようと思って」と言いました。私は喜びよりも、言葉に言えない衝撃を受けてしまい、「そのことは後で話そう」とだけ言って書斎にこもってしまったのです。その日のことも決して忘れえないことです。

生死に関わる問題

挨拶などはしないほうが良いことは確かにあります。ことは深い意味で生死に関わることであり、緊急のことでもあるからです。「神の国を受け入れる」とは、それまでの命に死ぬことだし、新しく生き始めることです。それは、神様との平和を生きることですけれど、この世とは敵対することでもあります。しかし、武力をもって対抗することではない。

神の小羊であるイエス様は、狼の群れに囲まれ、たった独りになり、何の抵抗もしないでかみ殺されました。でも、そのことを通して、私たち罪人と神様との和解、罪の赦しによる平和を造り出してくださったのです。そこに神の国がある。その国を受け入れた人には「平和」が訪れます。そこに永遠の命があるのです。その小羊に従って生き、また死ぬのが弟子ではないか、と思います。

出されるものを食べなさい

七十二人は、「平和」を宣べ伝えるために遣わされるのです。受け入れてくれる家があれば、「その家に泊まって、そこで出される物を食べ、また飲みなさい。働く者が報酬を受けるのは当然だからである」とイエス様はおっしゃいます。「好き嫌いを言うな」ということでもあるだろうし、「贅沢を言うな」ということでもあるでしょう。よりよい待遇を求めて、「家から家へと渡り歩くな」とも言われます。そして八節に、もう一度「出されるものを食べなさい」と出てきます。これは、おそらく後の世界伝道を視野に入れた言葉です。この言葉を最初に読んだ人々は、まさに世界の人々に伝道する教会に生きているのですから。

宗教によっては食物規定があります。食べてはならないものがある。旧約聖書の律法にも食べてはならないものが記されており、ユダヤ人は豚肉などは決して食べてはなりません。でも、異邦人伝道に出かけてその家に迎え入れられれば豚肉だって出てくるでしょう。そういう食卓を囲むことになるのです。その時、豚肉を食べないということは、「自分たちとあなたたちは違う人間だ。自分たちは律法の民であり神の選びの民だが、あなたたちは違う」と言っていることになります。

この問題は、初代教会の伝道にとって非常に悩ましい問題なのです。興味のある方は使徒言行録の一〇章とかガラテヤの信徒への手紙二章などをお読みください。

神の国は近づいた

とにかく、遣わされた者たちが町に受け入れられたなら、「神の国はあなたがたに近づいた」と言わねばなりません。私たちは自分の思想や信仰を語るために派遣されるのではなく、神様が始めた御業、その出来事を証言するために派遣されるのです。そのことも勘違いしてはなりません。聖書に記されている出来事を告げるのです。しかし、これも「文字通り、神の国は近づいたと言え」ということではなく「あなたは神様に愛されています」と言ってもよいでしょう。

私が洗礼を受ける半年前に、その頃お世話になっていた牧師から、こう言われました。

「もういい加減、首を落とさんか」。

この牧師は元軍人ですから、こういう物騒な表現をするのでしょう。しかし、それは「神の国は今君の目の前に来ているんだ。抵抗するのはもういい加減にしろ。覚悟を決めて、これまでの自分に死に、新しく生まれ替わったらどうだ」という熱烈な招きの言葉です。それは痛いほど分かりました。でも、その時は首を落とすことはできず、半年以上悶々としながら生き延びたのです。

罪を悔い改めて神の国を受け入れなければ、私に平和は訪れることはありません。しかし、その牧師が「神の国が近づいたことを知れ」と言うことを止めるわけでもないのです。何故か？　それは首を落とさないで生き延びたところで、そこに待っているのは、あのソドムよりも重い罰だからです。神様と和解せずに生きる罪の結果は、完全な滅びだからです。消滅なのです。そんな滅びに至らせるために、神様は私たちを創造したわけではありません。神様は涙を流さんばかりの思いで、「わたしの愛を受け入れて欲しい」とおっしゃっている。「救いを選び取って欲しい」とおっしゃっている。

独り子であるイエス様を「人」としてこの地上にお遣わしになったとは、そういうことでしょう。そのイエス様を受け入れ、イエス様から遣わされた者たちは、伝道者であれ信徒であれ神の愛を生きる者たちであり、告げる者たちなのです。

イエス様が十字架に磔にされている時、神様は「彼らをお赦しください」という祈りをささげるイエス様の姿を痛切な思いで御覧になりつつ「この子を見よ。ここにわたしの愛がある。赦しがある。信じて欲しい」と叫んでおられるのです。この叫びを聞き、このイエス様を見て、神の国を受け入れるか否かは、私たちにとってまさに死活問題です。私たちの愛する家族や友人が、またこの国の人々が、そういう意味で死んでよいはずもありません。そんなことを神様が望んでいるはずもなく、私たちが望むはずもないでしょう。

伝道に生きる教会

だから、主イエスは「あなたは行って、神の国を言い広めなさい」「この家に平和があるように、と言いなさい」「神の国はあなたがたに近づいた、と言いなさい」と命じておられるのです。「平和の内に、この世へと出て行きなさい。主なる神に仕え、隣人を愛し、主なる神を愛し、隣人に仕えなさい」とおっしゃっている。

その言葉は真正面から聴き取らねばならないし、従わねばなりません。そこに私たちの救い、そして私たちの愛する人々の救いが懸かっているのですから。そのことが分かるとき、私たちは「収穫のために働き手を送ってください」と祈る者にもなるでしょう。

中渋谷教会の伝統（伝道）

私たちの中渋谷教会は、約五年後の二〇一七年九月には教会創立百周年を迎えます。そのための準備を少しずつ始めています。そのうちの一つが「百周年史」の作成です。「教会創立百周年」とは、別の言い方をすれば「伝道開始百周年」です。先日、『中渋谷教会八十年史』を開いて、中渋谷教会の草創期の部分を少し読み返しました。それは、私のような怠惰な牧師にとっては鋭い痛みを感じることでもあります。

第二代牧師である山本茂男先生が「宣教の五十年」という文章の中で、重い喘息の病に苦しみつつ伝道に生きた初代牧師森明先生のことをお書きになっています。

「何にもまして主イエス・キリストを愛し、キリストの福音を宣伝えて、友と共に救いに与ることを無上の喜びとした先生は、夜も昼も祈り、火の燃えるような烈しい伝道をなさいましたが、ひとりの人が救われるためには、自身の生命をかけて捨身でした。『人がその友のために自分の命を捨てる。これより大きな愛はない』（ヨハネ一五・一三）との御言葉をそのままに、キリストに従った人でした。先生の死に際して岡山に在った和田保氏は『先生の死によって初めてキリストの十字架の死は自分の罪の贖いのためであることが解った』と手紙に書いて寄越しました。これは先生に接した者たちのだれしもが実感したことだと思います。

ある人は、『森先生は伝道狂気だ』と評したと聞きましたが、無理もない評で、伝道のためには計画湧くが如く、当時の教会では先端を切った新機軸を出して積極的伝道を行うのでした」。

（『中渋谷教会八十年史』一九頁）

森明牧師は、第一次世界大戦が終わった一九一八年のクリスマスを迎えるにあたり、「世界平和の理想の高まりの中で、教会員の伝道の確信を強める宣言書を発表したい」と長老会に提案し、「一九一八年基督降誕節礼拝決議宣言書」を書いたというのです。その最後の部分を読みます。

「将来憂慮すべきわが国の個人、家庭、社会、国家及び国際諸問題に対し、われらの使命のために努力し、

神の国をあまねく東洋に建設せむことを期す。こいねがわくば主耶蘇基督、われを憐み用い給わらんことを。」（同書三〇頁）

森明は、教会員と共に伝道することを絶えず願い、そのために祈り尽力した牧師です。その起源は、十二人をまた七十二人を派遣しつつ「神の国はあなたがたに近づいた」と言わしめたイエス・キリストにあることは言うまでもありません。このイエス・キリストの愛が差し迫ってきて、溢れてくる。そこに伝道が生じるのです。義務でやっているのではない。溢れてくるからやっているのです。

ひとつのことを主に願う

先週は二〇一三年の最初の礼拝でした。私たちには詩編二七編のみ言葉が与えられました。「ひとつのことを主に願い、それだけを求めよう」という言葉です。この言葉は、私たちにとっては、「ひたすらに主を礼拝することを求めよう。この地上に到来した神の国である教会において、ひたすらにキリストを崇め、礼拝することを求めよう。主の食卓を囲みつつ、神の国が近づいていることを宣べ伝えて生きていこう」ということになるのではないでしょうか？

私たちの礼拝の中で欠かすことができないものの一つに、「主の祈り」があります。それは主イエスご自身の祈りだし、弟子として生きる私たちに祈るように教えてくださった祈りです。この先の一一章に出てきます。

「父よ、
御名が崇められますように。
御国が来ますように。
わたしたちに必要な糧を毎日与えてください。
わたしたちの罪を赦してください、
わたしたちも自分に負い目のある人を
皆赦しますから。
わたしたちを誘惑に遭わせないでください。」

「御国」とは「神の国」です。
「神の国がこの地上に来るように。罪の歴史でもある世界の歴史の中に、神様の救済の現実が入ってきますように。一人でも多くの人々が、神の国を受け入れることができますように。私たちの罪を赦してください。私たちが罪の赦しを与えてくださるキリストを宣べ伝える者となれますように」。
私たちはこのことをひたすらに祈り、そして尽力していく神の国の住民です。

小さな群れよ、恐れるな

日本という国にあって「小さな群れ」です。一パーセントにも満たない群れです。原因の一つは、私たちの不信仰にあることは明らかです。一つのことだけを求めないで、あれもこれもと求める不信仰を抜け切れないのです。財布も袋も持たずに伝道することができないのです。神様が必要な糧を毎日与えてくださることを信じることができないのです。何を食べようか、何を着ようかと思い煩うのです。

そういう私たちに向かってイエス様は、この先の一二章でこうおっしゃいます。

「信仰の薄い者たちよ。あなたがたも、何を食べようか、何を飲もうかと考えてはならない。また、思い悩むな。それはみな、世の異邦人が切に求めているものだ。あなたがたの父は、これらのものがあなたがたに必要なことをご存じである。ただ、神の国を求めなさい。そうすれば、これらのものは加えて与えられる。小さな群れよ、恐れるな。あなたがたの父は喜んで神の国をくださる」。（ルカ一二・二八～三二）

この言葉を信じるところに「平和」があります。「自由」があります。「喜び」があります。そして、「命」があるのです。神様は、その命を一人でも多くの人々に生きて欲しいと願っておられるのです。そのために、私たちは今日も礼拝に招かれ、そして遣わされるのです。どうして、その愛に応えないでいられるでしょうか。

聖なる父なる御神

新たな主の日に新たなお招きをいただき、こうして御前に集められてあなたを礼拝できますことを心から感謝をいたします。あなたの慈しみと憐れみの中に今日も置かれていることを深く覚えて、感謝をいたします。

み国が近づいたことを一週の歩みの中で証しをすべく立てられ、そしてまた派遣されておりますけれども、あなたの国ではなくて、あなたの支配ではなくて、おのが国、おのが支配を求めて生きてしまうことがいかに多いことであるかを今日新たに示されました。その罪を恐れ、また御前に悔い改め、ただただ御子主イエス・キリストの贖いの恵みを求めます。御神主イエス・キリストのゆえに私どもの罪を赦してください。

そして御神、私たちを主イエス・キリストの復活の命に与らせてください。今日より新たにあなたの子として、あなたを「父よ」と呼び、御子を「主」と呼んで、あなたの国の到来という喜ばしい報せを証しをするものとして生かしめてください。その業、その言葉、その祈り、その存在を通してあなたの国は既に来たことを証しをし、その国の中に生かされている喜びを証しをすることができるように励まし、また導いてください。主イエス・キリストの御名によって祈ります。アーメン

（二〇一三年一月十三日）

小さな群れよ、恐れるな

ルカによる福音書一二章二二節〜三四節

それから、イエスは弟子たちに言われた。「だから、言っておく。命のことで何を食べようか、体のことで何を着ようかと思い悩むな。命は食べ物よりも大切であり、体は衣服よりも大切だ。烏のことを考えてみなさい。種も蒔かず、刈り入れもせず、納屋も倉も持たない。だが、神は烏を養ってくださる。あなたがたは、鳥よりもどれほど価値があることか。あなたがたのうちのだれが、思い悩んだからといって、寿命をわずかでも延ばすことができようか。こんなごく小さな事さえできないのに、なぜ、ほかの事まで思い悩むのか。野原の花がどのように育つかを考えてみなさい。働きもせず紡ぎもしない。しかし、言っておく。栄華を極めたソロモンでさえ、この花の一つほどにも着飾ってはいなかった。今日は野にあって、明日は炉に投げ込まれる草でさえ、神はこのように装ってくださる。まして、あなたがたにはなおさらのことである。信仰の薄い者たちよ。あなたがたも、何を食べようか、何を飲もうかと考えてはならない。また、思い悩むな。それはみな、世の異邦人が切に求めているものだ。あなたがたの父は、これらのものがあなたがたに必要なことをご存じである。ただ、神の国を求めなさい。そうすれば、これらのものは加えて与えられる。小さな群れよ、恐れるな。あなたがたの父は喜んで神の国をくださる。自分の持ち物を売り払って施しなさい。擦り切れることのない財布を作り、尽きることのない富を天に積みなさい。そこは、盗人も近寄らず、虫も食い荒らさない。あなたがたの富のあるところに、あなたがたの心もあるのだ」。

「自分の豊かさ」を求める王と国民

今日の箇所には、ダビデの息子であるソロモンが出てきます。イスラエルの歴史の中で最大の国土と財力を誇った王です。列王記上には、こうあります。

「ソロモンは（異邦人を）奴隷として労役に服させ、今日に至っている。」（九・二一）
「ソロモンの杯はすべて金」「ソロモンの時代には銀は値打ちのないものと見なされていた。」（一〇・二一）
「ソロモンは戦車と騎兵を集め……エルサレムの王のもとに配置した。」（一〇・二六）
「エジプトから輸入された戦車は……王の商人によってヘト人やアラム人のすべての王に輸出された。」（一〇・二九）
「ソロモン王はファラオの娘の他にも……多くの外国の女を愛した。」（一一・一）
「彼には妻たち、すなわち七百人の王妃と三百人の側室がいた。……彼女たちは王の心を迷わせ、他の神々に向かわせた。」（一一・三～四）

外国人を奴隷として使ってインフラを整備し、軍備を増強し、武器の売り買いで商売し、贅沢を極めていく。神の民イスラエルが、唯一の主である神への信仰を捨てて、どこにでもある大国を目指す。それがソロモンのとった政策ですし、古代から今に至るまで多くの国の為政者たちがとってきた政策でしょう。それは多くの国民が、「自分の豊かさ」を求めているからです。

三年前の震災の復興はままならず、原発事故による放射能汚染で何もかも奪われて心が折れ始めている人々がいる。それが、私たちの国の一つの現実です。その現実こそ見るべき現実、真剣に継続的に取り組むべき現実だと、私は思います。しかし、原子力によって作り出される電力は今後も重要だということで原発再稼働が決まり、新たな設置も容認する動きが出てきています。武器輸出禁止の原則もなし崩しになり、戦争することができる国造りが進められています。オリンピックを通して東京を世界に売り出すために、資材も人材も何もかも集め、必要な労働力は外国から調達していくようです。そのようにして、仕事もなく狭い仮設住宅に暮らし続けることで心身が限界に追い込まれている人々は、為政者にも国民にも忘れられ、切り捨てられていくのではないでしょうか。少なくとも、私たちキリスト者は忘れずにいたいと思います。私たちは「自分の豊かさ」だけを求める民ではないはずです。

本国は天にある

パウロは、フィリピの教会に生きる信徒たちにこう語りかけました。

何度も言ってきたし、今また涙ながらに言いますが、キリストの十字架に敵対して歩んでいる者が多いのです。彼らの行き着くところは滅びです。彼らは腹を神とし、恥ずべきものを誇りとし、この世のことしか考えていません。しかし、わたしたちの本国は天にあります。そこから主イエス・キリストが救い主として来られるのを、わたしたちは待っています。キリストは、万物を支配下に置くことさえできる力によって、わたしたちの卑しい体を、御自分の栄光ある体と同じ形に変えてくださるのです。

（フィリピ三・一八〜二一）

この言葉は、「小さな群れよ、恐れるな。あなたがたの父は喜んで神の国をくださる」という主イエスの言葉に対する正しい応答だと思います。

「腹を神とする」とは、自分自身を神とすることです。そういう者は、ソロモンと同じように「自分のために富を積み」ます。「この世のことしか考えていない」からです。しかし、その「行き着くところは滅び」以外のなにものでもありません。

それに対して、洗礼を受けたキリスト者の「本国は天に」あるのです。私たちは、世の終わりには、天からイエス・キリストが救い主として来られ、復活の体を与えてくださることを信じて待ち望んでいるのです。その時、神の国が完成することを信じているのです。

世の人が聞けば、これは荒唐無稽な話であり、そんなことを信じること自体が愚かの極みでしょう。私たちだって、かつてはそう思っていたのですから、よく分かります。しかし、今日も、聖霊の導きの中で信仰を与えられたKさん（女性）が洗礼を受けて、本国が天に移されました。信仰によって、賢さと愚かさの基準は逆転します。

自分と天

「思い悩むな」と何度も出てくる今日の箇所は、その直前の「愚かな金持ちの譬話」と密接な関係をもっていることは、使われている言葉からも明らかです。

その譬話は群衆の一人に向けて語られましたが、今日の言葉は、弟子たちに向けての言葉です。この世においては、「自分のために富を積む」ことが賢いことです。でも、主イエスから見れば、それは愚かなことなのです。だから弟子たちには「持ち物を売り払って施し」「尽きることのない富を天に積みなさい」と言われるのです。

恐れるな

主イエスは、「小さな群れよ、恐れるな」とおっしゃいます。イエス様は、当時の社会の権力者たちを厳しく批判しました。愛から出てくる批判ですけれど、彼らは激しい敵意をもってイエス様に詰寄ってきましたし、群衆も集まってきたのです。その様を見て、弟子たちが恐れを感じたことは当然です。

だからイエス様は、「体を殺しても、その後、それ以上何もできない者どもを恐れてはならない」。「会堂や役人、権力者のところに連れて行かれたときは、何をどう言い訳しようか心配してはならない」と、おっしゃってきたのです。「心配する」は、原語では「思い悩む」と同じ言葉です。

この世が「この世」として存在する限り、イエス様は「この世」に生きる人々に向かって「不幸だ」「愚か者だ」と語り続けるでしょう。幸いになって欲しいから、賢くなって欲しいから、その願いが変わらないから語り続けるでしょう。そして、激しい敵意にさらされ続けるでしょう。だから、そのイエス様に従う者は決して体制側には立ちえないし、少数者であり続けるでしょう。それは小さな存在だということです。それ故に弱い存在でもある。貧弱な存在なのです。それは惨めなことであり、そういう群れに属していることは不幸なことであり、愚かなことであるとも言えるでしょう。だから、恐れるしかない面があります。しかし、イエス様はその貧しさも弱さも恥じることもないし、「恐れることもない」とおっしゃるのです。それは何故か。それが、今日の問題です。

小さい

今日の箇所には、「小さい」という言葉が三度出てきます。それがキーワードなのです。「あなたがたのうちのだれが、思い悩んだからといって、寿命をわずかでも延ばすことができようか。こんなごく小さな事さえできないのに、なぜ、ほかの事まで思い悩むのか」と、イエス様はおっしゃいます。不老長寿は人類の最大の夢です。最近何かと話題になっているＳＴＡＰ細胞について発表された時も、「夢の若返り技術に適用できるかもしれない」と言われました。私たちは、必死になって寿命を延ばそうとしてきたのです。現代は「延命治療」もあります。しかし、そのようにして生かされることを「夢」としている人はいません。生き甲斐をもった人生であれば、少しでも長く生きたいと願うのは健全な意欲です。しかし、人類は寿命を自分で決めることはできません。

「ごく小さな事」と訳された言葉、それは「小さな群れよ」の「小さい」の最上級です。寿命を延ばすという人類最大の夢が、神様にとっては最も小さな業だとおっしゃっているのです。そういう極端な対比は烏と人間の比較にも表れているし、野の花とソロモンの比較にも表れています。烏に関して言えば、烏は五羽なら値段がつく雀よりも価値が低いのです。誰も肉として食べないから売り物にはならない無価値なものなのです。主イエスは、そういう烏と人間を比較しておられるのです。

また、烏だろうが雀だろうが、烏は収穫物を倉に納めるわけではありません。つまり、働かない。でも、そういう烏も神の養いの中に置かれているではないか。野の花は、しおれれば価値がなくなり焼かれてしまいます。そんな花でさえ、金の杯で酒を飲むソロモンよりも美しく装われている。神様の目にはそう見える。まして、私たち人間が養われないはずがあろうか、と主イエスは言われます。鮮烈な言葉です。

小さな信仰

イエス様の言葉は、どれをとってもこの世の価値観とはまったく相容れません。そういう言葉を、弟子たちに語ることで弟子たちの価値観を壊し、神の国に生きるように招いておられる。しかし、その招きに応えることは、私たちにとって至難の業です。

そのことを誰よりもご存じなのが、イエス様です。だから、イエス様は私たちに向かってこうおっしゃる。「信仰の薄い者たちよ」「思い悩むな」。

「信仰の薄い者たち」とは、実は「小さい」（オリゴス）と「信仰」（ピスティス）が合わさった合成語で、「小さな信仰の」という意味です。新約聖書では、イエス様の言葉としてのみ出てくる言葉です。

貧弱　虫けら

私は、「小さい」という言葉が何処に出てくるかをちょっとだけ調べてみました。すると、モーセの言葉のなかにありました。彼はイスラエルの民にこう語りかけるのです。

あなたは、あなたの神、主の聖なる民である。あなたの神、主は地の面にいるすべての民の中からあなたを選び、御自分の宝の民とされた。主が心引かれてあなたたちを選ばれたのは、あなたたちが他のどの民よりも数が多かったからではない。あなたたちは他のどの民よりも貧弱であった。（申命七・六〜七）

「他のどの民よりも貧弱であった」の「貧弱」が、「小さい」という言葉です。神様は数の多い民、つまり強くて大きな民を愛する訳ではない。最も小さな民を愛し、エジプトのファラオの奴隷であったイスラエルを救い出してくださったではないか。モーセは、そう言っているのです。エジプトのファラオは、ソロモンの何倍も権力を持っていた王です。その王の奴隷であったイスラエルの民を、神はご自身の「宝の民」として選び、愛してくださった。そのことを忘れるな、とモーセは言う。そのことを忘れた時、イスラエルにとっての行き着く先は、パウロの言葉にあるように「滅び」だからです。事実、ソロモンの死後、イスラエル王国は南北に分裂し、その後の王や民も「自分の豊かさ」のみを求めることを通して滅亡へと向かっていきました。

南のユダ王国滅亡後、バビロンに捕囚された民に向かって語った預言者の言葉も読んでおきます。そこにはこうあります。

主は言われる。
恐れるな、虫けらのようなヤコブよ
イスラエルの人々よ、わたしはあなたを助ける。

（イザヤ四一・一四）

この「虫けらのような」が、「小さい」とか「貧弱」と訳された言葉です。主なる神は、小さく惨めな者をご自身の民として選び、救い、助ける。だから、「恐れるな」と言われるのです。

何を求めるのか

もちろん、信仰が小さく、貧弱であって良いはずはありません。イエス様は、弟子たちの信仰の小ささを嘆いておられるのです。群れが小さい分だけ信仰は大きく強くなければなりません。

イエス様は、弟子たちにどうしても知って貰いたいことがあるのです。それは、「神は烏を養ってくださる」ということです。「あなたがたは、鳥よりもどれほど価値があることか」です。そして、「わたしたちの父」となってくださった神様は、地上を生きる私たちに食物や衣服が必要であることをご存じだということです。そのことを分かって欲しい。信じて欲しい。そして、本当に求めるべきものを求めて欲しい。そうおっしゃっているのです。

少し前の説教で、「あなたは、あなたが食べるもので決まる」(you are what you eat) という英語の言い回しにふれ、「食べる」を「読む」に言い換えれば、「あなたがどういう人間であるかは、あなたが何を読んできたかで決まる」とも言えるのだと語りました。今日の箇所にそれを当てはめれば、「あなたがどういう人間であるかは、あなたが何を求めているかで決まる」ということになります。

イエス様は、「ただ、神の国を求めなさい」とおっしゃいます。そうすれば、その日生きるのに必要な物は与えられる。私たちがソロモンのようになることを、イエス様は望んでおられません。

献金

イエス様は、「自分の持ち物を売り払って施しなさい。……尽きることのない富を天に積みなさい。……あなたがたの富のあるところに、あなたがたの心もあるのだ」とおっしゃいます。

今日は、会員の皆さんのボックスに「献金・その種類とささげ方」という牧師と長老会連名の文書が入っていたと思います。礼拝献金と月約献金をはじめとする教会にささげられる献金と、神学校、年金局、日本聾話学校にささげられる献金などに関して書かれています。今年も年度初めに心新たに読んでいただきたいと願っています。

今日の週報には、東京神学大学、教団年金局、日本聾話学校、日本基督教団震災募金の四つの献金の報告が掲載されています。これはすべて有志献金です。教会への献金以外に、そこに記されている人数の方たちがささげているのです。ここに掲載されている以外に、石巻山城町教会と福島教会に対する顔の見える連帯と支援のための献金があり、これは二階ホールに置かれたボックスに自由にささげられた有志献金です。

教会の通常会計の中からは、各地の教会や学校、施設、教団を通して被災地への献金に通常会計の収入の約十分の一の額をささげることができました。このことは、今後も中渋谷教会のよき伝統として継承していきたいと願っています。

施し

イエス様が使っている「施す」という言葉は、慈愛、憐れみ、恵みという言葉が元になった言葉です。慈善、チャリティーのことです。私たちは、個人的にも様々なものに献金とかカンパもしますが、教会を通して慈善をすることができることを幸いに思います。

私たちがある所に献金をするとは、私たちが神様からいただいた富をある所に施すことです。それは私たちの心をそこに向ける、あるいは置くということでしょう。神学校、年金局、日本聾話学校、被災地の人々、また石巻と福島の教会の具体的な必要の少しでも足しになるように願って私たちは献金をしますし、二十七日には福島教会の会堂建築募金コンサートを開催します。朝礼拝の説教は福島教会の似田牧師ですから、チラシを用いて多くの方をお誘いくださるようにお願いします。そのことも、神の国を求めて生きる私たちの業であり、御心に適うことだと、私は思います。そして、神様が喜んでくださることだと思うのです。

恐れ

そのことを踏まえた上で、改めて「小さな群れよ、恐れるな。あなたがたの父は喜んで神の国をくださる」という主イエスの言葉が、今日を生きる私たちに何を語りかけているのかを聴き取っていきたいと思います。

私は今、西南支区長という役目を負わされて、好むと好まざるとにかかわらず支区内外の教会の現実の一端を知らされることがあります。嬉しいこともありますが、いくつもの教会で礼拝出席者が減っていることを知らされます。原因は様々ですけれど、多くの教会で礼拝出席者は少しずつ減少を続け、教会員数も減り、そして高齢化が進んでいます。極端な例で言えば、四十～五十年前は二百名近くの礼拝者であった教会が、今は三十名台になっています。三百名だったのに半減している教会もあります。かつては満席だった大きな礼拝堂が、今はすきすきになっているのです。

会堂建築の多くは会堂が古くなったから建て替えるのであって、狭くなったから建て替えるわけではありません。私たちと同じように、地域再開発によって建て替えることもあります。五十年ほど前は、多くの教会が礼拝堂が狭くなったから建て替えたのですが、今はその礼拝堂が広すぎるのです。

二百人三百人集っていたとしても今現在渋谷の街に集まっている人の数万、数十万の人に比べたら小さな群れにすぎません。今、渋谷の街は人々でごった返しているのでしょう。しかし、教会がごった返すことはありません。

中渋谷教会は、幸いなことに、老若男女がバランスよく受洗や転入して来られて、結果として中年層や青年層が増え始めています。でも、昨年亡くなった七十代の方たちは礼拝に出席していた方々でしたし、昨年度だけでも高齢の故に礼拝に来られなくなった方たちが何人もおり、二度の大雪の影響もあって礼拝出席者は一昨年度よりも五名減りました。そして、二百名弱の会員の内、七十歳以上が百人を越えるのですから、統計的に見ればまことに厳しい状況であることに変わりありません。多くの教会はもっと厳しい状況ですから、今後伝道がめざましく進展しない限り、二十年後にはいくつもの教会が危機的状況になっていることは明らかなのです。

そういう現状を知らされながら、私は潜在的にいつも恐れを感じています。私たちは、今よりも少し大きな礼拝堂を備えた会堂を建てる計画を建てていますが、それはその時までに今よりも礼拝者が増えていることを前提としたことですし、以後も増えていくことを想定してのことです。しかし、それは如何にして可能なのか。

牧者に導かれる群れ

でも、イエス様は「恐れるな」とおっしゃる。旧約聖書を見ても、神様は貧弱な民、虫けらのような民を愛し、助けてくださるとあります。

問題は、私たちが何を見、何を聴くかだと思います。ここに出てくる「群れ」は自然の群れではありません。飼い主がいる群れ、導き手がいる群れなのです。飼い主がいない群れは、外敵が来れば雲散霧消してしまいます。あるいは、飼い主が雇い人で、外敵が来れば群れを捨てて逃げる人であれば、やはり群れは消滅します。そんな感じの教会も実際にあります。

イエス様が「小さな群れよ、恐れるな」とおっしゃる時、「私が飼い主だ」とおっしゃっているのです。その言葉を聴き取り、その事実を見なければなりません。主イエスが、私たちの飼い主であり神の国の王なのです。その王は、ソロモンのような王ではありません。権力をもって君臨しながら、最後は死んで終わりの王ではないのです。

イエス様は「ユダヤ人の王」として十字架で処刑されて死んだが故に、死の支配で覆われている墓を栄光の復活の場とし、天に挙げられ、神の右の座に座られた方です。そして、そこから父と共に聖霊を地上の教会に送ってくださる王なのです。

詩編二三編にあるように、この牧者に導かれる群れは「何も欠けることがない」のです。この牧者は己の羊たちを必ず「青草の原に休ませ」「憩いの水のほとりに伴い、魂を生き返らせて」くださる牧者だからです。「死の陰の谷を行くときも」「共にいてくださる」のです。外敵が襲ってきた時は、その「鞭と杖」を使って命懸けで戦ってくださるのです。羊たちがこの飼い主を信じ、この方の姿を見つめ、この方の声に従って歩く時、「恵みと慈しみ」がいつも追いかけてきます。だから、私たちは「災いを恐れない」し、何も恐れることはないのです。

喜ぶ　御心に適う

「あなたがたの父は喜んで神の国をくださる」と、主イエスは言われる。この「喜ぶ」は、他の箇所では「御心に適う」と訳される言葉です。ルカ福音書には二度しか出てきません。その内の一回は、イエス様が洗礼者ヨハネから洗礼を受けた時です。罪人が罪を悔い改めて受けるべき洗礼を、罪のない神の子が受けるとは、イエス様が罪人の罪を己が身に背負って、いつの日か神様の裁きを受けることを決意したということです。そのことを通して、罪人の罪を赦し、本国を天に移す。そのようにして、罪を悔い改めた者に神の国を与える。それが神様の愛です。小さな者を愛して、救い出す愛なのです。神様は、喜んで愛してくださるのです。

だから、神様は洗礼を受けて祈っておられるイエス様に、聖霊を降しつつこうおっしゃったのです。

「あなたはわたしの愛する子、わたしの心に適う者」。（ルカ三・二二）

「心に適う」が「喜ぶ」と同じ言葉です。ご自身の命という何ものにも換え難い貴いものを、罪人を助け、救い出すためにささげる決意をされたイエス様を、神様は愛し、「喜ぶ」とおっしゃる。「喜んで神の国をくださる」とは、神様にとって最大の存在、愛する独り子を私たちの救いのために与えること、施すことなのです。憐れみをもって恵んでくださることなのです。それも、喜びをもって。その神様とイエス様を信じる。そこに、私たちの救いがあり、私たちの喜びがあり、神様の御心に適うことがある。そして、そこに、神様の喜びがあるのです。

今日、洗礼式を通して、一人の神の子が誕生したことを神様は喜んでおられます。それは神様の御心に適うことだからです。洗礼式に参列し、心新たに「日本基督教団信仰告白」をささげる時、私たちも新たな命を与えられ、神の国に生かされていることを実感します。そして、私たちのために献身してくださった主イエスに献身する信仰を新たにされます。「ただ、神の国を求める」とは、そういうことです。主イエスに献身して生きることとです。先ほども洗礼式の讃美歌一九九番を歌いました。その四節には「我が身もたまもみなささげ、御名をたたえて日をすごさん」とありました。この献身に生きる時に、その心の何処に思い悩みなど生じるでしょうか。主イエスに身も魂もささげる時、その生活の何処に思い悩みが生じるのでしょうか。そこにあるのは、喜びです。

この献身の信仰に生きる時にだけ、私たちはこの世におけるあらゆる思い悩みから自由になるのです。そして、永遠の神の国に生かされる。天に宝を積むことができる。それほど大きな喜びは他にはありません。

聖なる御父
御名をあがめ、感謝をいたします。あなたの憐れみの中におかれて今日、棕櫚の主日礼拝にお招きいただき、新たに御子主イエス・キリストのみ言葉をいただくことができました。
あなたの言葉だけが私どもが誰であり、あなたがその私どもに何をしてくださっているかを知らせてくれるものです。そのことを知らなければ、私たちはただ迷い、滅びに向かって行くだけの愚かな羊であり、こうして群れとなってもあなたのみ言葉に聴かなければ、いつでも雲散霧消してしまう惨めなものです。御神、憐れみの中においてください。これからも日々新たにあなたのみ言葉を聴かせてください。そのみ言葉に従う信仰を新たに与えてください。今日信仰告白をして洗礼を受けられた姉妹がいることを感謝いたします。あなたが導き、あなたが育ててくださいました。これより生けるキリストの体の生きた枝として、また豊かに実を結ぶことができるように養ってください。主イエス・キリストの御名によって祈ります。アーメン

（二〇一四年七月十三日）

神の国は何と似ているか

ルカによる福音書一三章一八節〜二一節

そこで、イエスは言われた。「神の国は何に似ているか。何にたとえようか。それは、からし種に似ている。人がこれを取って庭に蒔くと、成長して木になり、その枝には空の鳥が巣を作る。」
また言われた。「神の国を何にたとえようか。パン種に似ている。女がこれを取って三サトンの粉に混ぜると、やがて全体が膨れる。」

誰でも知っている？

今日の箇所は、時も場所も先週と同じです。イエス様は十八年間も腰が曲がった女性を癒してくださいました。ユダヤ人にしてみると、安息日にしてはならない業をされたのです。その直後に、神の国の譬えを語られたのです。

この譬えは、マタイにもマルコにも出てくる譬えなので、聖書に親しんでいる方なら誰でも知っている話です。私も知っているつもりでした。先週もこの箇所にふれて、私が知っていると思っている解釈に基づいて少し語りました。でも、よく読んでみると、今まで思ってもみなかったことが含まれていることが分かりました。

三つの福音書

マルコ福音書では、からし種は「土」に蒔かれます。人が種をとって蒔くという動作は記されません。それに対して、マタイやルカは、「人」（アンスローポス、男）が種をとって蒔く動作に注目します。マタイでは、種は「土」ではなく、「畑」に蒔かれます。ルカでは「庭」です。マタイやマルコでは、「どんな種よりも小さい」からし種が野菜の中で最大のものに成長することが強調されます。もちろん、ルカにおいても、同じことが言われています。でも、ルカでは、からし種の小ささは強調されていません。それはどうしてか、何のためかを考えないといけないと思います。

マタイやルカは、既に書かれていたマルコ福音書を参考にして、自分の福音書を書いたと言われます。からし種は「土」に蒔かれたと記してあるマルコ福音書を参考にしつつ、土は土でもそれは「畑」であるとマタイは説明しているのです。ある本によると「からし種は庭には蒔かず、畑に蒔く」と律法の規定で決められていたそうなのです。

それなのに、ルカは「庭に蒔く」と書いている。律法の規定を紹介してくれた本の著者は、「ルカは律法を知らぬ異邦人だから、こんなことを平気で書いている」という解釈をしていました。でも、私は違うと思います。ルカが異邦人かどうかは分かりませんが、彼はユダヤ人はからし種を庭に蒔かないことを知った上で、敢えて「人がこれを取って庭に蒔く」と書いたのだと思います。

イエス様は、ご自身の言葉を書き残さなかったので、様々な解釈を通して伝えられることになります。だから、新約聖書に四つの福音書があるのです。私は、今日、ルカが伝えるイエス様の言葉を新たに聴き取り、受け止め、解釈し、伝えたいと思います。

文脈による違い

二〇節以下のパン種の譬えは、マルコにはなくマタイとルカにある話です。マタイとルカは全く同じ文章です。でも、マタイの文脈で読むと、小さなからし種が大きな野菜になるように、ほんの僅かなパン種が多くの粉を膨らませるという話になるように思います。小さなものでも大きなものに決定的な影響を与える。そういう話です。

でも、ルカの文脈で読むと、少し異なる要素が入って来ると思うのです。庭にからし種を蒔くような人はいないはずなのに、いた。それと同じように、尋常ではない量のパンを作る女がいた。そういう要素が入ってくると思います。

三サトンの粉（小麦粉）とは、重さにすると二十キロ以上になり、百五十人分のパンができる量なのです。ここに出てくる「女」は、普通の家庭の主婦でしょう。直前のからし種の譬えに出てくる「人」は、ある家の主人だと思います。その男が律法の規定に逆らって家の庭にからし種を蒔く。安息日にイエス様が腰の曲がった女性を癒されたように。そして、普通の主婦が、家の中で百五十人分のパンを作る。いずれも、通常はありえないことです。しかし、神の国はそういうことに譬えられる。主イエスにとっては、そういうものなのです。

旧約聖書の背景

そのことを踏まえた上で、もう一度最初から読み返していきたいと思います。からし種が成長して木になり、その枝に空の鳥が巣を作る。この言葉の背景には、旧約聖書の預言があります。

最初に、エゼキエル書を見ておこうと思います。エゼキエルは、神様との間に結んだ契約を破ったイスラエルに対して、こう預言します。

主なる神はこう言われる。わたしは高いレバノン杉の梢を切り取って植え、その柔らかい若枝を折って、高くそびえる山の上に移し植える。イスラエルの高い山にそれを移し植えると、それは枝を伸ばし実をつけ、うっそうとしたレバノン杉となり、あらゆる鳥がそのもとに宿り、翼のあるものはすべてその枝の陰に住むようになる。
（エゼキエル一七・二二〜二三）

堂々たる姿を誇るレバノン杉にイスラエルが例えられているのですが、そのレバノン杉は神様との契約を破ったが故に切り倒されるのです。しかし、その木の枝から切り取られた「若枝」が高い山に移植されると、大きなレバノン杉となり、「あらゆる鳥がそのもとに宿る」ようになる。それは、古い王国が神によって倒され、神に立てられたメシアによる新しい王国が誕生することの預言です。

エゼキエルは、当時の大帝国であるエジプトのファラオに対しては、こう語りかけるように神様に命ぜられます。

「お前の偉大さは誰と比べられよう。
見よ、あなたは糸杉、レバノンの杉だ。
（中略）
大枝には空のすべての鳥が巣を作り
若枝の下では野のすべての獣が子を産み
多くの国民が皆、その木陰に住んだ。」
（エゼキエル三一・二〜六）

空のすべての鳥が、その枝に巣を作る巨大なレバノン杉。それは大帝国の権勢を表す言葉です。しかし、先のイスラエルと同じく、エジプトのファラオは権勢を誇る高慢の故に、さらに強大なバビロンの王に滅ぼされるという預言が続きます。

そのバビロンの王ネブカドネツァルに関して、ダニエル書にはこういう話があります。王が、大地の真ん中に生えている大きな木の夢を見るのです。「その木陰に野の獣は宿り、その枝に空の鳥は巣を作り、生き物はみな、この木によって食物を得た」とあります。しかし、その夢の中に天使が現れてこう言うのです。

「この木を切り倒し、枝を払い、葉を散らし、実を落とせ。その木陰から獣を、その枝から鳥を追い払え」。「人間の王国を支配するのは、いと高き神であり、この神は御旨のままにそれをだれにでも与え、また、最も卑しい人をその上に立てることもできるということを、人間に知らせるためである。」

（ダニエル四・一一、一四）

眠りから覚めた時、ネブカドネツァル王は、ダニエルに夢の解釈をするよう願います。ダニエルは、大木はネブカドネツァルの支配の象徴であることを告げます。つまり、今のバビロンは繁栄の極みにあっても、高慢な思いを捨てることができなければ、いと高き神によって滅亡させられることになる。そして、神はこの世で最も卑しいとされる人をご自身の国の王とすることもできるのだと、告げるのです。その上で、ネブカドネツァルにこう進言します。

「王様、どうぞわたしの忠告をお受けになり、罪を悔いて施しを行い、悪を改めて貧しい人に恵みをお与え

になってください。そうすれば、引き続き繁栄されるでしょう。」（ダニエル四・二四）
王はダニエルの進言を受け入れず、悔い改めを拒みます。自分が手にしている権力の偉大さに自惚れることを止めないのです。結局、彼もバビロン帝国も滅んでいきました。

レバノン杉　からしの木

「その枝には空の鳥が巣を作る」。この言葉の背景に、以上のような旧約聖書の言葉があることは明らかです。ここで注意しなければならないのは、旧約聖書に出てくる木はレバノン杉という巨木です。大きな枝があり、その枝に繁る葉が大きな木陰を作り出す巨木です。

それに比して、からしの木は二メートルから四メートル程度の木です。幹は細く、葉っぱも木陰を作るようなものではありません。からし種は吹けば飛ぶような小さく軽いもので、七五〇粒集めて漸く一グラムになるそうです。その小さな種が二メートルとか四メートルの木になるのですから、それはそれで大変な変化です。

神の国は、最初は人間の目に留まるようなものではない。しかし、次第に成長し空の鳥が宿るような木になる。ある村の会堂の中でなされた一つの癒しの業も、庭に蒔かれたからし種なのだ。いつか大きく成長し、多くの人々を神の国に招き入れることになる。イエス様は、そういうことをお語りになっている。それは確かなことだと思います。

しかし、それだけではない。レバノン杉にたとえられる人間の支配と、からしの木にたとえられる神の支配の本質的な相違についても語っておられるし、種を蒔く行為、また種を蒔く人についても語っているように思います。

パン種　膨れる　隠す

そのことを知るために、次の譬えも見ておきたいと思います。先ほど、三サトンもの粉を使ってパンを作る主婦はいないと言いました。律法で禁じられているにもかかわらず、庭にからし種を蒔く主人がいないのと同様にです。しかし、主イエスはそういう男や女を例に挙げて、ご自身が地上にもたらしている神の国を語るのです。

パン種、つまりイースト菌はごく少量混ぜるだけで小麦粉全体に影響を与えます。「混ぜる」という言葉は、「隠す」とも訳される言葉です。小さなからし種は、庭に蒔かれれば、人間の目には全く見えなくなります。小さな茶色の種は、土の塵と見分けがつかないからです。イースト菌も小麦粉と同じ白い粉ですから、混ぜれば見えなくなります。完全に隠れてしまうのです。しかし、人間の目には見えなくなった時に、からし種もパン種も活動を開始するのです。

「やがて全体が膨れる」とあります。「パン種」と「膨れる」は原文では同じ言葉です。パン種という名詞が動詞の形を取ると「膨れる」とか、「発酵する」と訳されるのです。英語ではleaven（リーヴァン）が名詞にも動詞にもなるので、「リーヴァンが粉の中に隠されると粉はリーヴァンされる」と書かれています。つまり、パン種が隠された小麦粉は次第にパン種化してパンになる。単に大きく膨らむだけでなく、変化する。そういうパン種を小麦粉に混ぜる人、隠す人がいる。それは誰のことか。また、パン種とは何のことか。それが問題です。

中間時の業

この譬話をどのように解釈するかは、人それぞれです。私は私なりに解釈をしたいと思います。ここに出てくる「人」とか「女」は、両方とも神様の比喩として考えることができるのではないかと、私は思います。この箇所の少し前は、「時を見分ける」ことに関しての話が続いていました。主イエスによれば、今は終末に向かっている時です。神の国の完成に向かっている時なのです。「中間時」と言われます。その中間時に、私たちが何をすべきかが問われていましたが、同時に、神様がイエス様を通して何をなさっているかも記されていたのです。

先週読んだ安息日の癒しも、イエス様がこの世の中に神の国をもたらしている様を現しているのです。それは、古い革袋に新しいぶどう酒を入れるような業です。革袋が新しくならない限り、新しいぶどう酒を入れ続けることはできません。新しいぶどう酒は、発酵を続けるからです。そのぶどう酒を自分の中に入れる人も、それに応じて新しい人間にならないといけない。根本的に変化しないといけない。そういう人間を、一人また一人と生み出すために、主イエスは神の国を宣べ伝え、神の国をもたらしているのです。

その続きである今日の箇所は、神様がイエス様という種をこの地に蒔いている、隠している。そのことを通して、この地上にご自身の国、神の支配を広めておられることを語っているのではないかと思います。

二二節以下を読むと分かりますが、イエス様は今、エルサレムに向かっている途中なのです。その旅の途上で「町や村を巡って教え」ておられる。その時、「主よ、救われる者は少ないのでしょうか」と問う者がいたことが記されています。それに対して、主イエスは「狭い戸口から入るようにと努めなさい」と言われました。「入ろうとしても入れない人が多いのだ」と。そして、「家の主人が立ち上がって、戸を閉めてしまう」時が来るとおっしゃいます。終末が来るということです。

その話の結論は、こういうものです。

「そして人々は、東から西から、また南から北から来て、神の国で宴会の席に着く。そこでは、後の人で先になる者があり、先の人で後になる者もある。」

（ルカ一三・二九〜三〇）

ここでも主イエスは、「神の国」に関して語っておられるのです。招かれている今、招きに応えて狭い戸口から入って来なければならない。戸が閉められてしまう時が来るから。その時までに、招きに応えて入って来る者であれば、ユダヤ人であるとないとに関わりなく誰でも神の国の宴会の席につくことができる。主イエスは、そうお語りになっています。誰であっても、罪を悔い改めて、イエス様を主と信じる者は、救われた喜びを分かち合い、神様を賛美する宴会の席につくことができる。そのようにして、世界はいつの日か、神の国にされる。神の支配が完成する。今日の譬話は、こういう話に続くのです。その文脈の中で読むことによって、主イエスが何を語りかけておられるかが次第に分かってきます。

現代との関わり

しかしそれは、現代の私たちが直面する現実と向き合うことと不可分なのです。

ウクライナ東部で起こっている現実、ガザ地区で起こっている現実、この国の右傾化や様々な腐敗の現実、また被災地で起こっている現実が心に重くのしかかってきます。歴史的背景や政治的背景はそれぞれ違いますけれど、どこの国の為政者たちも自らの権力を求め、自らの繁栄を求め、支配の拡大を求めている点では同じでしょう。だれも彼もが「レバノン杉」になることを求めている。そして、そのことが正しいことだと思っている。だから、罪を悔い改めることなどありえないのです。その結果、貧しい者、弱い者は常に虐げられ、無視され、時に犠牲とされるのです。

ガザ地区の死者は、多くの子どもたちを含めて千人を越えたそうです。ウクライナ上空で撃ち落とされた旅客機の乗員乗客も三百名近い人々です。いずれの死者も、殺した側の人間から謝罪されることはありません。この世の支配者たちにとって、敵とおぼしき人間を殺すことは正しく、あるいはやむをえないことだからです。

そういう現実の中で、私たちは生きています。何千年も生きている。そのことに慣れてしまっている。心のどこかで諦めてしまっている。

しかし、エゼキエル書でもダニエル書でも、そういう大国、強国の支配は必ず終わることが預言されています。滅亡するのです。それも確かな歴史的事実です。バビロン帝国もエジプト帝国も今はありません。ドイツの第三帝国も大日本帝国もありません。ソビエト連邦は崩壊し、二十世紀に大国化したアメリカも未来永劫大国であり続けるはずもありません。かつて「眠れる獅子」と揶揄された中国は、再び大国化への道を歩んでいますが、様々な矛盾と欺瞞を孕んだ一党独裁体制が今後五十年続くかどうかは分かりません。

私たち人間は、いつになったら「人間の王国を支配するのは、いと高き神であり、この神は御旨のままにそれをだれにでも与え、また、最も卑しい人をその上に立てることもできるということを」知るのでしょうか。ダニエルが、この言葉を語らされてから二千数百年の年月を経ているというのに、私たちはまだそのことを知らないままなのです。

教会

当時の人々の多くは、イエス様の存在、その業や言葉に驚いても、そこに神の国到来の事実を見て、その国の中に入ってくる訳ではありませんでした。でも、イエス様の十字架の死と復活、そして聖霊降臨を通して教会が誕生し、東西南北に拡大し、その教会に宿る人々が次第に増えていったのです。そして、キリスト教会を弾圧してきたローマ帝国がキリスト教化されました。それに伴う様々な問題があることは事実です。しかし、最初は目にもとまらない小さな種だったものが形を変えて成長し、巨大なものに隠されて見えなかった種が大きなものを変化させていったということはできるでしょう。そして、そのキリスト教会は神の国を求め続け、伝道することを通して七つの海を越え、あらゆる国境線を越えて世界中に広がってきました。

宣教一五〇年を越える私たちの国の中で、教会の存在は未だにまことに小さく、隠れているとしか言い様がありません。今から三十年前に地方都市の松本の教会に遣わされた時、私はその地の人々にとって教会とは全く異質なものであり、あってもなくてもよいものであることを痛感しました。十四年前に都心に建つ中渋谷教会に遣わされた時も、全く同じことを感じました。無数と言ってよい人々が街を行き交っていますが、その人々にとって教会の存在は全く見えていないし、必要とされていません。

でも、全国の町や村に建つ教会で、今も毎週礼拝がささげられています。その礼拝の中で、主イエスは語り続けておられるのだし、信じる者たちは悔い改めと信仰と賛美をささげています。そして、この世の中に生きながら、神の家である教会をわが家として、そこで必要な糧をいただいているのです。その群れは小さいです。でも、私たちは既に「ただ、神の国を求めなさい。そうすれば、これらのものは加えて与えられる。小さな群れよ、恐れるな。あなたがたの父は喜んで神の国をくださる」という、主イエスの言葉を聞いているのです。

私は毎週、礼拝出席者の数を数え、「今日はあの方が来られなかった、この方は来られた。今日は少なかった、多かった」と一喜一憂しています。そんなことは気にしない方がよいとも思いますけれど、牧師が信徒の一人ひとりを気にしなくなったらお終いだとも思います。礼拝に来たくても来られない方たちは、年々増えています。礼拝から気持ちが離れている方もいます。だから、新たに礼拝に集う方がいても、礼拝出席者の数は増えていきません。そういう現実も重くのしかかっています。疲れ切ってしまうこともあります。

しかし、私たちは既に蒔かれた種、隠された種によって誕生した教会の一員なのです。人の目には見えずとも、その戸口の狭さゆえに多くの人が入って来ずとも、今日も私たちは東京近郊の東西南北の各地からこの礼拝堂に集まって、救われた喜びを分かち合っているのだし、世の終わりの日には神の国は天地に完成することを信じて、御国が来ますようにとの祈りをささげつつ、神様を賛美しているのです。既に到来している神の国の宴会である礼拝をささげているのです。一羽でも多くの鳥が、からしの木に宿ることを願い、一人でも多くの人がパン種としてのキリストを受け入れ、キリスト者に変化していけることを願い、そのために種を蒔き、パン種を隠してもいるのです。その様にして、神の御業に与っているのです。

十字架という木

神様が、律法の規定によれば蒔いてはならない所に蒔いた種、それは結局、どのような木になったのかと言えば、一本の十字架です。その十字架の木に打ちつけられた罪状書きは「ユダヤ人の王」です。それは、「お前はユダヤ人の王になろうとしたのかもしれないが、見よ、お前の王座は十字架だ！」そういう嘲りの徴です。ローマの総督ピラトにしてみても、それは同様です。ユダヤ人を支配する者として、自らの権力を見せつけているのです。「ユダヤ人の王」など存在しないのだ。それはユダヤ人を支配するのはローマの皇帝だ、と思い知らせているのです。

しかし、神様にとって、「ユダヤ人の王」とは、一民族の王を表す言葉ではありません。神の民イスラエルが不信仰の故に切り倒された後に、高い山に植えられる「若枝」とは、全く新しい意味でのユダヤ人の王であり全世界のメシアなのです。エゼキエルは、そのメシアの登場を預言していたのです。

マタイ福音書のクリスマス記事に出てくる「ユダヤ人の王」、東の国から占星術の博士が拝みに来る「ユダヤ人の王」とは、全世界の民の救い主、メシア（キリスト）です。しかし、その「ユダヤ人の王」の王座は宮殿の奥の間にはありません。そうではなくて、人々に嘲られる十字架の上にある。そこに隠されている。世界中の人々が、権力を持った者も庶民も、裕福な者も貧しい者も、ユダヤ人もパレスチナ人を初めとする異邦人も、日本人も中国人も、すべての者が共に心安んじて憩うことができるのは、この十字架の木の下なのです。

そこでしか、私たち人間は罪を赦し合い、和解することはできません。この十字架のキリストを通して与えられた神様の愛を信じ、その愛に生かされる時にしか、敵対し、憎み合う人間同士が和解して愛し合うことはできません。イエス・キリストの十字架によって、神様との和解を与えられた人間同士が互いに和解し、神を愛し、人が互いに愛し合う。その神の国をこの地上にもたらすために、神様は主イエスを地上に送られた。この人間の世界で命を落とす一粒の種として蒔かれた。この人間の世界に隠されたのです。その種は、人間が抹殺したと思っても生き続け、今も成長を続け、また世界に影響を与え続けているのです。私たちが、今日もこうして礼拝をささげていることに、その事実を見ることができるのです。

私たちは、この世の現実から目を逸らしていけません。神様が直視しているからです。神様は、私たち人間をいつでも見ておられます。私たちは、目に見える現実の中に隠されている事実、神様の御業を見つめなければならないのです。今日も、私たちはキリストの招きに応えて礼拝に集い、心からの感謝と賛美を神様にささげています。この礼拝する民が、今もこの地上で成長し続ける種なのだし、世界をキリスト化するパン種なのです。教会は、キリストの体なのですから。だから、恐れることは何もありません。ただ神の国を求めて歩んでいけばよいのです。そこに私たちの栄えある使命があるのです。かくも大切な使命を、かくも小さく弱い者に与えてくださる神様を賛美します。

聖なる御父

御名をあがめ感謝をいたします。あなたの憐れみの中におかれて私どもは今日もこうして御前に集められ、あなたのみ言葉に聴くことができました。あなたが今も主イエス・キリストにおいて生きておられ働きかけ、み国を広めてくださっていることを知り、心から感謝をいたします。そして私たちを、そのみ国の中に今日も招き入れてくださっておりますことを感謝します。御神、どうぞ、あなたの国の住民とされた私たちが、あなたの国を宣べ伝えていくことができますように。世の光として地の塩として、また地に蒔かれた種として、また粉に混ぜられた種として生きることができますように。御子主イエス・キリストを我が身に受け入れて、もはや私が生きているのではなくて御子主イエス・キリストが生きておられるというその現実を生きることができますように、これからもみ言葉と聖霊とをお与えください。これよりの一週間の信仰者としての旅路をどうぞあなたが祝福して、そして力づけて、また派遣し、お守りください。主イエス・キリストの御名によって祈ります。アーメン

（二〇一四年七月二十七日）

神の国の宴会

ルカによる福音書一三章二二節〜三〇節

イエスは町や村を巡って教えながら、エルサレムへ向かって進んでおられた。すると、「主よ、救われる者は少ないのでしょうか」と言う人がいた。イエスは一同に言われた。「狭い戸口から入るように努めなさい。言っておくが、入ろうとしても入れない人が多いのだ。家の主人が立ち上がって、戸を閉めてしまってからでは、あなたがたが外に立って戸をたたき、『御主人様、開けてください』と言っても、『お前たちがどこの者か知らない』という答えが返ってくるだけである。そのとき、あなたがたは、『御一緒に食べたり飲んだりしましたし、また、わたしたちの広場でお教えを受けたのです』と言いだすだろう。しかし主人は、『お前たちがどこの者か知らない。不義を行う者ども、皆わたしから立ち去れ』と言うだろう。あなたがたは、アブラハム、イサク、ヤコブやすべての預言者たちが神の国に入っているのに、自分は外に投げ出されることになり、そこで泣きわめいて歯ぎしりする。そして人々は、東から西から、また南から北から来て、神の国で宴会の席に着く。そこでは、後の人で先になる者があり、先の人で後になる者もある。」

エルサレムに向かう

ルカ福音書は、九章五一節に大きな分岐点があります。そこには、こうあります。

イエスは、天に上げられる時期が近づくと、エルサレムに向かう決意を固められた。

この時まで、北部のガリラヤ地方で伝道活動をしておられたイエス様が、これ以後、都のエルサレムを目指して南下していくのです。それは「天に上げられる」ためです。しかし、イエス様は、天に上げられる前に十字架に磔にされて殺されるのです。「エルサレムに向かう」とは、主イエスにとってそういうことでした。単なる伝道旅行ではありません。

この先の三三節で、主イエスは「わたしは今日も明日も、その次の日も自分の道を進まねばならない。預言者がエルサレム以外の所で死ぬことは、ありえないからだ」とおっしゃいます。そして、エルサレムに対しては、「わたしはお前の子らを何度集めようとしたことか。だが、お前たちは応じようとしなかった。見よ、お前たちの家は見捨てられる」と、滅亡を預言されます。しかし、それに付け加えて「お前たちは、『主の名によって来られる方に、祝福があるように』と言う時が来るまで、決してわたしを見ることがない」とも言われる。

これらの言葉が何を語っているのかは、次週ご一緒に耳を傾けたいと思います。今は、イエス様が死ぬ時が来る、エルサレムが滅亡する時が来る、世が終わる時が来ることを確認しておきたいと思います。

時を見分ける

イエス様は、少し前に、群衆に向かって「どうして今の時を見分けることを知らないのか」とおっしゃいました。イエス様によれば、今は悔い改めるべき時なのです。それまでの生き方を捨てて、神様に向かって生きるべき時です。エゴイズムに絡め取られてきた罪を赦していただき、神様と和解すべき時なのです。その「時」を見分けることなく、これまで通り生き続けているならば、借金を抱えたまま牢屋に投げ込まれるか、実を結ばないいちじくの木のように切り倒される時が来るのだと、イエス様はおっしゃいました。

そういう文脈の中で、からし種やパン種の「神の国」の譬話があり、今日の箇所に繋がります。今日の箇所は、様々な機会にイエス様が語られた短い言葉が纏められた箇所だと思いますけれど、最終的には「神の国の宴会」に関する話になっていきます。

呑気な人間

イエスは町や村を巡って教えながら、エルサレムへ向かって進んでおられた。すると、「主よ、救われる者は少ないのでしょうか」と言う人がいた。

イエス様がこの時、エルサレムで「十字架刑」に処せられることをご存じであったかどうかは分かりません。しかし、これまでの預言者のように無残な死が待っていることは、覚悟しておられたでしょう。この地上の人々に神の国をもたらすために、「今日も明日も、その次の日も自分の道を進まねばならない」と決意しておられるのです。

私たちも、自分の死について考えることはあります。私たちは誰でも必ず死の時を迎えます。それは確実です。今は、その死に向かっている時です。そのことを自覚し、覚悟した上で、今の時をどう生きるのかと問われている。それは明らかです。しかし、私たちは往々にして、その問いを避けているし、忘れています。死に向かって進むべき「自分の道」とは何か、を真剣に考えていない。そういう呑気さが、私たちにはあると思います。「救われる者は少ないのでしょうか」と質問する人の心の中にも、その呑気さが隠れているように思います。

皆さんも、「キリスト教信仰ってどういうものなの？」と質問されることがあるかもしれません。私は、あります。かなり深刻な思いで尋ねられることもあります。その場合は、その方が何を問題にし、何を知りたいのか、それは何故なのかを尋ねながら一所懸命に語ります。その場合は、興味半分で尋ねられる場合は、「まあ、とにかく礼拝に来てよ。話はすべてそこから始まるから」と言います。でも、自分の在り様とか、生活習慣とかを少しも変える気のない人に語っても、ほとんど意味がないからです。せめて一回くらいは礼拝に来るという行動を見せてもらわないと、話す気になれません。

狭い戸口から入る

イエス様も、この時、同じような思いを持たれたのではないかと思います。尋ねた人を無視するようにして、その場にいる「一同」に対して、こう言われるからです。

「狭い戸口から入るように努めなさい。言っておくが、入ろうとしても入れない人が多いのだ」。

「努めなさい」とは「戦う」とか「競技をする」とも訳される言葉です。そう聞くと、「救われるか否かは早い者勝ちだから頑張れ」と言われているように思ってしまいます。でも、ここではそういう意味ではないと思います。

先日、二日ほど休暇をいただいて、金沢と富山の友人を訪ねました。金沢の兼六園に隣接している「二十一世紀美術館」の敷地の端っこに、古い茶室が保存されていました。その茶室に入るための戸口は、本当に小さなものです。誰が入るにしても、腰をかがめて入らなければならない。殿様だろうが誰だろうが等しく腰をかがめ、丸腰で入らなければならないのです。そのようにして入った飾り気のない茶室で、正座して待っている茶人と対座しなければならない。そこにおける一挙手一投足に、その人間がどういう人間であるかが現れるでしょう。一人の裸の人間として見られる。「それは恐ろしいことだ」と、感じました。

その狭い戸口から入るために、自分との戦いがあるはずです。虚飾、虚栄を捨て去る勇気とか覚悟が求められるからです。生半可な気持ちで、その茶室に入ることはできない。そう思いました。「入ろうとしても入れない人が多いのだ」とは、そういう意味だと、私は思います。私たちは、年齢を重ねるごとに捨てられないものを身に付けます。「救い」とは何の関係もない身分とか地位とか富とか名誉とかを求めて、肌身離さず大事にするようになる場合があります。愚かで悲しいことです。そういうものを捨て去って、裸で神様の御前に立つ。そこには戦いがあります。自己との戦いがあるのです。その戦いをするつもりもなく、客観的に「救われる者は多いのか少ないのか知りたい」なんて質問に、主イエスは答えません。「そんな質問をしている暇があるなら、狭い門から入るように努めよ」ということでしょう。

戸はいつか閉められる

続く言葉は、「家の主人が立ち上がって、戸を閉めてしまってからでは、あなたがたが外に立って戸をたたき、『御主人様、開けてください』と言っても、『お前たちがどこの者か知らない』という答えが返ってくるだけである」です。ここにも「戸」が出てきますが、ここでは戸口の狭さは問題になっていません。問題は「狭さ」ではなく「時」なのです。「家の主人が立ち上がって、戸を閉める」とは、内側から鍵をかけることで、なすべき仕事がすべて終わったことを示す行為なのです。その時以降に家に来ても、「お前たちがどこの者か知らない」と言われるだけだ、とイエス様はおっしゃる。

そんな時刻に来る人とは、主人から夕食にでも招かれていた人でしょう。彼らは、いつ行っても自分は受け入れてもらえると勝手に思い込み、それぞれ自分のやりたいことをやっていたのです。そういう甘え、呑気さが通じない時があるのです。主人が戸を閉める定刻があるわけではなく、その「時」は主人が決めるのです。招かれていた者が決めることではありません。いつ人生の終わりの「時」を迎えるのかを、私たちが決めることができないのと同じです。私たちは命の創造者でも支配者でもないのですから。

わたしから立ち去れ

「そのとき、あなたがたは、『御一緒に食べたり飲んだりしましたし、また、わたしたちの広場でお教えを受けたのです』と言いだすだろう。しかし主人は、『お前たちがどこの者か知らない。不義を行う者ども、皆わたしから立ち去れ』と言うだろう」と、主イエスは言われる。

有名人になったり、宝くじに当たったりすると、突然親戚とか知り合いが増えると言われます。クラスが同じだっただけなのに、会ったこともない遠い親戚なのに、昔から親しかったように人々に自慢したりすることがあります。それだけならまだ可愛いのです。厚かましい人になると、会いに来て一緒の写真を撮ったり、サイン色紙をたくさん求めたり、たかりを始めたりします。

今日の箇所では、これまで主人の招きに応えてこなかったのに、家に入れてもらえないと分かると、突然「一緒に食事をしたことがある」とか、「教えを聞いたことがある」ということを持ち出してくる人間の浅ましさが「不義」と言われているのです。

「小さい頃は教会学校に行っていました」とか、「親は熱心なクリスチャンでした」とか、「ミッションスクールで、何々牧師の話を聞いたことがあります」と言ってくる人がいます。自分が今、教会生活していないことの免罪符のように言われる場合もありますし、「そういうことがあれば、私も救われますよね」という念書を求める感じで言われることもあります。しかし、それは「不義」なことです。

今、自分が熱心に「狭い戸口から入るように努め」ているか、救いにとってはただそれだけが問題なのです。そういう意味では、洗礼を受けたキリスト者である私たちだって同じことです。「昔、洗礼を受けたことがあります」と言いながら、今、熱心に救いを求めていないのであれば、それは不義であり、イエス様から「お前がどこの者か知らない」と言われてしまうのです。問われるのは、今、自分自身が何を求めて生きているかです。

今は招かれている時

この先の三四節も、実は今日の箇所と同じ時に語られたのですけれども、イエス様は「エルサレム、エルサレム、預言者たちを殺し、自分に遣わされた人々を石で打ち殺す者よ、めん鳥が雛を羽の下に集めるように、わたしはお前の子らを何度集めようとしたことか。だが、お前たちは応じようとしなかった。見よ、お前たちの家は見捨てられる」と、おっしゃっています。

ここに出てくる「エルサレム」とは、町の名というよりは、神の民であるイスラエル、ユダヤ人の象徴と言ってもよいでしょうけれども、その民は何度も集まるようにと神様に招かれていたのです。でも、それぞれに理由をつけて招きに応えなかった。主人の招きよりも、自分の思いとか生活を優先していたのです。そのことの愚かさ、傲慢さが分かる時が来る。自分が何をしてしまったかが分かる時が来る。その時、「皆わたしから立ち去れ」と言われてしまう。「見捨てられる」時が来る、と主イエスはおっしゃる。

遅すぎる

ある牧師の説教の中に、こういう言葉が引用されていました。

「神の愛には、遅すぎるということがある。遅すぎることのない神の愛であるならば、われわれが眠っていても、知らぬ顔をしている神になってしまう。われわれは眠るわけにはいかないのだ。神の愛が呼んでいる。神の愛が呼び覚まそうとしている。眠るわけにはいかない、今日を覚ませと、主イエスは声をかけておられる」。

実際には「神の愛には、遅すぎるということはない。神はいつまでも待っていてくださる」と言われることが多いのです。一見すると、神様の愛の深さや寛大さを賛美しているようでありながら、実は自分の願望を神様に押し付けているだけであることが、私たちにおいてはよくあります。「神様はいつまでも待っていてくださる」という言葉の中には、そういう甘えとか傲慢が入り込んでいると言うべきだろうと思います。

私も時折、「神様には遅すぎるということはない」と言ってきました。しかし、その例として挙げるのは、ルカ福音書の十字架の場面です。

十字架のイエス様の左右には、二人の犯罪人がいました。その内の一人は、イエス様に向かって「お前はメシアではないか。自分自身と我々を救ってみろ」と罵ったのです。しかし、もう一人は、「お前は神をも恐れないのか、同じ刑罰を受けているのに。我々は、自分のやったことの報いを受けているのだから、当然だ。しかし、この方は何も悪いことをしていない」と言ったのです。その上で、彼は主イエスにこう願いました。

「イエスよ、あなたの御国においでになるときには、わたしを思い出してください。」（ルカ二三・四二）

彼は、死の間際に、隣の十字架の上で「父よ、彼らをお赦しください。自分が何をしているのか知らないのです」と祈っている主イエスの姿を見、その声を聞いて、主イエスが祈りをささげている父なる神様の臨在を感じて、深い恐れに満たされたのです。そして、自分が犯してきた罪を心から悔い、主イエスに赦しを乞うたのです。命の終わりを迎える時に、主イエスによる御国への招きに応えて悔い改めたのです。

もちろん、ここで彼が何を言おうが、死刑を免れるという意味では遅すぎます。今頃、罪を認めても、十字架から降ろされる訳ではありません。彼も、そんなことを求めている訳ではない。彼は、国家からの赦しを求めているのではなく、神の赦しを求めているのです。死の直前にです。

主イエスはそこで「不義を行う者よ、わたしから立ち去れ」とはおっしゃいませんでした。「はっきり言っておくが、あなたは今日わたしと一緒に楽園にいる」と言われたのです。彼の悔い改めは、遅すぎなかったのです。

しかし、もう一人の犯罪人は、死の間際にも罪を悔い改めず、生き延びることだけを求めました。彼は、この時になっても狭い戸口から入るための戦いをしなかったのです。主イエスの命をかけた招きにも、罵りをもって応答したのです。その結果は、明らかです。もう遅いのです。

もし、ここで彼が悔い改めを拒否しても死後に救われることが決まっているのであれば、生きている時の悔い改めなどしようがしまいが関係ないことになってしまいます。悔い改めを拒んで死んだ者の救いについては、私たち人間は主イエスにすべてを委ねるべきだと思います。

被造物の喜び

神様は、いつだって真剣に、私たちの中に本来の人間性を呼び覚まそうとしておられるのです。私たち人間は、創造主である神を心から賛美するために創造されたのです。被造物の喜びは、自分を愛してくれる創造者である主と出会い、心から主を愛し、感謝と賛美をささげるところにあります。だから、礼拝をささげるところに本来の私たちがいるのです。礼拝堂に集まっての礼拝はもちろんその中心的なものですけれど、日常の中で、私たちは幾らでも礼拝をささげることはできます。主の御前に出て悔い改めの祈りをささげることができるし、感謝の報告をすることができるし、願うことができます。聖霊の導きを祈りつつ聖書を読み、神様の語りかけを聞くことができるし、誰かと一緒にいる時に、主の臨在と導きを願いつつその時を過ごすこともできます。そういう時に、神に造られ、愛され、生かされ、導かれていることの喜びと感謝を味わい、賛美をささげることができます。

でも、こうして同じ信仰を与えられた者たちが集められて席に着き、時を同じくして、同じみ言葉を聴き、同じ賛美をささげることができる喜びは唯一無比なものです。この礼拝を通して、私たちは「主の名によって来られる方に、祝福があるように」と賛美する終末の救いを仰ぎ見ることができるからです。神の国の完成を望み見ることができるのです。

主イエスが、「町や村を巡って教えながら、エルサレムへ向かって進む」とは、人々を礼拝としての神の国に招いてくださっているのです。その招きに応えて悔い改める。そこには、大きな戦いがあります。それまでの自分が身につけたものを捨てる必要がありますし、内面に巣食っている奢り高ぶりという「不義」が打ち砕かれなければならないからです。その戦いに勝利した時には、大きな喜びがあります。

選民意識

今日の箇所で「主よ、救われる者は少ないのでしょうか」と尋ねた人は、ユダヤ人です。アブラハム、イサク、ヤコブの子孫です。彼らの心の中には、選民意識があります。ユダヤ人の中でも、律法を忠実に守る者は救われ、そうでない者は排除されるとか、救われる順番とか天国における地位の上下とか、いろいろなことが言われていたのです。でも、異邦人は、神に見捨てられているという意識は共有していたと思います。

しかし、イエス様はこうおっしゃいます。

「あなたがたは、アブラハム、イサク、ヤコブやすべての預言者たちが神の国に入っているのに、自分は外に投げ出されることになり、そこで泣きわめいて歯ぎしりする。そして人々は、東から西から、また南から北から来て、神の国で宴会の席に着く。そこでは、後の人で先になる者があり、先の人で後になる者もある。」

「アブラハム、イサク、ヤコブ」は、イスラエルの信仰の父祖ですから、神の国に入っているのは当然です。「預言者たち」は、人々をその信仰に立ち帰らせるために、神に立てられた者たちです。でも、イスラエルの民は、「預言者たちを殺し、自分に遣わされた人々を石で打ち殺した」のです。自分たちユダヤ人は、血筋や割礼、律法順守によって救いに入れられていると思いたかったのです。でも、預言者たちは「神の国に入っている」と、イエス様はおっしゃいます。イスラエルの民に排除された者たちが、神様には受け入れられているということです。

時が来る

二八節の主イエスの言葉の直訳はこういうものです。

「そこでは嘆きと歯ぎしりがあるだろう。アブラハム、イサク、ヤコブ、そしてすべての預言者たちが神の国にいるのに、あなたがたは外に投げ出されているのを見る時には。」

聖書新共同訳では、「見る時には」という大事な言葉が消えてしまっています。主イエスは、ユダヤ人たちが神の国の外に投げ出されているのを見る時が来る、とおっしゃっているのです。自分たちは神の民だ、救われる民だ、と思っているかもしれない。血筋とか割礼とか律法順守とかに頼って、そう思っているかもしれない。自分たちユダヤ人のあり方は、少しも変える必要はないと思っているかもしれない。しかし、それは根本的に間違っている、今は分からないかもしれないが、分からされる時が来る、そのときでは遅いのだ、と主イエスは言われるのです。早く気づいて欲しいのです。

東西南北から来る人々

「人々は、東から西から、また南から北から来て、神の国で宴会の席に着く」と言われます。ここに出てくる「人々」は、異邦人を含む人々であり、十字架に磔にされる犯罪者も含みますし、「罪の女」として蔑まれていた人も含むし、徴税人のように忌み嫌われていた人も含むのです。罪の故に病や障碍を身に帯びていると考えられていた人々も含みます。

生まれであるとか、この世で何をしていたかは、救いにとっては何の関係もないのです。主イエスの招きに応えたか、悔い改めたか、主イエスへの信仰を告白したか、今もその信仰に日々生きているか、そのことが問われるのです。主イエスの招きに応え、罪を悔い改めた人は、誰であっても救われるのです。そういう人が多いか否かは、戸が閉められる前に狭い戸口から入るように努める人が多いかどうかにかかっているのであって、主イエスに尋ねるようなことではありません。あなたはどうする⁉　ということです。

神の国の宴会

「神の国で宴会の席に着く」とあります。アナクリノーという珍しい言葉の受身形です。ルカ福音書では、主イエスを飼い葉桶に「寝かせた」というところで最初に出てきます。主イエスの時代の食事は敷物の上に寝そべって食べるのが普通でしたから、「席に着く」も「横たわる」も同じなのだと思いますけれど、ルカ福音書ではあと一回、一二章三七節に出てきます。

そこは、目を覚ましているのを主人に見られる僕の話です。主人はいつ何時帰って来るか分かりません。しかし、忠実な門番は、目を覚ましたまま、主人が帰る時を待ちます。そのような僕を見ることができる主人の喜びは大きいのです。

イエス様はこう言われます。

「はっきり言っておくが、主人は帯を締めて、この僕たちを食事の席に着かせ、そばに来て給仕してくれる。」

これは尋常なことではありません。主人が僕に給仕するなんてことは、この世ではありえないのですから、これは神の国の比喩です。神の国では、主人が僕を食事の席に着かせる。僕の側から言えば、席に着かされる。二二章では人々が主語ですから、原文では「着かされる」と受身形で書かれています。今与えられている「神の国」への招きに応えて、悔い改めをもって戸を叩いた者は、誰でも家に入れてもらえます。そして、食卓に着かせていただける。その時、給仕してくださるのは神の国の主人である主イエスです。今日は聖餐式がありませんが、私たちは聖餐式の度ごとに、主イエスご自身に給仕していただいているでしょう？　パンもぶどう酒に象徴されるものも主イエスが備えてくださったのだし、主イエスが手渡してくださるのです。そこに、主イエスの命をかけた愛があるのです。私たちはただ、席に着いて悔い改めと信仰と賛美をもっていただくだけです。聖餐がない礼拝でも、命の糧であるみ言葉を与えてくださるのは、神様です。必要なものは、すべて神様が与えてくださっているのです。

主イエスは、私たちのためにエルサレムの十字架の上で、罪の赦しを祈り求めてくださり、死にて葬られ、陰府に降り、三日目に甦り、天に昇り、聖霊を降し、教会を建て、今も東西南北すべての人を、共に食事の席に着く「神の国」に、今も招いてくださっています。今は、その招きに応えるべき時なのです。救われる人は多いのか少ないのか、なんてことを議論することは無意味です。そして、戦うべきは自分自身、打ち砕かれるべきは自分です。不義にまみれた自分を丸ごと、主イエスに委ねる。明け渡す。その悔いし砕けた心を、主イエスは受け入れてくださいます。「この息子は、死んでいたのに生き返り、いなくなっていたのに見つかった」と大喜びで家に招き入れ、祝宴の席に着かせてくださるのです。

今日も、狭い戸口から入った人は、今、自分は神の国の宴会の席に着かされていることを知り、主を賛美せざるをえないでしょう。一人でも多くの方が、狭い戸口から入ることができますように、祈ります。

聖なる父なる御神

御名をあがめ感謝をいたします。この日もまた、あなたのお招きに与って、また私どもはその招きに応えて、この礼拝堂に集まってくることができました。来週もまた、この世の生があってこの礼拝堂に集まってこられるかどうかは私たちにはわかりません。今日、こうして御前に招かれ、それに応えることができましたことを、御国の宴会の席に着かせていただきましたことを心から感謝をいたします。あなたはこのことを通して、東からも西からも南からも北からも、今も人々を呼び集め、悔い改める者を、死んでいたのに生き返り、いなくなっていたのに見つかったといって大喜びで、あなたの家に招き入れて祝宴を開いてくださいます。そのことを心から感謝しながら日々を生き、また御子主イエス・キリストの招きを証しする歩みをすることができますように、私ども一人ひとりを祝し清めて、ご用の中で用いてください。主イエス・キリストの御名によって祈ります。アーメン

（二〇一四年八月十日）

神の国で食事をする人

ルカによる福音書一四章一五節〜二四節

食事を共にしていた客の一人は、これを聞いてイエスに、「神の国で食事をする人は、なんと幸いなことでしょう」と言った。そこで、イエスは言われた。「ある人が盛大な宴会を催そうとして、大勢の人を招き、宴会の時刻になったので、僕を送り、招いておいた人々に、『もう用意ができましたから、おいでください』と言わせた。すると皆、次々に断った。最初の人は、『畑を買ったので、見に行かねばなりません。どうか、失礼させてください』と言った。ほかの人は、『牛を二頭ずつ五組買ったので、それを調べに行くところです。どうか、失礼させてください』と言った。また別の人は、『妻を迎えたばかりなので、行くことができません』と言った。僕は帰って、このことを主人に報告した。すると、家の主人は怒って、僕に言った。『急いで町の広場や路地へ出て行き、貧しい人、体の不自由な人、目の見えない人、足の不自由な人をここに連れて来なさい。』やがて、僕が、『御主人様、仰せのとおりにいたしましたが、まだ席があります』と言うと、主人は言った。『通りや小道に出て行き、無理にでも人々を連れて来て、この家をいっぱいにしてくれ。言っておくが、あの招かれた人たちの中で、わたしの食事を味わう者は一人もいない。』」

神の国への招き

一四章一節に始まった食事の場面が、今日で終わります。今日の箇所の書き出しはこういうものです。

食事を共にしていた客の一人は、これを聞いてイエスに、「神の国で食事する人は、なんと幸いなことでしょう」と言った。

この言葉を聞いて、イエス様は再び一つの譬えを語ります。今日は、まず「神の国」について少し詳しく振り返っておきたいと思います。

一三章は、イエス様が悔い改めの必要性を説くことから始まります。そして、安息日の会堂で十八年間も腰が曲がった女性の病を癒されます。会堂長は、その行為は律法に違反していると考え、人々に「働くべき日は六日ある。その間に来て治してもらうがよい。安息日はいけない」と言うのです。しかし、イエス様は彼の偽善的な態度をお叱りになります。そういう偽善は会堂長に限られたことではなく、ユダヤ人の中心的な人々に共通したものでした。

その後、イエス様は神の国をからし種とかパン種に譬えられました。すると、ある人が「主よ、救われる者は少ないのでしょうか」と問うと、イエス様は「狭い戸口から入るように努めなさい。言っておくが、入ろうとしても入れない人が多いのだ」とおっしゃった上で、最後にこう言われます。

「あなたがたは、アブラハム、イサク、ヤコブやすべての預言者たちが神の国に入っているのに、自分は外に投げ出されることになり、そこで泣きわめいて歯ぎしりする。そして人々は、東から西から、また南か

ら北から来て、神の国で宴会の席に着く。そこでは、後の人で先になる者があり、先の人で後になる者もある。」
（ルカ一三・二八〜三〇）

イエス様は、アブラハムに始まる神の選びの民に向かって語っておられるのです。彼らは、預言者らによって悔い改めを求められ、神の国の宴会に招かれてきた人々であり、その宴会を待ち望んでいるはずの人々なのです。

預言者イザヤはこう語っています。

万軍の主はこの山で祝宴を開き
すべての民に良い肉と古い酒を供される。
……
死を永久に滅ぼしてくださる。
……
その日には、人は言う。
見よ、この方こそわたしたちの神。
わたしたちは待ち望んでいた。
この方がわたしたちを救ってくださる。
（イザヤ二五・六〜九　一部抜粋）

しかし、この祝宴の席にユダヤ人が着くことができない。むしろ東西南北から来る民、ユダヤ人にしてみれば神に見捨てられている異邦人こそが、「神の国で宴会の席に着く」と、主イエスは言われる。それは非常に激しい言葉です。イエス様は、そういう激しい言葉をもって招いているのです。自分たちの特権意識を捨て、へりくだって神様の招きに応えるようにと、預言者のように招いておられるのです。

イスラエルの拒絶

でも、その次の段落で、イエス様は「預言者がエルサレム以外の所で死ぬことは、ありえない」とおっしゃり、こう続けています。

エルサレム、エルサレム、預言者たちを殺し、自分に遣わされた人々を石で打ち殺す者よ、めん鳥が雛を羽の下に集めるように、わたしはお前の子らを何度集めようとしたことか。だが、お前たちは応じようとしなかった。見よ、お前たちの家は見捨てられる。（ルカ一三・三四〜三五）

これほど痛切な言葉はありません。神から遣わされた方として、イエス様は神の民であり同胞でもあるユダヤ人を熱烈に愛し、神の国に集めようとしているのに、彼らは預言者たちを次々と殺し、最後はイエス様をも殺すことになる。その様にして、神様の招きを拒絶するのです。イエス様には既にその様が見えている。それでもイエス様は、神の国への招きを止めない。本当に痛々しく、申し訳ない思いがこみ上げてきます。様々な言い訳をして招きに応えようとしない点では、私、また私たちも全く同じだと思うからです。

安息日

一四章一節から始まる安息日の食事の場面は、今まで述べてきたような主イエスの招きの果てに起こったことであることを最初に覚えておきたいと思います。

創世記二章によれば、「第七の日に、神は御自分の仕事を離れ、安息なさった。この日に神はすべての創造の仕事を離れ、安息なさったので、第七の日を神は祝福し、聖別された」とあります。ファリサイ派の人々は、この「仕事を離れ」を重視して、安息日にしてはならない仕事に関して細かい規定を作り、それを順守することが「正しい」ことであるとしました。それは、一面では確かに「正しい」ことだと思います。しかし、イエス様は腰が曲がった女性を癒した時に、「安息日であっても（だから）、その束縛から解いてやるべきではなかったのか」とおっしゃいました。ファリサイ派の議員の家で水腫の人を癒した時には「あなたたちの中に、自分の息子か牛が井戸に落ちたら、安息日だからといって、すぐに引き上げてやらない者がいるだろうか」と言われました。神様にとってこれらの人は愛する息子や娘なのだと、イエス様はおっしゃっている。そして、安息日とは、神様の安息に人々を与らせる祝福の日なのです。そのことを通して、神様への賛美が湧き起こるべき日なのです。主イエスは、その安息日を造り出しておられる。

しかし、イエス様が水腫の人を癒した時、ファリサイ派の議員の家に招かれた人たちの誰も、癒された人のために喜びはしないのです。「イエス様に癒していただいて良かったね、本当に良かった。さあ一緒に祝い、神様を賛美しよう」と言う者はいないし、イエス様を神様から遣わされた預言者、メシアとして迎える人はいない。誰も彼もが、憮然としているのです。癒された人にとっては、針のむしろに座らされるような雰囲気だったと思います。そこで、イエス様は彼を帰されます。そして、先ほどの言葉をおっしゃる。彼らは一言の反論もできません。気まずい沈黙の時があったでしょう。でも、その後は、いつもの様にその家の中で少しでも上席に着こうと互いに駆け引きを始めるのです。

その様を見て、イエス様がどれほど深く嘆き、また呆れられたか分かりません。それでも忍耐と憐れみをもって譬えを語り、「だれでも高ぶる者は低くされ、へりくだる者は高められる」とおっしゃいました。その家の主人であるファリサイ派の議員に向かっては、「宴会を催す時には」「貧しい人、体の不自由な人、足の不自由な人、目の見えない人を招きなさい。そうすれば、その人たちはお返しができないから、あなたは幸いだ。正しい者たちが復活するとき、あなたは報われる」とおっしゃったのです。

こういう流れの中で今日の箇所があるのです。この流れを踏まえないと、深く読み取っていくことはできないと思います。

客の確信

「神の国で食事する人は、なんと幸いなことでしょう」と言った客人の一人は、自分を幸いな人だと確信していたでしょう。自分は、終わりの日に復活する正しい者と思っているのです。ファリサイ派の議員宅に招かれたこと自体が、自分の正しさを証明していると思っている。おそらく、その家の客人たちは皆、そう思っているでしょう。そこにいる人々は、少しでも上席を狙い合う階級の人だからです。互いに面目を保つために返礼をし合いながら、社会的にも宗教的にも自分たちが特権階級であることを確認している人々なのです。

譬え

ここに至って、これほどまでに呑気な言葉を聞いたイエス様は、彼らに止めを刺すような譬えを話されます。当時の宴会は、最初に客を選んで招待する旨を伝えておき、用意ができたら僕を遣わしたそうです。イエス様は、当時の慣習に従って譬えを語られます。

僕は、「もう用意ができましたから、おいでください」と、招待者に言います。しかし、皆が次々と断ったのです。「盛大な宴会」ですから、大勢の人が次々と断ったのです。ここに出てくる三人は代表として出てくるのですけれど、共通していることがあります。それは、皆、裕福な人たちで、この世的には幸せな人たちだということです。畑を買うことができるのだし、牛を二頭ずつ五組も買えたのだし、妻を迎えたばかりなのですから。もう一つ共通していることは、彼らにとっては招かれた宴会に行くよりも、畑を見に行ったり、牛を見たり、妻といる方がはるかに良いということです。

こういうことは、実際によくあっただろうと推測されています。私たちも、行きたくない宴会とか集まりには、何か言い訳を考えて行かないようにしますし、最初の招待の時から当日までの間に用事が入れば、「ラッキー」と喜んだりするものです。無礼と言えば無礼ですが、自分にとって価値のある方を選ぶことは当然のことです。

譬えの非日常性

僕は家に帰って、主人に報告しました。主人は、食事を無駄にしないために他の者を招きます。その場合でも、自分の家の格式に相応しい者を選ぶものです。この辺りから、譬えは非日常世界の中に突入していきます。あるいは、日常世界の中に突入して来ている神の国の世界を描いていくことになります。

主人は、招きを拒絶されたことに怒って「急いで町の広場や路地へ出て行き、貧しい人、体の不自由な人、目の見えない人、足の不自由な人をここに連れて来なさい」と、僕に言います。これまで僕は、招いていた人たちの家に知らせに行ったでしょう。しかし、今度は家ではなく、広場や路地にいる人々を招きに行きます。それは、ファリサイ派の議員が決して招かない人たちであり、彼らにしてみれば神の国の宴会に招かれるはずのない人たちです。しかし、主人は、一三節で主イエスが宴会に招くべき人として挙げていた「貧しい人、体の不自由な人、目の見えない人、足の不自由な人」を連れて来なさいと、僕に命じます。ファリサイ派の議員や彼に招かれている人たちから見れば、神に裁かれ、見捨てられている罪人たちを招くのです。僕は、主人が言った通りにしましたし、招かれた人たちは喜んでやって来たのです。でも、まだ席がある。この主人の家は、実際にはありえない大邸宅なのでしょう。

主人は更に「通りや小道に出て行き、無理にでも人々を連れて来て、この家をいっぱいにしてくれ」と命じます。この場合の「通り」は、町の外の道です。だから、その道を歩いている人たちは主人にしてみれば見ず知らずの人たちです。「招待」という意味では、もう滅茶苦茶であり、自棄のヤンパチみたいな感じです。もう誰でもいいから連れて来い。招きに応えて来る人だけでなく、見知らぬ主人からの突然の招きに驚き、躊躇している人も無理にでも連れて来い。主人は、僕にそう命じます。とにかく、この家を一杯にしたいのです。そして、皆で宴会を楽しんで欲しいのです。その熱意は凄まじいものです。しかし、こんな主人は、実際には存在しないと言わざるをえません。

譬えは常に日常的な情景を描きながら、実際には日常を越えたものを描くのです。神の国とは、そういうものだからです。

この譬えの中で重要な働きをしている「僕」は、冠詞がついた単数形です。英語で言えば「ザ・サーヴァント」です。主人が最初に何人の人を招いたかは分かりませんが、相当な数であるに違いありません。しかし、そのすべての人に主人はたった一人の僕を遣わすのです。大宴会を催すことができる主人なら、僕は何人もいたはずです。でも、イエス様はたった一人の僕がすべての人を呼びに行ったとおっしゃる。広場や路地にいる人々だって何人いるか分かりませんし、さらに町の外の道や路地をくまなく歩いて通行人のすべてを連れてくるなんてことは、一人では不可能なことです。また、そういう不特定多数の人々が席につける家など考えられません。

何が譬えられているのか

そういうことを考え合わせると、ここに出てくる「主人」は神のことで、「僕」は主イエスのことだと思います。主人の家は「神の国」であり、盛大な宴会は「神の国の宴会」、正しい者たちが復活するときに席に着くことになる「神の国の食事」です。そうであるとすると、最初に招かれたのにもかかわらず断っているのは、神の民であるユダヤ人社会の中心を生きているファリサイ派をはじめとする人々です。自分たちは「正しい者」であると思っている人たちです。しかし、彼らは招きを断ったが故に、誰一人として神の国の食事を味わうことができないのです。その代わりに、彼らには排除されている人々が神の国の食事を味わう。ユダヤ人社会の中で、周辺とか底辺に追いやられている人々です。障碍があったり、病があったり、卑しい職業についていたりする人々です。「罪人」と言われる人たちです。さらに、町の外の通りや小道にいる人々とは、ユダヤ人にしてみれば救いの枠外に生きている異邦人たちということになるでしょう。

誰が主イエスの食事を味わうのか

そういう譬えを語られた後、「言っておくが、あの招かれた人たちの中で、わたしの食事を味わう者は一人もいない」と、主イエスはこうおっしゃる。

イエス様は、こうおっしゃりながらどんなお気持ちだったでしょうか。少し考えるだけで胸が痛みます。

人を家に招く、それも宴会に招くのは大きな喜びです。楽しい時間になることを想像して、心躍らせながら準備をするものです。しかし、その期待と喜びが大きければ大きいだけ、拒絶を知った時の悲しみは大きい。心を込めてもてなす準備をしてきた心が踏みにじられるのですから。そこから怒りが生じるのは当然でしょう。主人は怒ったのです。

しかし、その主人は、僕を他の人々に遣わしました。ファリサイ派の人々からは排除されていた人々を迎えるためです。返礼をすることができない人々です。低い人々です。招かれたらただ感謝して応え、末席に座る人々です。神の民に遣わされたのに、彼らから拒絶されるイエス様は、自分が招かれるなんてことを考えたこともない人々の所に行き、お招きになるのです。この場面では、水腫を患っていた人がそうです。彼は主イエスに癒されたのに、ファリサイ派の家から一人で出て行かざるをえない人です。その家での食事に与ることはできないのです。でも、主イエスの食事を味わう人なのです。そして、最初に招かれた人々は誰も、主イエスの食事を味わうことがない。

ファリサイ派の人々は、自分たちは神の戒めを守る正しい人間であるから復活すると信じていました。でも、主イエスによると、彼らは預言者たちを石で打ち殺す者であり、神の招きに応じようとしない人たちであり、最後には「見捨てられてしまう」人々なのです。イエス様は、彼らがそうなってしまうことに耐え難い悲しみを抱いておられ、決して「いい気味だ」と思っておられるのではありません。

ファリサイ派だけではない

しかし、イエス様にそのような悲しみを抱かせるのは、ファリサイ派に代表される人々に限った話ではありません。今日の続きで、イエス様はご自身について来る「大勢の群衆」に向かってこうおっしゃるからです。

「もし、だれかがわたしのもとに来るとしても、父、母、妻、子供、兄弟、姉妹を、更に自分の命であろうとも、これを憎まないなら、わたしの弟子ではありえない。自分の十字架を背負ってついて来る者でなければ、だれであれ、わたしの弟子ではありえない。」

「憎む」とは感情を表す言葉ではなく、選択を表す言葉です。主イエスに従うことを愛するか愛さないかが問われているのです。主イエスを愛し、主イエスに従うことと親や兄弟姉妹や自分の命を愛することが矛盾しない場合だってあるでしょう。しかし、矛盾することだってあります。この世の富や権力を愛してそれを求めることと、主イエスに従うことは矛盾します。結果として富が与えられたり、権力が与えられることはあります。しかし、その時は、主イエスに従う者として御心に適う形でそれらのものを扱わねばなりません。そうでなければ、主イエスを憎むことになるのです。富や権力そのものが悪なのではありません。

キリスト者として生きること

私は牧師の家に育ちましたから、少年時代から人が洗礼を受ける場面を何度も見てきましたし、その人たちが皆の前で信仰告白する姿も見てきました。しかし、涙ながらに洗礼を受けて信仰を告白した人たちが、いつの間にか教会に来なくなる姿を何度も見てきました。大学に入学した、企業に就職できた、結婚したという目出度いことがあると、人は教会に来なくなるのです。教会にはもう用は無くなったということでしょう。教会に来るよりも自分にとって好ましいことができたのです。本当の所は分かりませんが、私にはそう見えましたから深く傷つきましたし、洗礼を受けてキリスト者になることは、私にはできないと思いました。洗礼を受けたら最後、誰が相手でも、またいつでも、キリストを証しなければならないという思い込みが私を苦しめた面がありますけれど、「生涯イエス様に従って生きます」と約束しても、その約束を破る人もいるのだから、自分もどうなるか分からないと思ったのです。

イエス様の凄さは子どもながらに感じていますし、その魅力が尽きることのないことも感じていますけれど、イエス様の生涯の結末はあの恐ろしい十字架の死なのですから、この世の罪の力の凄まじさだって分かります。その力に自分が負けない保証はどこにもないのですから、信仰に生きると約束すること自体が恐ろしいのは当然です。だから、絶えず招きは感じているけれども、その招きには無数の言い訳をしつつ応えてきませんでした。逃げ続けたと言った方がよいでしょう。

しかし、逃げ切れるはずもなく、結局、洗礼を受けてキリスト者になり、いつでも誰にでもキリストを証すべく牧師になりました。でも、絶えず自分の命を愛していることは否めないし、御心よりも自分の願望と欲望に従うことがあまりに多いことも認めざるをえません。つまり、イエス様を憎んでいる。大変失礼な言い方かと思いますが、皆さんもその点ではさして変わるわけではないように思います。

キリスト者であることを悪い意味で特権的地位と思い、また教会の品格とか伝統とかに捕らわれ、ある人が来ても、自分の教会に相応しい人かどうかを見定めて、相応しくないと思う人であれば心の中で排除していることはいくらでもあると思います。また、イエス・キリストが十字架にかかって死んでくださるほどに私たちを愛してくださっていると信じたはずなのに、いつまで経ってもウジウジと「わたしは罪人ですから」とか謙遜ぶって、実は愛を拒絶していることだっていくらでもあるでしょう。私たちは、気がつくと傲慢か卑下に陥っているものです。教会こそ、偽善者を産み出す所でもあるのです。だから、今日の箇所も昔のユダヤ人やファリサイ派だけの現実とは少しも思えません。

「エルサレム、エルサレム、……めん鳥が雛を羽の下に集めるように、わたしはお前の子らを何度集めようとしたことか。だが、お前たちは応じようとしなかった。見よ、お前たちの家は見捨てられる。」

「言っておくが、あの招かれた人たちの中で、わたしの食事を味わう者は一人もいない。」

深い悲しみをもってこうおっしゃるイエス様は、今、私たちになんとおっしゃっているのかと思います。

自分の十字架を背負って

イエス様は、「自分の十字架を背負ってついて来るように」と招かれます。イエス様が十字架への道を歩まれているのですから、それは当然のことでしょう。十字架とは、十字架の死のことです。私は先ほど「イエス様の生涯の結末はあの恐ろしい十字架の死なのですから」と言いました。肉体をもって生きる生涯という意味では、たしかにそうなのです。しかし、イエス様の命は十字架の死で永久に終わったのではありません。

イエス様は「正しい者たちが復活するとき、あなたは報われる」とおっしゃいました。ルカ福音書では、罪人として十字架の上で処刑されたイエス様は、「本当に、この人は正しい人だった」と証されています。神様の僕として、ひたすらに神様の御心に従ったからです。その正しさの故に、神様は三日目にイエス様を復活させ、高く引き上げ給うたのです。高き所から下り、最も低き所まで下り続けたイエス様を、神様は最も高き所に引き上げ給うたのです。そして、神の国の食卓の主とされたのです。イエス様が、私たちに「自分の十字架を背負ってついて来る者でなければ、だれであれ、わたしの弟子ではありえない」とおっしゃる時、それは「神の国の食事」への招きなのではないか、と私は思います。そこで復活という報いを受ける幸いな人となりなさい。人からの報いではなく、神からの報い、今の報いではなく将来の報いを求めなさい。そこに幸があるのだ。主イエスは、そうおっしゃっている、と私は思います。

来週は、NYさん（女性）の洗礼式があります。その時は、ローマの信徒への手紙を読みます。今日は、ほぼ同じ内容のコリントの信徒への手紙二のパウロの言葉を抜粋しながら読みたいと思います。

ところで、わたしたちは、このような宝を土の器に納めています。この並外れて偉大な力が神のものであって、わたしたちから出たものでないことが明らかになるために。……わたしたちは、いつもイエスの死を体にまとっています、イエスの命がこの体に現れるために。……「わたしは信じた。それで、わたしは語った」と書いてあるとおり、それと同じ信仰の霊を持っているので、わたしたちも信じ、それだからこそ語ってもいます。主イエスを復活させた神が、イエスと共にわたしたちをも復活させ、あなたがたと一緒に御前に立たせてくださると、わたしたちは知っています。すべてこれらのことは、あなたがたのためであり、多くの人々が豊かに恵みを受け、感謝の念に満ちて神に栄光を帰すようになるためです。

（Ⅱコリント四・七〜一四）

洗礼を受けたキリスト者は、伝道に生きるのです。主イエスを信じて生きるとは、土の器のようなみすぼらしい肉体に復活の命という宝を納めて生きることです。キリスト者の人生とは、「わたしは信じた。それで、わたしは語った」というものです。語るのは、何も言葉だけに限られたことではありません。その行い、その姿でも人は語ります。何のために語るのかと言えば、「多くの人々が豊かに恵みを受け、感謝の念に満ちて神に栄光を帰するようになるために」です。恵みは、人と分かち合うために与えられているからです。そのために生きないのであれば、与えられた恵みは無になります。与えなければ、与えられません。しかし、恵みを分かち合うために伝道と証に生きることは、時に四方から苦しめられ、途方に暮れ、虐げられることでもあるでしょう。それが、私たちが負うべき十字架の死でしょう。でも、そこにこそ命が現れるのです。復活の主イエスの命が現れるのです。

私たちが、自分の十字架を背負って従い続けるならば、「主イエスを復活させた神が、イエスと共にわたしたちをも復活させてくださる」のです。なんと幸いなことかと思います。この幸いへの招きを拒絶する理由は、私たちにはないと思います。招きに応えようとする者を、イエス様は決して見捨てず、常に共にいて助けてくださいます。たとえ、打ち倒されてしまうことがあっても、主イエスを信じ、主イエスの招きに応える者は、決して滅ぼされないのです。そのイエス様を、心新たに信じて、今日よりの歩みを始めたいと願います。神様は、今日も主イエスを私たちに遣わし、熱烈な愛で私たちを招いてくださっているのですから。

聖なる御父

お招きを感謝をいたします。あなたが御子主イエス・キリストをあの十字架につけて、裁くほどの愛をもって招いてくださっているその招きですから、そして復活の命への招きですから、あなたの国の食卓への招きですから、この地上の何にも比較にならない尊いお招きです。自分で命を守ることに私どもは必死になります。そして命はあなたのものですから、あなたが与え、あなたが取り給うものです。そしてあなたが生かし給うものです。私どもはその明らかな事実をしばしば忘れます。その愚かさを赦してください。どうぞこれよりの一週間の歩み、あなたに与えられた命をあなたのためにささげて生きることができるように。与えられたみ言葉を心に秘め、絶えず聖霊を求めて生きることができますように導いてください。主イエス・キリストの御名によって祈ります。アーメン

（二〇一四年九月二十一日）

人に尊ばれるもの・神に忌み嫌われるもの

ルカによる福音書一六章一四節～三一節

金に執着するファリサイ派の人々が、この一部始終を聞いて、イエスをあざ笑った。そこで、イエスは言われた。「あなたたちは人に自分の正しさを見せびらかすが、神はあなたたちの心をご存じである。人に尊ばれるものは、神には忌み嫌われるものだ。律法と預言者は、ヨハネの時までである。それ以来、神の国の福音が告げ知らされ、だれもが力ずくでそこに入ろうとしている。しかし、律法の文字の一画がなくなるよりは、天地の消えうせる方が易しい。妻を離縁して他の女を妻にする者はだれでも、姦通の罪を犯すことになる。離縁された女を妻にする者も姦通の罪を犯すことになる。」

「ある金持ちがいた。いつも紫の衣や柔らかい麻布を着て、毎日ぜいたくに遊び暮らしていた。この金持ちの門前に、ラザロというできものだらけの貧しい人が横たわり、その食卓から落ちる物で腹を満たしたいものだと思っていた。犬もやって来ては、そのできものをなめた。やがて、この貧しい人は死んで、天使たちによって宴席にいるアブラハムのすぐそばに連れて行かれた。金持ちも死んで葬られた。そして、金持ちは陰府でさいなまれながら目を上げると、宴席でアブラハムとそのすぐそばにいるラザロとが、はるかかなたに見えた。そこで、大声で言った。『父アブラハムよ、わたしを憐れんでください。ラザロをよこして、指先を水に浸し、わたしの舌を冷やさせてください。わたしはこの炎の中でもだえ苦しんでいます。』しかし、アブラハムは言った。『子よ、思い出してみるがよい。お前は生きている間に良いものをもらっていたが、ラザロは反対に悪いものをもらっていた。今は、ここで彼は慰められ、お前はもだえ苦しむのだ。そればかりか、わたしたちとお前たちの間には大きな淵があって、ここからお前たちの方へ渡ろうとしてもできないし、そこからわたしたちの方に越えて来ることもできない。』金持ちは言った。『父よ、ではお願いです。わたしの父親の家にラザロを遣わしてください。わたしには兄弟が五人います。あの者たちまで、こんな苦しい場所に来ることのないように、よく言い聞かせてください。』しかし、アブラハムは言った。『お前の兄弟たちにはモーセと預言者がいる。彼らに耳を傾けるがよい。』金持ちは言った。『いいえ、父アブラハムよ、もし、死んだ者の中からだれかが兄弟のところに行ってやれば、悔い改めるでしょう。』アブラハムは言った。『もし、モーセと預言者に耳を傾けないのなら、たとえ死者の中から生き返る者があっても、その言うことを聞き入れはしないだろう。』」

内と外

町中がクリスマス一色になり、会堂の中も蝋燭の本数が増え、今日はアドヴェント的な箇所を説教すべきかもしれません。でも、今日は前回とセットの箇所なのでルカをやります。前回は、召天者記念礼拝であるだけでなく幼児祝福式がありました。パソコンの普及以来どんどん変化する時代において、将来の社会における幼児たちの幸いはどこにあるのか分からない感じがします。将来の社会がどういうものであれ、子どもたちの幸いを祈りたいと思います。

一方で、この一年程私は入院生活をして、今日はリハビリ病院から一時外出をして説教させていただいているのですが、病院の同室者はほとんど目上の方で、昭和一ケタの方です。漏れ聞く同室者の話を聞いても、最後に物を言うのは金であることは明らかです。身寄りがいない、友達がいない、金がないでは、退院も施設への入所もできません。世話をする役所の人も大変ですが、あまり話が分からない本人は本当に大変だと思います。

私は入院中ですから、一歩も外に出られないのです。けれども、たまに外から差し入れがあります。先日は『笑って働き、黙って納税』というブックレットのような本をいただきました。昭和八年から二十年まで、全国の新聞や雑誌などに出たスローガンを集めたものです。その中には「欲しがりません、勝つまでは」とか「贅沢は敵だ」とよく知られたものもありますが、「飾る体に、汚れる心」というものがありました。体は鍛えに鍛えて威風堂々たるものであっても、心は蚤の心臓のままであれば、鍛えれば鍛えるほど体は惨めなものになります。体と心を人の外と内とするならいろいろ言えます。外だけきらびやかに着飾って、内面はボロボロということはよくあることです。

主イエスとファリサイ派

前回は、借金まみれの借用書を書き換える「不正な管理人」の話でした。彼は、主人の金さえ自由に使えれば大丈夫と思っていました。少なくとも、一つの側面はそういうものです。ところが、主人の金を頼りにできそうもなくなった時、「この世の家」よりは「永遠の家」の方をとったのです。譬話の表面ではそうなっていなくとも、実際はそうです。

また、前回の話は、管理人によって借用書を書き換えてもらった人々の話でもありました。彼らは、そのことによって自分では何もしないまま「永遠の家」に迎え入れてもらえるのです。彼らは何の努力もしません。それ以上のことは繰り返しませんが、彼らは管理人や主人のお陰で「永遠の家」に住むことができるようになります。

そして、前回の最初の聞き手は主イエスの周りにいる「弟子たち」でした。つまり、教会に来ているキリスト者たちです。この世に生きているのだけれど、教会に来ている人たちです。彼らは、最初は単に借用書を書き変えてもらっただけかもしれませんが、後に人の借用書を書き換える人にならなければなりません。なかなか複雑な人たちです。

今回の話の聞き手は「金に執着するファリサイ派の人々」(一四節)です。彼らは前回の話を聞いて主イエスを嘲笑ったのでした。その中の何人かには管理人もいたでしょう。

主イエスは、今日の所でファリサイ派に反抗する意味で、金銭的な禁欲を説いてはいません。信仰者の信仰に対して神の祝福があることは旧約法にも記されているし、主イエスにおいても敵視するようなことではありません。「律法の文字の一画がなくなるよりは、天地の消えうせる方が易しい」とあるとおりです。彼らはその点では共通しているのです。しかし、ファリサイ派は「富んでいるから自分は信仰者だ。妻を気に入らないから離婚でき、気に入った女と結婚できるから、自分は人に尊ばれるべき信仰者だ」と言っていたのです。「律法にはそう記されている」と、彼らは思っている。

けれど、主イエスの律法の読み方は違います。同じものを読んでいても解釈が全く違う。だから、主イエスとファリサイ派は互いに敵対し、ファリサイ派は主イエスを嘲笑ったのです。少なくとも一面はそういうものです。

主イエスは「律法と預言者は、ヨハネの時までである」とおっしゃっています。バプテスマのヨハネは、徹底的に悔い改めを説いた預言者です。律法をそのように読んだから、彼は迫害されたのです。主イエスはヨハネを継いでいます。そして、「神の国の福音」を告げるために天から来、「律法と預言者」についても「神の国の福音」という観点から読みます。

「律法と預言者」とは、私たちにとってはほぼ「旧約聖書」のことと言ってよいかと思います。旧約聖書は、新約聖書を読むためにこそある。ファリサイ派の観点から旧約の律法を読めば、男が離縁状を出せば女は離縁できる存在だったのです。離縁状を出すか出さないかは男次第。ところが、主イエスにとっては違います。そこに、男の正しさが証明される訳ではないのです。「神の国の福音」が宣べ伝えられ、それが心から聞かれるところでは、女も男と同等の人間なのです。

そこで問題になるのは、目に見える男の行動ではなく、人の目には見えない「心」です。「神の国の福音」を聞くとは、そういう「心」から行動し、また「心」を見ることです。しかし、人の目しか見えない人々は「力づくで」、つまり、律法の一点一画を自力で守ることによって、神の国に入ろうとしている。しかし、律法の読み方を間違えれば、いくら読んでも主イエスの言葉は分からず、神の国に入ることはできないのです。ファリサイ派は、そのままでは入ることはできません。そのことを分からせるために、主イエスは今日の譬話を話すのです。

金持ちとラザロ

本日の一九節以下の譬話は、ファリサイ派を聞き手とするために、一般的な話を譬話の前にしてあります。

今日の譬話は、「ある金持ちがいた」という言葉で始まります。前回は「ある金持ちに一人の管理人がいた」です。同じ書き方です。いずれも、律法を忠実に守る信仰者には神様の祝福があるということでしょう。

「金持ち」は、半端ではない金持ちであることが強調されています。彼のところには、ラザロという人がいました。主イエスの譬話で、「ラザロ」という固有名詞が出るのはここだけです。極めて珍しいことがここには起こっているのです。多くの方がヨハネ福音書一一章のマルタとマリアの兄弟ラザロ、主イエスに復活させられたラザロを思い出すでしょうけれども、今日の箇所のそれは主イエスが作り上げた人物です。

「ラザロ」はギリシア語で、ヘブライ語のエレアザルの直訳です。エレアザルとは、「神に愛された者」「神の愛によって生きる者」、あるいは「神が助ける者」と訳せる言葉です。そういう男が毎日、金持ちの家の門前に運ばれてきた。それを、この金持ちは赦していたということです。「施し」は、「祈り」や「断食」とともに、人々に称賛される行為だったのです。

当時、食卓の残りのパンは、布巾のように食後の汚れを拭いて地面に捨てられていたようです。犬にできものを舐められながら、その様に捨てられたパンをラザロは食べていたのかもしれません。食卓の上にある物を食べたいな、と心に願いながら。その願いも叶わぬまま犬にできものを舐められる。これは、私たちが最も忌み嫌うことではないでしょうか。

つまり、ここには人々に尊ばれる人と忌み嫌われる人が登場しているのです。片方は大金持ちです。彼の家の門前にはできものだらけの乞食がいたのです。犬にできものを舐められながら、パン屑を拾って食べる男です。これがもう一方の人間です。やがて二人とも死にます。ここから物語は展開します。一方は、人々に葬られることなく「宴席にいるアブラハムのすぐそばに」天使に連れて行かれます。アブラハムとは、イスラエルの民の先祖です。ただ先祖であるだけでなく信仰の父です。そのアブラハムの「そばちかくにいる」とは、「懐にいる」とも訳されますが、本当に名誉なことです。しかし、それは地上の誰も見た訳ではありません。譬話の中では、地上で丁重に扱われ、葬儀も盛大にやってもらった上で死者の世界である陰府にいる金持ちが、「はるかかなたに見た」だけです。地上で丁重に葬られても、彼は死んでからアブラハムのそばちかくにいるわけではなく、陰府の火焔の中で渇いているのです。そこに妬みがない訳ではありません。

そこで彼は「父アブラハムよ、わたしを憐れんでください。ラザロをよこして、指先を水に浸し、わたしの舌を冷やさせてください。わたしはこの炎の中でもだえ苦しんでいます」と言います。

彼は未だにラザロと直接口を利かず、彼を御用聞きのように扱っています。とにかく、彼にとって今の自分の環境は、自分でも全く予想がつかなかったでしょう。かつての恵まれた地上の環境など、全く無意味なものとして吹き飛んだのです。

アブラハムの答え

アブラハムの答えは、彼の予想以上に厳しいものでした。「ラザロは、お前とは違って、かつて人々に最も忌み嫌われるものを受け取っていたから、今は良いものを受け取る。また、自分のいる所と金持ちのいる所の間には大きな淵があって、今はもう自由に行き来できない」と言うのです。

そこで金持ちは、まだ地上に生きている彼の兄弟五人を思い出します。彼らをこんな酷い所に来させないために、ラザロを遣わして欲しいとアブラハムに頼みます。しかし、アブラハムは、「地上にいる者には『モーセと預言者』がいるだろう、彼らに聞け」と言うのです。つまり、「旧約聖書を生ける神の言葉として読め」と言う。そうすればそんな所には来ないですむ、ということです。でも、金持ちはこう言いました。「いいえ、父アブラハムよ、もし、死んだ者の中からだれかが兄弟のところに行ってやれば、悔い改めるでしょう」。そこでアブラハムは彼に対して「もし、モーセと預言者に耳を傾けないのなら、たとえ死者の中から生き返る者があっても、その言うことを聞き入れはしないだろう」と、言うのです。

金持ちにとって、「モーセと預言者」は既に死んで終わってしまった者なのです。文字は残っていても、今の言葉はない。そういう者たちです。そういう者の文字は、幼い時から何度も読んで覚えてしまった。兄弟たちも、彼と同じだと言うことです。彼らにとって旧約聖書は、いくら読んでも自分の根底から悔い改めを促すような言葉はなく、むしろ本人を肯定するような文字しかない。そういうものでした。

アブラハムにしてみれば、モーセや他の預言者たちの言葉をそのようにしか読まない者は、自分にとって善い言葉でない限り、誰の言葉であっても聞き入れる言葉ではないのです。だとするなら、生き返ったラザロの言葉だって意味はないのです。そもそも、神は死んだと思っている者にとっては、すべてが同じです。また、金持ちにとってラザロは未だに御用聞きであり、金持ちの代弁者にすぎません。生きている時に彼に声をかけたこともなく、今だって直接頼む訳ではない。彼は、すこしも変わっていないのです。

旧約と新約

ここで注意せねばならないのは、「遊び暮らしていた」と訳された言葉です。この言葉は、一五章後半で、親の遺産を食いつぶし飢え死に寸前の弟息子が家に帰った時に、父親が開く「宴会」の意味で何度も使われます。つまり、お祭り騒ぎのことです。地上での生活を毎日が宴会のように生きた人間が、陰府では渇きによって「もだえ苦しむ」ように生きる。それは、彼には全く思いがけないことでした。

彼は地上の正しさが陰府でも続くと思っており、地上の贅沢な暮らしが死んだ後もずっと続くと思っていたのです。外と内は連動しています。彼は正しいから、この世の生活は浮世離れしていた。だから、何を聞いても彼は悔い改めなかった。

でも、神は見ているのです。そして、「モーセと預言者」を通して招き続けている。しかし、彼はその神を見ず、「モーセと預言者」の声を生ける神の言葉として聞きません。それらのものは、彼にとっては死んだ者の言葉の羅列にすぎないからです。ならば、悔い改めないのは当然です。自分は正しいと思い、人々にもその正しさを尊ぶべきこととしている人は、悔い改めません。この金持ちは、自分と兄弟たちが同じであることを嫌というほど知っていたでしょう。つまり、表面は律法の言葉を重んじながら、内面では軽んじているのです。

日本のキリスト者の中にも、「旧約は自分とは関係ないユダヤ教の書物だ」と思っていたり、もっぱら律法主義的に読んだりする人がいます。牧師と信徒関係なく、そう思っている。そのいずれも間違いだ、と私は思っています。旧約は旧約として読み、その後、新約の光にてらして読む。そういうことをしないといけないし、新約だって素直に読めない箇所はいくつもあります。み言葉を自分にとって都合のよいように受け取るだけであるならば、そうなるしかないでしょう。

イエスは復活した

私は九月の説教の中で、「イエスの十字架の意味」だけではなく、より深く「イエスの復活の意味」を問う説教をしなければならないと言いました。何故そういうことを言ったか。理由はいろいろとあるのですが、自分の説教を聞き返す期間が与えられるなかで、復活を語っていないな、と思ったことが一つです。また、ルカの続きと言われる「使徒言行録」を読むと、復活信仰一本やりなのです。これには参りました。そのことも影響があるかもしれません。もう一つ決定的なのは、ルカ福音書にしろなんにしろ、新約聖書は全部イエス様の復活後に書かれ、イエス様の復活抜きに書かれはしなかったという当たり前のことに気づいたことです。どの書物も、「イエスは十字架に掛かって死んだ」だけでなく「イエスは復活した」という事実を告げたくて書かれたものだということです。

今日の箇所にしても、ルカはイエス様が亡くなって数十年後に書いたのです。彼らは、死んで終わってしまった者の偉大な伝記を書いたのでしょうか。違います。十字架に死んで、三日目の日曜日の朝に復活したイエスについて書いているのです。それを書けば、皆ぶっとんで信じたかと言えばそんなことはない。鼻でせせら笑われることの方が多かったのです。イエスは目に見えないのですから。しかし、ルカは、復活したイエス様の現臨のもとに書き続けたのです。そういう中で、信じる者たちが立てられていったのです。私たちは、そのことの意味を考えなければなりません。

「預言者」と主イエス

「もし、モーセと預言者に耳を傾けないのなら、たとえ死者の中から生き返る者があっても、その言うことを聞き入れはしないだろう。」

「死者の中から生き返る者」とは、直接的にはラザロのことだと思いますが、主イエスのことだとも言えます。旧約の言葉を生ける神の言葉と聞けない者は、復活の主イエスの言葉を聞ける訳がありません。ここを書きながら、ルカは教会に来ているキリスト者の顔を思い浮かべていたでしょう。ある人は、「読み手はここに至って、自分たちはラザロでも金持ちでもなく、金持ちの兄弟たちであることが分かる」と言っていました。つまり、私たちはファリサイ派だということです。そうかもしれません。兄弟たちは聖書の言葉はだいたい知っているのです。そして、すべて自分に都合よく解釈している。都合の悪いところは読まない。つまり、悔い改めることがない。そういうことは、よくあることです。

しかし、イザヤ書にこういう言葉があります。

わたしの選ぶ断食とはこれではないか。
（中略）
飢えた人にあなたのパンを裂き与え
さまよう貧しい人を家に招き入れ
裸の人に会えば衣を着せかけ
同胞に助けを惜しまないこと。

（イザヤ五八・七〜八）

テーブルからパン屑を捨てていた金持ちの兄弟たちが、会堂（シナゴーグ）で聞いているはずの「預言者」の言葉の一つです。庶民と自分たちを分けたファリサイ派は、これらの言葉を「庶民向け」のものとしたのでしょうか。それはどうか分かりません。いずれにしろこれらの言葉は、彼らと我々とを糾弾しないでしょうか。これが、復活の主イエスの言葉でもあるのです。主イエスは、飢えた人に「あなたのパンを」裂き与えるのです。私たちは、聖書の前では誰でもうな垂れるしかありません。そのことを踏まえなければ、今日の箇所を聞けません。これから与る聖餐式も、そのこと抜きに与る訳にはいかないのです。

主イエスと私たち

今日のルカの箇所は、一五章から引き続いた譬話の一つの締めくくりです。だから今日読んでいるのです。この段落は、罪の赦しの有無が問われているのだし、神様のとてつもない大きな愛にふれて悔い改める話が語られているのです。私たち一人ひとりを羊飼いや女主人が、必死になって捜し出してくれたのです。弟息子はやりたいだけやって、自分で悔い改め、自分の足で帰って来ました。でも最も身分の低い者をも愛する父親が、家の中で窓から外を見つめており、家の外まで駆け出してくれました。兄は、この譬話の中では家の中にまで入ってきません。彼は悔い改めないのです。ファリサイ派も同じです。しかし、父は招きます。私たちはどちらでしょうか。

不正な管理人は自分のできることをしました。利息のある人は何もしないまま、利息を帳消しにされ、管理人と共に「永遠の家」に入れられました。

ラザロは何もしていません。ただ、いつの日か食卓の上のものを食べられたらいいなと思っていただけです。犬にできものを舐められながら、大金持ちの偽善を赦していたのかもしれません。でも、それだけです。金持ちはラザロを見ながら、毎日お祭り騒ぎをしていたのです。次に本格的に見たのは、死んだ後です。ラザロが、アブラハムの「ふところ」と言えるほど側近くにいた時です。自分は陰府の炎に渇きを覚えながらです。兄弟たちは何も見ていません。私たちは何か見ているのでしょうか。

こうしてみると、罪の赦しは一方的に与えられているのです。与えられる人には与えられる。いつか違いが来ることも、死ぬ前では分かりません。すべては死んでから分かる。そのことをよく覚えておかねばなりません。悔い改めるのは生きている時なのです。

私たちキリスト者は、十字架の片方の犯罪者が「我々は、自分のやったことの報いを受けているのだから当然だ。しかし、この方は何も悪いことはしていない」と言ったように、主イエスが何も悪いことをしていないと知っているはずです。にもかかわらず、十字架に掛かっている。

その上で、この譬話を読んでいるのです。その時、私たちは誰しも悔い改めの心をもっているはずではないでしょうか。私の身代わりに十字架に掛かってくださった方のお陰で、私は今ここにいる、と思うからです。

イエス様はこうおっしゃいました。


「あなたたちは人に自分の正しさを見せびらかすが、神はあなたたちの心をご存じである。人に尊ばれるものは、神には忌み嫌われるものだ。」


行いを見た人々に尊ばれるようにすることは、簡単なことです。心の中を神様の御前でスカッとするのに比べれば、簡単なことです。神様は、人に見せびらかすことができるような外面より、人に見えない「心」を重んじられます。十字架の主イエスと復活の主イエスが、私たちのために死に復活してくださったと心から信じていること、そういう意味で今、悔い改めていることが大事なのです。その悔い改めの心こそ、今も後も神が見給うことなのです。

これまでの譬話もこれに続く譬話も、自分は正しいと思っている人が出ます。自分は正しいと思っている限り、自分から頭を下げて神の家の中に入りません。心底から悔い改めて入りはしないのです。表面は、神に仕えているように人に見せることができるからです。しかし、主イエスの十字架の死と三日目の復活によって打ち立てられた神の国の福音を、身と心で完全に聞いた者は、人に尊ばれることではなく、神に尊ばれることを目指すはずです。主イエスは今日、そのことを私たちに目指すように語りかけているのでしょう。

詩編　ルター

すべてダビデの作、と言われていた詩編五一編にはこうあります。

もしいけにえがあなたに喜ばれ
焼き尽くす献げ物が御旨にかなうのなら
わたしはそれをささげます。
しかし、神の求めるいけにえは打ち砕かれた霊。
打ち砕かれ悔いる心を
神よ、あなたは侮られません。

（詩編五一・一八〜一九）

まったくそのとおりです。

宗教改革者のルターはこう言いました。

「キリストが『悔い改めよ』と言った時、それは生涯ただ一回悔い改めよと言ったのではない。キリスト者の生涯が、悔い改めであることを言ったのである」。

まことにその通りだと思います。「悔い改め」とは「神の方へ向く」ことだからです。アドヴェントの日々、それは神を待ち望む日々のことです。テレビコマーシャルのように御馳走やケーキを食べることに夢中になるのではなく、心と体の全身で神に立ち帰ることに夢中になりたいと思います。

聖なる父なる御神

本当に悔い改めることができますように。泡のようなこの世の泡を求めて生きるのではなくて、真実にあなたの国の大地を踏みしめて、あなたを賛美しながら、また隣人と、隣人をつくりながら、共に生きることができますように。目の見えない貧しい人や困っている人が来れば、困ってしまいます。どうしていいかわからないし、面倒くさいことがたくさんありますし、そういう自分でありますけれども、どうぞ赦してくださいますように。そして少しでもあなたの御心に適うことができますようにお願いいたします。一言の祈りを主の御名によって祈ります。アーメン

（二〇一五年十二月六日）

いつ、どこで？

ルカによる福音書一七章二〇節～三七節

ファリサイ派の人々が、神の国はいつ来るのかと尋ねたので、イエスは答えて言われた。「神の国は、見える形では来ない。『ここにある』『あそこにある』と言えるものでもない。実に、神の国はあなたがたの間にあるのだ。」それから、イエスは弟子たちに言われた。「あなたがたが、人の子の日を一日だけでも見たいと望む時が来る。しかし、見ることはできないだろう。『見よ、あそこだ』『見よ、ここだ』と人々は言うだろうが、出て行ってはならない。また、その人々の後を追いかけてもいけない。稲妻がひらめいて、大空の端から端へと輝くように、人の子もその日に現れるからである。

しかし、人の子はまず必ず、多くの苦しみを受け、今の時代の者たちから排斥されることになっている。ノアの時代にあったようなことが、人の子が現れるときにも起こるだろう。ノアが箱舟に入るその日まで、人々は食べたり飲んだり、めとったり嫁いだりしていたが、洪水が襲って来て、一人残らず滅ぼしてしまった。ロトの時代にも同じようなことが起こった。人々は食べたり飲んだり、買ったり売ったり、植えたり建てたりしていたが、ロトがソドムから出て行ったその日に、火と硫黄が天から降ってきて、一人残らず滅ぼしてしまった。人の子が現れる日にも、同じことが起こる。その日には、屋上にいる者は、家の中に家財道具があっても、それを取り出そうとして下に降りてはならない。同じように、畑にいる者も帰ってはならない。ロトの妻のことを思い出しなさい。自分の命を生かそうと努める者は、それを失い、それを失う者は、かえって保つのである。言っておくが、その夜一つの寝室に二人の男が寝ていれば、一人は連れて行かれ、他の一人は残される。二人の女が一緒に臼をひいていれば、一人は連れて行かれ、他の一人は残される。」そこで弟子たちが、「主よ、それはどこで起こるのですか」と言った。イエスは言われた。「死体のある所には、はげ鷹も集まるものだ。」

自分が死ぬ時

人の死に接する度に、人はいつ死ぬか分からないものだと思います。一月だけで公私共に三人の死に接しました。人はいつ死ぬかだけではなく、どこでどのようにして死ぬかも分かりません。死ぬ場所も病院か自宅か分からないし、その時、健康なのか病気なのか、あるいは事故に遭っているかも分かりません。

誰もが、自分の死を考えることはあると思います。必ずしも長生きしたい訳でもなく、実際、全く思いがけないことに、一年二か月前には生死の境をうろついた筈の私も、じゃあ「明日、病院で死ぬんだ」と思う訳ではありません。もしそうなると、牧師は誰か、式次第はどういうものか、教会はどこか、愛誦聖句や讃美歌は連絡先はなどなど、人には訊いているくせに考えることがたくさんあり、面倒くさくなってすぐに止めてしまいます。そして、気がつけば、死ぬのはずっと先のことにしている自分を発見します。いつか死ぬことは分かっているのだけれども、近い将来とは思っていない。ずっと先のことだと思っている。そして、結局、人任せにしているのです。最近は、エンディングノートなるものが流行ったりしますからどうか分かりませんが、今言ったことは、皆さんの中にも心当たりのある方がおられるのではないかと思います。

いつ、どこで？

今日の話を「いつ、どこで？」と題しました。普段は苦し紛れに聖書の一行を選んだりするのですけれど、今日の箇所は長いので、聖句のほぼ最初と最後から選びました。今日の箇所の最初は、ファリサイ派の人々の質問に対する主イエスの答えであり、二二節からは弟子たちへの答えです。そのファリサイ派の質問は「神の国はいつ来るのか」ですし、弟子たちの質問は結局「主よ、それはどこで起こるのですか」に行きつきます。それらの質問の中に出て来る「いつ、どこで？」は、時と場所に関する質問です。でも、行きつくところは同じことです。そして、誰しもその心に抱くことです。

「ファリサイ派と弟子たちでは正反対の人たちではないか」、と私たちは思うのだし、彼ら自身もそう思っていたに違いありません。しかし、「実は同じである」。主イエスは、そう言っていると思います。ここで主イエスは、両者を一緒に扱います。「いつ、どこで？」とは、共通の問いなのです。そのことを最初に覚えておいてください。

神の国は見えるか否か

そのことを覚えた上で、今日の箇所に入っていきます。

「ファリサイ派の人々が、神の国はいつ来るのかと尋ねたので」と、あります。そこで主イエスはこう言われます。

「神の国は、見える形では来ない。『ここにある』『あそこにある』と言えるものでもない。実に、神の国はあなたがたの間にあるのだ。」

去年九月の創立記念礼拝における説教、つまり、私が入院している病院から外出して語った初めての説教で読んだ箇所です。ここにおける問題は、「いつかこの地上にも完成する神の国は、見えるか見えないか」です。この問題を考えるにあたって、ちょっと周辺的なことから入っていきたいと思います。文章の最後にある「神の国はあなたがたの間にあるのだ」ですけれども、「あなたがたの間」とは、一人ひとりの内部ということよりも、人と人との関係という意味で受け取りたいと思います。「一日に七回あなたに対して罪を犯しても、七回、『悔い改めます』と言ってあなたのところに来るなら、赦してやりなさい」という関係が、私たちの間に成り立っているとするならば、それは主イエスが私たちの間に立っている時だけだと、先日言いました。罪の赦しは、主イエス抜きに起こりえないことなのです。主イエスがおられること、その事実を信じること抜きには決してありえないことなのです。主イエスが、既にこの世に来ている。私の目の前にいる。その事実に気づいていない者は、神の国の徴をこの地上に捜したところで、決して目に見える形で見つかるはずがありません。

そういう意味で、主イエスは「神の国は、見える形では来ない。『ここにある』『あそこにある』と言えるものでもない」と、言っておられるのだと思うのです。つまり、自他の罪を認め、その赦しを互いになす者たちに初めて神の国は現れてくるのであって、そのことと無関係な者たちに突然目に見える形で現れてくるものではありません。

ファリサイ派の人々は、彼らなりに律法を忠実に守ることを通して、「自分たちに罪はなく、自分たちは救われる者だ」と思っており、自分たちの目に見える徴が欲しかったのだと思うのです。それは一方で、「自分たちの様に律法を守っていない者は、その罪の故に滅びる」という徴を求めることでもあります。しかし、「そんなことではないのだ」というのが、主イエスの答えでした。彼らにとっては、かなり厳しい言葉です。主イエスが求めるのは、前回に登場した一人のサマリア人のような信仰なのです。つまり、「清め」という現象の中に「いやし」の現実を見る信仰です。

ナザレの会堂における出来事

ここで、主イエスの宣教開始の言葉を思い起こしたいと思います。ルカ福音書の場合、サタンからの誘惑を受けた後、主イエスは故郷であるガリラヤ地方のナザレという町で、安息日に礼拝堂に入り、イザヤ書を朗読されました。それは、「主の霊」を注がれた者が捕らわれ人や盲人を自由にし、圧迫されている人を解放するという言葉です。そのようにして、主イエスはメシアとして「主の恵みの年を告げる」のです。

会堂にいる人々は皆ビックリしましたが、イエス様はさらにこうおっしゃるのです。

「この聖書の言葉は、今日、あなたがたが耳にしたとき、実現した。」
（ルカ四・二一）

聖書の言葉のある部分は、何らかの意味で、それを聴いた人間が信じて実行するものです。その実行は神が与えるものですけれど、この場合は、今、目の前にいる主イエスに「主の霊」が注がれ、主イエスによって捕らわれ、人や盲人が解放され、圧迫されている人が自由にされていると信じることが期待されています。つまり、主イエスこそ待ち望まれていたメシアであるということです。その主イエスによる「いやし」と私たちの「信仰」が合わさって「神の国」が地上にもたらされてくると言っているのです。

いつ、どこで？

しかし、この時のナザレの人は躓きました。無理のないことですが、主イエスの家柄や奇跡の問題で躓き、最後には主イエスを崖から突き落とそうとしたのです。主イエスを亡き者にしようとし、自ら「主の霊」を拒絶し、「神の国」を排除したのです。

しかしそういう者に限って、「いつ、どこで？」を気にしているものです。理性主義の時代を生きている私たちは、どうなのでしょうか？　己の理性に適う限り主イエスを受け入れているとすれば、主イエスはいつまで経っても己の背丈を越えないことは言うまでもありません。そして、そういう人は主イエスを排斥するものです。

見ることはできないだろう

今日の箇所では、二二節からが弟子たちへの言葉です。読んでおきたいと思います。

「あなたがたが、人の子の日を一日だけでも見たいと望む時が来る。しかし、見ることはできないだろう。『見よ、あそこだ』『見よ、ここだ』と人々は言うだろうが、出て行ってはならない。また、その人々の後を追いかけてもいけない。」

こちらは「神の国」ではなく、「人の子の日」が問題になっています。それは、イエス・キリストの再臨の時、この地上ではどんなことが起こるかという問題でもあります。つまり、イエス・キリストの再臨の日はいつであり、それに伴う形で完成する神の国はどういうものかという問題なのです。前のファリサイ派の質問と同じように、イエス・キリストはいつ再臨し、その時はどこでどのようなことが起こるのかということです。だからこの問いも結局、「いつ、どこで？」の問題なのです。だけれど、主イエスは結論として、「見ることはできない」とおっしゃいました。

稲妻がひらめいて

ここで「見よ、あそこだ」「見よ、ここだ」は、原文では二一節の「ここにある」「あそこにある」と同じ言葉です。主イエスは同じ言葉を使うことで、両者を結びつけているのでしょう。主イエスは、いつかどこかで「神の国」なり「人の子の日」の徴を、「肉眼で見ることができる」と言う人を信じてはならないと言うのです。何故なら、それらはすべて嘘だからです。

しかし、それでは「神の国」はいつまで経っても実現しないのかと言えば、そんなことはありません。主イエスは、「稲妻がひらめいて、大空の端から端へと輝くように、人の子もその日に現れるからである」と、言われました。稲妻は、見たい人や見たくない人に関係なく、「大空の端から端へと輝き」ます。その様に「人の子」は来るのです。誰もが分かるかたちで来る。これは聖書で一貫しています。主イエスはあるところで「その日、その時は、だれも知らない。天使たちも子も知らない。父だけがご存じである」（マルコ一三・三二）と、おっしゃっていることは多くの方がご存じだと思います。「人の子の日」は、どういう形であれすべての人に分かるかたちで来る。しかし、いつ来るかは誰も知らない。主イエスは、そうおっしゃっているのです。

今の時代

人の子が再び来る日がいつかは、父だけがご存じである。人の子である主イエスも知らない。もちろん、地上の人間は誰も知らない。それは当然のことです。

しかし、次のことだけは、誰もが知らねばなりません。それは、「人の子はまず必ず、多くの苦しみを受け、今の時代の者たちから排斥されることになっている」ことです。これは、ルカ福音書にだけ出てくる言葉です。ルカは、これだけは誰もが知っていなければいけないと言うのです。

「必ず、することになっている」。これは神のご計画（デイ）を示す言葉で、ルカが愛用する言葉です。人の計画ではなく、神の計画を表す言葉です。この言葉の意味を知るためには、「今の時代」という言葉の意味を知る必要があります。

そのために「今の時代」が何度も出てき、今日と同じようにヨナやソロモンなどが出てくる一一章二九節以下を見るのがよいだろうと思います。ルカはここ以外にも「今の時代」を使っていますが、全体的に見るならば、「人々」、つまり人間全般の傾向を言おうとする時に使っているように思います。

一一章の「ここに、ソロモンにまさるものがある」「ここに、ヨナにまさるものがある」とは、言うまでもなく主イエスのことです。しかし、「今の時代」の者たちは、ソロモンの知恵以上のものやヨナの説教以上のものを語る主イエスに対して、「地の果てから来た」り、「悔い改めた」りしない。むしろ排除する。人の子は、「排斥される」のです。

だから主イエスは、神に逆らう者として「必ず多くの苦しみを受け」「罪に定め」られて「今の時代の者たちから排斥されることになっている」のです。これは、時代を貫く言葉でしょう。つまり、いつの時代にも当てはまる言葉だと思う。私たちが生きている今の時代の人々こそ、主イエスを排斥し、崖から突き落とそうとしていると思うのです。

現代に生きる私たち

二千年前に、中近東のある町で十字架刑で死に三日後に復活したとかいう人と、現代を生きる私たちといったい何の関係があるのかと、現代に生きる私たちは考えたことがあるはずです。また他人の死が、どうして自分の罪の赦しと関係があるのかとも考えたはずです。復活した人が昇天し、今は聖霊によって生きているなんて、すべて後の時代にキリスト教や教会を成立させるために作られた神話ではないのかとも思う。今言ったことはすべて、時代を貫く疑問だと思うのです。しかしだからこそ、聖書は現代の書でもあるのです。

もう少しこの話を続けたいと思うのですが、前回の説教の時、残忍な事件やテロのニュースを見たくない気持ちになると言いました。理由の一つは、その残虐性が自分を含めた人間の中にもあると知ることです。でも、もう一つは、そのようにして苦しめられている主イエス、そのようにして殺されている主イエスを見たくないという思いもあるのです。「私はもうキリスト者になったのだ」と思わざるをえませんけれど、現代の殺人や悲惨な事件とイエス・キリストが無関係なものとは到底思えないのです。主イエスはいつでも「今の時代の者たち」と関係していると思います。「今の時代の者たち」は、寄ってたかって主イエスを苦しめ、排斥する。殺している。それが神のご計画である。主イエスは、そういうことをおっしゃっているのではないかと思います。

だから「今の時代」とは、二千年前の時代のことであると同時に、文字通り読者にとっての「今の時代」のことでもあると思うのです。主イエスは、今も苦しみ、殺される者と共におられるからです。その様にして、「今の時代」の人々を救おうとしてくださっているのです。

人の子が現れる時

そのことを承知した上で先に進みますけれども、今日の箇所にはノアとロトの時代の人々が出てまいります。両方とも「食べたり飲んだり、めとったり嫁いだり」「買ったり売ったり、植えたり建てたりしていた」のです。つまり、日常生活をしていたのです。何の気なしにです。しかし、「洪水が襲って来」た時、洪水は「一人残らず滅ぼしてしまった」のだし、ソドムの人々は「火と硫黄が天から降ってきて、一人残らず滅ぼされてしまった」のです。両方とも、神は、ノアとその家族やロトと二人の娘を除いて、「一人残らず」滅ぼされたのです。

問題は、その中の誰も自分の命がそのように終わるとは思っていなかったということです。私と同じく、誰もが自分の死はずっと先のことだとしているのです。つまり、腹の奥底では「自分の命を生かそうと努め」ているのです。そういう者はロトの妻の様に、ソドムを振り返って塩の柱になってしまう。それと同じことが、「人の子が現れるときにも起こる」。つまり、日常性の中に完全な非日常性がやってくるのです。それは分かるとしても、その時、いったい誰が救われ、誰が滅びるのかは、私たち人間には分からない。そういうことなのかもしれません。

自分の命を生かそうとする者

それと関連して考えたいことは、主イエスの受難預言との関係です。

「自分の命を生かそうと努める者は、それを失い、それを失う者は、かえって保つのである。」

これは、九章の受難預言の中に出てくる言葉にそっくりです。そこで主イエスは、ペトロの「神からのメシアです」という「キリスト（メシア）告白」を聞いた後に、ご自身の苦難と三日目の復活について初めて語ります。その上で、主イエスについて行きたい者は「自分を捨て、日々、自分の十字架を背負って」従うべきことを言い、「自分の命を救いたいと思う者は、それを失うが、わたしのために命を失う者は、それを救うのである」と、おっしゃったのです。ここではっきりと、「わたしのために命を失う」と言われています。主イエスのために命を失うのです。ただ失うのではありません。主イエスに従う、そうすることにおいて受ける不利益は覚悟をする。そういうことだと思います。そういう人だけが、主イエスに選ばれる。「人の子が現れる日にも、同じことが起こる」とは、そういう意味だと思います。

連れて行かれる

次の言葉も、そういう意味として受け取るべきでしょう。つまり、二人の男が同じ部屋にいようと、二人の女が同じ臼をひいていようと、「一人は連れて行かれ、他の一人は残される」。そういう日が来るのです。ここで「連れて行かれ」というのは、主イエスによって神の国に連れて行かれるという意味です。その時、ファリサイ人が望むように、どちらの人が救われるのかなんて、人間が分かるような徴はないのです。それは神様しか持っていない権能である。主イエスは、そうおっしゃっているのだと思います。

死体のある所には

その主イエスに対して、弟子たちが問うのです。「主よ、それはどこで起こるのですか」と。すると、主イエスは「死体のある所には、はげ鷹も集まるものだ」と応えます。逆を言えば「はげ鷹の集まる所に、死体はあるものだ」ということであり、当たり前のことを表す当時の格言だったと言われる言葉です。人の子の再臨は、誰の目にも明らかであることを言おうとしているのです。

その様に人の子は来る。その時、人には分からぬ基準で人は分けられる。そういうことでしょう。神の国は誰の目にも明らかなかたちでくる。しかし誰が救われるかは、神が決めることである。そういうことだと思います。

しかし、人は誰でも「いつ、どこで?」を知りたがるものです。そして、安心したがる。ファリサイ派の人は、律法を守っているか否かという基準で人は分けられると思っていたし、その時、自分たちは選ばれて「連れて行かれる」人間であるという言葉が欲しいのです。弟子たちは、「イエスはキリストである」と言って従うことを基準としている。しかし、彼らは口ではそう言いながら、しばしばファリサイ派の人々同様、「自分の命を生かそうと努める者」にすぎないのです。そういう者たちは、等しく置いて行かれ、はげ鷹に食われるにすぎない。そういうことなのではないか。主イエスはそう言っている。私はそう思います。

からし種一粒の信仰とは

考えてみると、ルカ福音書一七章は、「一日に七回あなたに対して罪を犯しても、七回、『悔い改めます』と言ってあなたの所に来るなら」とあるように、到底私たちが許せない人から話が始まっています。そして、いわゆる「不正な管理人」が続きます。彼は、イエス様によってのみ罪を赦された人です。他の誰も彼のことは赦せません。もう一人は、「重い皮膚病だったサマリア人」です。いずれも、ユダヤ人、それもファリサイ派や弟子たち（使徒たち）にはとても赦せない人々です。それは一八章にも続くテーマです。しかし、主イエスは、そういう人こそ神の国に入ると言われるのです。

彼らに誇りとすべきものはありません。でも、彼らは自分の罪を知っているのです。その罪を本当に知り、赦してくれるのは、赦すだけでなく代わりに裁きを受けてくれるのは、主イエスだけである。そのことを知っているが故に、人の子が多くの者から苦しみを受けて、今の時代の者たちから排斥されることを知るのです。また、ただそのことを知っているが故に、自分の命を生かそうとする者は失い、それを失う者こそ保つことを知るのです。キリスト教のことをよく知って、その教えに適うかたちで生活を整えても、そのことによって、主イエスに神の国へと連れて行かれることはありません。

主イエスが求めておられる「からし種一粒ほどの信仰」とは、そういうものではないのです。主イエスが求めておられる信仰とは、自分の罪を赦してくれるのは主イエスだけであると信じている信仰です。その信仰こそが人を救う信仰なのであり、主イエスに対する信仰がある所に神の国があるのであり、それは誰の目にも見えるものであるわけがないでしょう。

神の国とは

神の国は、いつの日か全宇宙的に完成するのだけれども、その日その時は誰も分からないのだし、分からなくてよいのです。また、誰が救われるかも、私たちが判定することではありません。それはすべて神様の専権事項なのです。私たち人間は、すぐに神の様になろうとするものです。「いつ、どこで？」

を知ろうとし、それを手中に納めて、「見よ、あそこだ。ここだ」と言いたがるのです。そして、「私は救われる。あの人は駄目だ」と言いたがる。

しかし、そんなことをしている暇があるなら、主がその受難と復活を通して成し遂げてくださった御業を賛美し、自分の命を失うこと、つまり人の罪を赦しつつ歩むべきです。ただそこにのみ神の国はあるのですから。そこにのみ、霊的な主イエスは立っていてくださるのです。それは誰の目にも見える現実ではなく、ただその様に生きている人にのみ分かる現実なのです。その人だけが、既に主イエスを通して、「神の国」はやって来ていることを知るのです。

イエス・キリストの父なる御神

私たちは常に、イエス・キリストが神の子としてやって来て、人の子として再びやって来る時を待ち望む者であります。十字架と復活を経て昇天され、あなたの右の座に就かれた御子がおられます。あなたは御子イエス・キリストを通して、ご自分が何を望んでおられるかをお示しくださいました。それは、「御子こそ私たちの罪の救い主で、御子こそ罪を赦してくださる方である。だから御子のように罪を赦すとき、私たちは御子に似た者にしていただける」。ただただそのことを祈り願って、歩む者とならせてください。この祈りをイエス様のお名前を通しておささげいたします。アーメン

（二〇一六年二月十四日）

神の国に入るのは誰か

ルカによる福音書一八章九節～一七節

自分は正しい人間だとうぬぼれて、他人を見下している人々に対しても、イエスは次のたとえを話された。「二人の人が祈るために神殿に上った。一人はファリサイ派の人で、もう一人は徴税人だった。ファリサイ派の人は立って、心の中でこのように祈った。『神様、わたしはほかの人たちのように、奪い取る者、不正な者、姦通を犯す者でなく、また、この徴税人のような者でもないことを感謝します。わたしは週に二度断食し、全収入の十分の一を献げています。』ところが、徴税人は遠くに立って、目を天に上げようともせず、胸を打ちながら言った。『神様、罪人のわたしを憐れんでください。』言っておくが、義とされて家に帰ったのは、この人であって、あのファリサイ派の人ではない。だれでも高ぶる者は低くされ、へりくだる者は高められる。」

イエスに触れていただくために、人々は乳飲み子までも連れて来た。弟子たちは、これを見て叱った。しかし、イエスは乳飲み子たちを呼び寄せて言われた。「子供たちをわたしのところに来させなさい。妨げてはならない。神の国はこのような者たちのものである。はっきり言っておく。子供のように神の国を受け入れる人でなければ、決してそこに入ることはできない。」

今日の主題

今日は九節から一七節までやります。私は任期中の来年の三月一杯でルカによる福音書を終わらせたく思い、それまではいろいろなことで私が説教をできないこともありますから、今日は二カ所を続けてやります。と言いましても、よく読んでみると、今日の箇所は続けてやった方がよいかもしれません。前回辺りから、「神の国はどういうものか」から、「神の国に入る人はどういう人か」に関心が移っているのです。そこで、主イエスは前回、裁判官とやもめの譬話を通して「選ばれた人たち」に対して、神は裁きをなさるに違いないという話をなさったのです。そこで今日は、その「選ばれた人たち」とはどういう人たちなのかを論じているのだと思います。

三月十一日

来週の二十日は、受難週礼拝です。三月の第三週ですから、午後には大住雄一代務者による二〇一五年度の第二回総会が開かれます。同じ日の午後、既にポスターが貼ってあり先週の礼拝後にご案内しましたように、福島教会の献堂一周年記念コンサートが皆さんの献金によって催されます。皆さんの中で、何人もが行ってくださったコンサートです。本来は私が説教の予定でした。でも、体がこうですし、総会の日ですし、なにより似田兼司牧師が新会堂を土産にするように辞めることもあり、私はKさん（女性）とポスターやチラシなどの準備だけして、当日は似田牧師とチェロの井上とも子牧師にお任せしました。

また、言うまでもないことですが、五年前の三月十一日は東日本大震災の日です。あの大地震に大津波、それに原子力発電所の爆発がこの国にどういう影響を与えたのかは、私たち外部に住む国民は本当には理解しえないと思います。五年を経た今、生まれ育った故郷に様々な理由で住めない多くの人々がいるのです。家を建てたばかりの人もそうです。海の「う」の字も見えない高い防潮堤が建設中の所もありますし、そうでない所もあります。それぞれの所で支払う代償は大きいだろうと思います。私は当日前後の祈祷会で、毎年、石巻や福島の牧師や教会員の皆さんと会い、少しでも震災の影響を知ろうとしていましたが、今年は行くことができずに残念です。

地位や身分と人間

今日は、総会資料が会員のボックスには入っているはずです。その中に長老候補が掲載されています。その候補選びは、長老候補選考委員会のメンバーや牧師が、毎年頭や心を悩ませることです。会員の皆様も、それぞれの会員の立場として同様だと思います。この教会では、長老になるためには受洗や転入会後三年以上であるとか、献金はしているかなどいろいろと基準がありますが、要するに、真面目で熱心な方に長老になって貰いたいのです。そして、長老になることが教会生活の妨げにならないようにということも考慮に入れます。しかし、これは所詮人間がつくった基準にすぎず間違いがしばしばある、と思うこともあります。けれど、基準は基準で大事なことです。だから、今年は今年でその基準に従って候補を決めました。

でも、牧師や長老になったりすると、一日で何もかもが変わることがあります。この世で言えば、その真面目さや熱心さ、あるいはその能力などによって社長とか役員になったりする。それと同時に、何か人間まで偉くなったりする場合があるように思います。人間としては少しも変わらないのに、周りも本人も勘違いしてしまう。そういうことが起こることもあります。確かに、地位や身分が人を作る。そういうこともあります。しかし、えてしてそうではない。時間が掛かる場合もある。だから、私のこともよく見ておいていただきたいのですが、皆さんも自分自身を注意しておいてください。しかし、人はえてして自分のことは分からないものです。

ファリサイ派的な人

今日の箇所では、イエス様は「人々」に対して譬話を話されたとなっています。イエス様が譬話をしたのはどういう「人々」かと言うと、「自分は正しい人間だとうぬぼれて、他人を見下している人々」です。「うぬぼれて」は、「自分自身を信頼して」という感じだと思います。「他人を見下している人々」と言うと如何にも悪そうですが、こういう人は一般に「ほかの人たちのように、奪い取る者、不正な者、姦通を犯す者」ではありません。でも、これは当たり前のことです。長老に限らず、真面目で熱心なキリスト者であるなら当然のことです。さらに、この人は「この徴税人のような者でも」なく、「週に二度断食し、全収入の十分の一を献げ」ている人なのです。そして、神殿に祈るために坂を登って来る人です。誰だって「あなたこそキリスト者だ。牧師だ、長老だ」と言いたくなるような真面目で熱心な人です。私だったら、こういう人を会員や長老に欲しいです。

しかし、主イエスは、こういう人を「ファリサイ派の人」に譬えられる。聖書の中では悪者です。でも、この譬えは「ファリサイ派の人とはこういうものである」と示していると考えるなら、それは短絡です。弟子を含めたすべての「人々」に、主イエスは語られたのです。私たちキリスト者は、誰だってファリサイ派的なものを持っているものです。それは良きにつけ悪しきにつけです。それは覚えておいた方がいいでしょう。

クリスチャンは皆？

ここを読むと、前任地のある会員を思い出します。その人は高齢の女性でしたが、私が運転する時、車の後部座席の真ん中に座って、私に向かって話し続けるのです。大体は旦那さんのことです。その旦那さんが如何に善い人かということなのですが、その時に彼女は決まって「クリスチャンじゃないのがもったいないくらい。ねー、先生」と言うのです。そうなると、私もいちいち返事をしなければならず、最後には「今、運転しているから、少し黙っていてくれない？」と私が言うと、「おおー、恐い」とか言うのですが、五分もするとまた話し始めるという感じでした。

その時も私は思っていたことですが、「クリスチャンじゃないのがもったいないくらい。ねー、先生」と言うのは、「クリスチャンは皆、品行方正にして清廉潔白だ」ということでしょう。私は当時も、「そんなことあるわけないだろ。そもそも、あんたはそうなのかい。私はこれでもクリスチャンだけど、私はどうなんだい⁉」と思いました。それと同時に、「自らをクリスチャンという者は、自分を含めて大体こういうことを考えているものだ」と思ったのです。つまり、心の中では周囲の人を差別しているのです。しかし、考えてみれば周囲の人も同じです。その点では、少しも変わらないのです。申し添えておきますが、彼が寝たきりになってから、夫人の変わることのない信仰の姿を見たからでしょう、私を呼ぶようになり、最後には信仰を告白して洗礼を受けました。彼もまた、神の御手の中にあったのです。

選ばれた人たち

先日、「選ばれた人たち」という主イエスの言葉を聞きました。これを私たちは心のどこかで勘違いしていると思います。大学受験に合格したとか、入社や昇進試験に合格した際には「君たちは選ばれているのだ」とか言われるでしょうし、それなりに準備もしてきたはずですから、そう言われても当然でしょう。

しかし、パウロはこう言います。ほぼ毎回、少なくとも私が聖餐式の司式をする度に読みますから、ご記憶の方も多いかと思います。

「キリスト・イエスは、罪人を救うために世に来られた」という言葉は真実であり、そのまま受け入れるに値します。わたしは、その罪人の中で最たる者です。（Ⅰテモテ一・一五）

私たちは、こういう意味で「選ばれた」のであって、それ以外の者ではありません。その点を勘違いしてはならないのです。しかし、キリスト者こそ、往々にしてファリサイ的なのです。私たちもです。自分たちの性格だとか、生活の有様によって自分は選ばれたと内心では思っているのです。つまり、キリスト者になる前から自分は清いのです。その御褒美として、キリスト者、クリスチャンの称号を与えられている。そう考えている場合が多い。どうでしょうか。でも、神様の基準は、私たちのそれとは全く違います。神は、私たちが重大視する瑣末なことではなく、根本的なことを御覧になるのです。

徴税人

ここには「徴税人」が登場します。彼らは外国人であるローマ人のためにも税金を取るし、様々な不正を犯して私腹を肥やしているとされていたので、まともなユダヤ人にしてみれば社会的には犯罪者であり宗教的には完全な罪人です。そういう徴税人の中にもいろいろいたと思いますが、この譬話に登場する徴税人は、「遠くに立って、目を天に上げようともせず、胸を打ちながら言った」人です。彼は「祈った」わけでもない。「言った」だけです。それも「胸を打ちながら」です。「胸を打ちながら」とは、人の死を前にした時、その死を我がことのように悲しむことだと言われます。主イエスの十字架の死を目の当たりにした群衆の場面にこの言葉はもう一度使われますけど、この徴税人は祭壇にも近づかず、胸を打ちつつ、つまり自分は死んだも同然の如く、呻くようにこう言ったのです。

「神様、『罪人のわたしを憐れんでください。』」

彼は、自分を信頼することなんてできません。自分のことを「罪人」と自ら言う他にないからです。あの罪、この罪ではありません。存在自体が罪なのです。つまり、神から離れて生きている。それは、神と共に生きる命という意味では死んでいるということです。彼がここ、つまり神殿にいる理由はそれだけなのです。その死の意識抜きに、彼はここにはいないのです。

これを読むと、ペトロを思い出します。大漁の奇跡を見た時、彼は、「イエスの足もとにひれ伏して、『主よ、わたしから離れてください。わたしは罪深い者なのです』と言った」とあります。彼は、その時それを知ったのです。自分の罪深さを知るとは、自分は主の前に立てないことを知ることです。しかし、そういうペトロが主の前に出て行ってひれ伏す。言葉とは裏腹に、体は近づく。自分の罪を知るとは、そういうことなのかもしれません。心とは反対に体は、「生かしてください」と言っている。それと同じことが、この徴税人には起こっているような感じがします。

ファリサイ派の人と徴税人

これからは全くの想像になりますが、このファリサイ派の人は、周囲の人を見下しながら、これ見よがしに神殿に上ったと思います。そして、「自分は神殿で祈って来たぞ」と全身で表しつつ帰って来たに違いないのです。行きも帰りも自分の姿を人々に見せびらかすようにして、神殿の上り下りをしたに違いありません。

しかし、徴税人は、人目につかないようにこっそりと神殿にやって来たに違いない。そして、胸を打ち、押し殺すような声で「神様、罪人のわたしを憐れんでください」とだけ言って、人目を忍んで帰っていったでしょう。いつもは虚飾にまみれた彼は、この時は罪人である自分の本質を誰にも見せたくはないのです。だから、彼を見ていた者は一人もいなかった。でも、神は見ていたのです。そして、その祈りを聞き届け、この徴税人を「義」とされたのです。つまり、神の国に招き入れたのです。新しい命を与え、その国に招き入れたのです。その上で帰した。でも、彼はそのことを知らない。そういうものです。

憐れんでください

ここで、「憐れんでください」と訳された言葉に注目したいと思います。「憐れんでください」と聞くと、ミサ曲の最初である「キリエ・エレイソン」「主よ、憐れみたまえ」を思い出す方がいると思います。私もそうでした。でも、この言葉は、エレエオーの命令形ではありません。この言葉は、イラスコマイという極めて珍しい言葉です。

ここ以外ではヘブライ人への手紙二章一七節にしか出てきませんけれど、そこには「それで、イエスは、神の御前において憐れみ深い、忠実な大祭司となって、民の罪を償うために、すべての点で兄弟たちと同じようにならねばならなかったのです」と、あります。

ここでイラスコマイは「憐れみ深い」ではなく、民の罪を「償う」と訳されています。民の罪を償う大祭司です。名詞形でも、全世界の民の罪を償う生贄とか供え物として、神がイエスをキリストとして立てたということです（ローマ三・二五、一ヨハネ二・二）。つまり、「憐れんでください」とは、「どうかキリストを私のために立ててください、私の罪の償いとしてください」という意味なのです。ただそのことだけを言いたくて、徴税人は神殿に来たのです。

主イエスが再び来る日、即ち「人の子が来るとき、果たして地上に信仰を見いだすだろうか」と言われる時、主イエスが捜し求めていたのは、この徴税人の信仰なのです。

主イエスは、「言っておくが、義とされて家に帰ったのは、この人であって、あのファリサイ派の人ではない。だれでも高ぶる者は低くされ、へりくだる者は高められる」と、言われました。人間の罪が赦されて義とされるためには、つまり、人間が死を経て新たに生きるためには、イエス・キリストが私たちの罪の償いとなって十字架で死に、復活することが必要なのです。そして、私たちも信仰によって主イエスの十字架の死と復活を共にすることが必要なのです。

私たちは、どういうつもりでこの会堂に来ているのかと考えざるをえません。

子供　乳飲み子

ここまで読めば、次の箇所との繋がりが分かるでしょう。しかし、そのことに入る前に、言語に関して少し整理しておいた方がよいかもしれません。

「乳飲み子」（ブレホス）とは、ルカだけが書き換えていることです。「乳飲み子」とは、一六節や一七節の「子供」（パイディオン）とは言語的には違います。ルカは、「子供たち」が自分では来られないことを強調したかったのでしょう。そして、「イエスは乳飲み子たちを呼び寄せて言われた」とあるのは間違いで、「イエスは彼らを呼び寄せて言われた」が直訳です。つまり、「イエスに触れていただくために」乳飲み子を連れてきた親たちを含めた「彼ら」を、弟子たちは叱ったのです。乳飲み子が、ひとりでに主イエスに従う訳がありませんから。

主イエスが呼び寄せる

しかし、弟子たちの行動に対して、主イエスは「彼ら」を呼び寄せて「子供たちをわたしのところに来させなさい。妨げてはならない。神の国はこのような者たちのものである」と、言われました。

ここに出て来る「乳飲み子」とか「子供」とは、今の日本などのような先進国のそれではありません。今だって「後進国」と呼ばれる国々や地域はたくさんあるのですが、それらの国や地域で、子供が大人になるまで無事に育つことは当たり前ではありません。今の日本では、千グラムしかないような子でも保育器に入って無事に育つことはあります。それは貴いことだと思います。しかし当時のユダヤで、乳飲み子から幼児、幼児から子供、子供から成人に育つことは当たり前ではありませんでした。学校も病院もないし、多くの人々は貧しい生活なのです。人間は、働いてナンボという時代だったと思います。

主イエスの周りには何とかして主イエスに触るか、触っていただくか、運が良ければ子供の頭の上に手を置いて祈っていただきたいと願う人は大勢いたでしょう。弟子たちも、そういう人々を見て必ずしも悪い気はしなかったと思います。「自分たちの先生は、これほど偉いんだ。有名なんだ」と思うことは、彼らにとっても悪いことではなかったと思います。しかし、無価値な乳飲み子を連れた親子が続々とやって来ては、子どもの頭をなでて欲しいとせがむ。そういう彼らに、主イエスがいちいち対応するのを見るのは、我慢ができなかったのでしょう。分かる気もします。だから、彼らは叱った。「止めろ」とたしなめた。そして、禁じたのです。そこに、彼らの優越感もあるでしょう。

主イエスはそういう弟子たちを見て「妨げてはならない」と言いました。そして、「はっきり言っておく。子供のように神の国を受け入れる人でなければ、決してそこに入ることはできない」と言ったのです。

ここで考えておかねばならないことは、「イエスは彼らを呼び寄せて言われた」です。「彼ら」とは、先ほど言いましたように、乳飲み子と彼らを抱いている親です。どちらにしても、彼らは自力では主イエスの許には来られなかったでしょう。赤ん坊はもちろんのこと、親たちも乳飲み子がいなければ主イエスの手が届く所には来られなかったと思います。でも、彼らは来ました。それは、主イエスが彼らを「呼び寄せた」からです。彼らが勝手に来たのではないのです。主イエスが、呼び寄せたのです。

受け身

ここで振り返っておかねばならないことは、乳飲み子たちは完全な受け身だということです。主イエスに「触れていただく」のも、主イエスに「神の国はこのような者たちのものである」と言われるのも、彼らの意志ではありません。最初にあるのは主イエスの意志なのです。

その上で、彼らの意志として洗礼を受ける時は受けるのです。そのように「神の国」を「受け入れる人でなければ、決してそこに入ることはできない」し、「神の国」とはそういうものです。主イエスが呼び寄せてくださらなければ、誰も入ることができないものなのです。神の国は、自分の基準で入るものではありません。私たちは誰一人、自分の基準で神の国に入るのではありません。主イエスに呼び寄せられて入ったのです。そのことを忘れてはいけません。

「はっきり言っておく」とは、以前も言いましたように、アーメン・レゴー・ヒューミーンで、「アーメン、あなたがたに私は言う」です。主イエスは、ここではっきりと宣言しておられるのです。「神の国」は「神」の国なのであって、「人」が神を利用するものではない。そのことを宣言しておられるのです。

どういう者として

ここまでくれば、主イエス、そしてルカがここで言いたいことは明らかです。「高ぶる者」の正反対の者として登場するのが「子供」、それも「乳飲み子」なのです。人間社会の上に位置する者と下に位置する者、それも最底辺に位置する者を主イエスは比べている。そしてそれは単に上下の社会階層を比べるのではなく、「自分は正しい人間だとうぬぼれて、他人を見下している」人と、右も左も分からず、ただ主イエスだけを頼みとしている人々を比べているということです。そして「だれでも高ぶる者は低くされ、へりくだる者は高められる」と、おっしゃっているのです。

私たちは、どういう者としてこの礼拝堂に来ているのかが問われるのです。誰だってこの礼拝堂には来ます。高ぶる者もへりくだった者も来ます。しかし、義とされる者は少ないのです。義とされて家に帰る者は少ない。来ることと帰ることは、人目には同じでも全く違います。

私たちは何も、この徴税人や乳飲み子にならなければいけない訳ではありません。でも、私たちにとって頼みは主イエスだけなのかと、自問しなければいけないとは思います。私たちは、心のどこかで自分の力で完璧な人になろうとしている。あるいは、自分は自分として立派だ。あの人より、この人より立派だ。そのことは、日曜日に神様を礼拝している今こそはっきりすると思っている。そういうことがあるかと思います。

しかし、そういう私たちに主イエスはお語りになるのです。

「だれでも高ぶる者は低くされ、へりくだる者は高められる。」

「子供のように神の国を受け入れる人でなければ、決してそこに入ることはできない。」

気づいた時が始まり

私たちの中に高ぶる者、すっかり大人になってしまった者はいないのかと考えると、心許ない気がしますがどうなんでしょうか。でも、そのことに気づいた時が始まりであり、それは遅すぎることではないのです。もし、自分の中に高ぶりや、弟子たちと同じように親子を叱るものを見つけたのなら、ただひたすらに主イエスだけを頼む人間になるべく励むしかありません。そして、主イエスに依り頼むのであれば、主イエスは誰をも受け入れることを感謝をもって認めなければなりません。そのためには、自分で努力するのではなく、主イエスの言葉の前に裸で立つしかないと思います。「一つの教えを覚える」とかではなく、一人の神に造られた人間として主イエスのみ言葉の前に立つことで、体の隅々また内部をいやがおうにも見ることになるからです。一人ひとりがそうすることにおいてのみ、自分の姿を見るのだし、自分の言うべき言葉を教えられるのです。その時、自分は主イエスの憐れみによってのみ受け入れられていることを知るのです。そしてその時にのみ、主イエスの前に跪いて、ひたすらに賛美する者となり、義とされて家に帰る者となり、神の国に入る者とされるのです。

聖なる父なる御神様

いくつになってもあなたのみ言葉の前に立ち続けることができません。私たちは自分で自分を見ることができると思わず思ってしまうものであります。でも、そんなことは決してできないということを、あなたのみ言葉の前に立つことによって知ることができますように。そして主イエスのお姿をはっきりと見つめることができますように。主イエス・キリストの御名を通して御前におささげいたします。

アーメン

（二〇一六年三月十三日）

何をすれば？

ルカによる福音書一八章一八節～三〇節

ある議員がイエスに、「善い先生、何をすれば永遠の命を受け継ぐことができるでしょうか」と尋ねた。イエスは言われた。「なぜ、わたしを『善い』と言うのか。神おひとりのほかに、善い者はだれもいない。『姦淫するな、殺すな、盗むな、偽証するな、父母を敬え』という掟をあなたは知っているはずだ。」すると議員は、「そういうことはみな、子供の時から守ってきました」と言った。これを聞いて、イエスは言われた。「あなたに欠けているものがまだ一つある。持っている物をすべて売り払い、貧しい人々に分けてやりなさい。そうすれば、天に富を積むことになる。それから、わたしに従いなさい。」しかし、その人はこれを聞いて非常に悲しんだ。大変な金持ちだったからである。

イエスは、議員が非常に悲しむのを見て、言われた。「財産のある者が神の国に入るのは、なんと難しいことか。金持ちが神の国に入るよりも、らくだが針の穴を通る方がまだ易しい。」これを聞いた人々が、「それでは、だれが救われるのだろうか」と言うと、イエスは、「人間にはできないことも、神にはできる」と言われた。するとペトロが、「このとおり、わたしたちは自分の物を捨ててあなたに従って参りました」と言った。イエスは言われた。「はっきり言っておく。神の国のために、家、妻、兄弟、両親、子供を捨てた者はだれでも、この世ではその何倍もの報いを受け、後の世では永遠の命を受ける。」

イースターと私たち

今日はイースター礼拝です。主イエスが十字架の死から三日目の日曜日の朝、甦ったことを記念する日です。しかし、この日は太陽暦で冬至の祭りにぶつけた十二月二十五日のクリスマスのように決まっている日ではなく、春の祭りである「過越の祭り」を起源としています。ユダヤ人の過越の祭りは月の満ち欠けが基本となりますから（太陰暦）、新約聖書以後に誕生したキリスト教会では、春の春分後、満月に一番近い次の日曜日がイースター（ドイツ語の「東」に由来。ギリシア語由来は「過越祭」を起源とするパスカ）となって、三月だったり四月だったりします。来年は四月ですから、私にとっては、今日が中渋谷教会で祝う最後のイースターということになります。

けれども、今回も相変わらずルカ福音書のみ言葉に聴きます。理由はいくつかありますけれど、クリスマスにしろイースターにしろ、日本ではどこか他人事のような気がしてならないということがあります。しかし、そんなことがある訳がありません。

この問題にこだわっていきますが、聖書、とくに新約聖書は、イエスが死人の中から甦えらなければ書かれなかった書物です。イエスを救い主、キリストと信じる者は「救われる」と言っているのです。そして、その「救い」の内容を、今日も出てくる「永遠の命」とか「神の国」に生きると言っている。それは、肉体をもって生きている今、罪の支配から脱却させられ、死人の中からの復活に本質的に与っているということです。それは大問題です。決して他人事ではありません。しかし、そのことを抜きにしたイースターはない、と言わざるをえないと思うのです。

だから、パウロはローマの信徒への手紙の中で「わたしたちは洗礼によってキリストと共に葬られ、その死に与るものとなりました。それは、キリストが御父の栄光によって死者の中から復活させられたように、わたしたちも新しい命に生きるためなのです」（ローマ六・四）と、言っているのです。洗礼によってイエス・キリストの死と新しい命に与るキリスト者は、それまでの命に死に、新しい命に甦るのです。これは大問題です。どうして他人事のように「イースター、おめでとう」と言えるでしょうか。

ある聖書学者は、それを「すべてが新しくなる」経験であるとして、「それが起こる時、いつでもそれは驚きであり、いつでも恵の賜物であり、いつでも感謝の思いが湧き起こって来るような経験」だ。「それは、わたしたちがまったく予想していなかった時に、受け取る」「神の賜物」だと言います（W・ブルッゲマン『詩編を祈る』四〇頁、七〇頁）。

私は同感です。イエス・キリストとの出会いは、人間が計算できるものではないのです。それはいつも思いがけないものであり、恵みなのです。そしてそれは、それまでの命の死であり、新しい命の始まりを意味します。どうしてこれが他人事になってしまうのかと思います。何でも日本化してしまう日本では、イースターは「七夕」まで続く春の祭りの一つのようになりつつあるようですが、それは違います。

そのことを覚えた上で、私たちが復活すること（イースター）に関して、今日の箇所から聴き取りたいと願ったのです。

議員

今日の箇所は、ある議員がイエスに、「善い先生、何をすれば永遠の命を受け継ぐことができるでしょうか」と尋ねた、と始まります。

聖書新共同訳は「議員」（アウトス）と訳しました。元来は「役人」とか「会堂長」とか、その地域の「長」とか「お頭」的な人を表すようです。聖書新共同訳は、それを「議員」と解釈したのです。もしそうであるとすれば、彼は後に主イエスに「十字架刑」を言い渡す最高法院の議員の一人にもなるわけで、面白い訳かもしれません。

その彼が、最初に「善い先生」と言います。すると、主イエスは即座に「目を天に上げよ」と言わんばかりに、「なぜ、わたしを『善い』と言うのか。神おひとりのほかに、善い者はだれもいない」と、おっしゃいました。主イエスは、すべてのことは神様から来る。自分が語ることも神様の思いとずれているなら意味がないとおっしゃりたいのでしょう。あなたの言うことも同じだ、と言ってらっしゃる。そのことが分かっていないなら、これから聞くことも何の意味もないと、議員や私たちに分からせようとしているのでしょう。

何をすれば

お気づきの方もおられるかもしれませんが、前回の「子供」（ルカだけは「乳飲み子」）の記事と今日の「議員」の箇所の順番はマタイやマルコと一緒です。「子供」は、当時の社会の中では無価値な存在でした。それに対して「議員」は、言うまでもなく社会の中で価値ある者の代表みたいな人です。後を見ても分かるように、この人は「大変な金持ち」でした。神様からの祝福を受けるだけ受けた人なのです。そういう見方は、ごく自然なものです。議員は、ユダヤ人の祭政一致社会では、今のように世俗的なものだけではなく、宗教的な権威を帯びていたからです。その上に金持ちであった。

しかし、そういう議員自身は自分に納得していませんでした。「まだ何か足りない」と思っていたようです。自分自身に欠乏感を抱えていたのです。そこで、彼は主イエスに近づき「何をすれば永遠の命を受け継ぐことができるでしょうか」と、尋ねます。

ファリサイ派や弟子たちは「いつ、どこで?」と、「神の国」の見える形を尋ねてきました。しかし、「議員」は、「何をすれば永遠の命を受け継ぐことができるでしょうか」と尋ねる。つまり、神の国に生きるための行動の基準を訊いているのです。「何をすれば」です。子供や乳飲み子には尋ねようがないことです。

「永遠の命」とは、二四節から二九節では「神の国」と言われていますし、その他を見ても基本的には同じだと思いますので、説教の中では両者を区別しません。

受け継ぐ

ここで注目すべきは「受け継ぐ」という言葉でしょう。これは、ルカ福音書の一〇章二五節以下の「善いサマリア人」という箇所を参考にすべき所です。そこで律法の専門家が立ち上がって、「先生、何をしたら、永遠の命を受け継ぐことができるでしょうか」と、主イエスに同じ質問をするのです。

その場合も、「受け継ぐ」とは「神から授かる」という意味だと思います。永遠の命は、自分の行動によっては獲得した気になれない。そういう感じが、彼にはあるだろうと思います。主イエスは、「主なる神を愛すること」と、「隣人を自分と同じように愛する」ことを命じられました。言葉の上ではすべてを知っていた彼は困ってしまって、「では、わたしの隣人とはだれですか」と尋ねたところから、例の譬話が始まります。

今日の箇所では、議員に対して、十戒の二枚目の板に記されていることを「知っているはずだ」と主イエスは言います。これでも良いのですが、原文は単純に「知っている」です。議員は、隣人愛に関して知っていて当然ということでしょう。そこに記されていることは、姦淫、殺人、窃盗、偽証であり、父母を敬うことですから、彼が「子供の時から守って」きたのは当然なのです。彼の答えは、主イエスも予想通りだったと思います。その点で、律法の専門家も議員も同じなのです。

行動の根っこにあるもの

そこで、主イエスは、「あなたに欠けているものがまだ一つある。持っている物をすべて売り払い、貧しい人々に分けてやりなさい。そうすれば、天に富を積むことになる。それから、わたしに従いなさい」と、言われました。

これも一見すれば行動を言っているようだし、事実その通りでもあるでしょう。しかし、その根っこの所で違うのだと思います。主イエスは、持てる物をすべて売り払うだけでなく、その金を今日食べるのにも困っているような人々に分けなさい、と言われる。実際にやるかやらないかを問われている。そのことは確かだとも思います。しかし、そういうことを言って本当は何を言っているのかと言えば、「あなたの行動はすべて富の上に立ったものだ。あなたが、富を心の拠り所としていることはよく分かった。しかし、そういうものから解放されなさい。そして、口先だけでなく、ただ神のみを頼りとしなさい。闇雲に私のところにくる乳飲み子のように」ということではないでしょうか。私たち人間の行動の根っこには、心の在り方があるのです。そのことをよく覚えておかねばなりません。

その主イエスの言葉を聞いて、彼は「非常に悲しんだ」（ペリルポス）のです。これは、領主ヘロデが大勢の来客の前で義理の娘であるサロメからヨハネの首を要求されて「非常に心を痛める」（マルコ六・二六）とか、ゲッセマネの園で主イエスが「わたしは死ぬばかりに悲しい」（マタイ二六・三八）と言われたと訳される言葉と同じです。つまり、心が張り裂けんばかりになる。心が分裂しそうになる。そういう意味なのです。

それから

主イエスは、「それから、わたしに従いなさい」と言われました。「それから」（デルウト）と訳された言葉は、これまでの土地から新たな土地へ出かける時に「さあ、行きなさい」とか「さあ、来なさい」という感じで使われる言葉です。「さあ」と一言で訳されている箇所もありました。つまり、人が新たな次元に行く時の呼びかけ、そういう言葉なのです。

丸裸になって主イエスに従うということ、それは全く新しい次元に旅立つことです。それまでの自分の命に死に、全く新しい命に生きるということなのです。それは、自力でできることではありません。他人事ではないのです。だから、その言葉を聞いて、議員は非常に悲しんだ。心が張り裂けんばかりになりました。主イエスのおっしゃることが、嫌と言うほど分かったからです。彼は、自分の心の欠けが、どこにあったかが分かったのです。そして自分の行動が、その根っこにおいて、すべて富の上に立っていたことが分かったのです。そして、その生き方を今更捨てることはできないと思った。だから、彼は悲しんだのです。自分ではどうすることもできなかったのでしょう。分かる気がします。自分で自分の命を捨てること、それ以上のことはないのですから。私たち人間は、気がつけば身についてしまった悪習やしがらみを完全に捨て去ることはなかなかできないものです。

行動の基準

ルカでは、彼が帰ったかどうかは分からない形になっています。「イエスは、議員が非常に悲しむのを見て」とあり、彼が帰ったとは書いていないのです。先ほどは議員の言葉を「聞いて」でしたが、今は言葉にならない彼の苦悶の表情を「見て」、主イエスは「財産のある者が神の国に入るのは、なんと難しいことか。金持ちが神の国に入るよりも、らくだが針の穴を通る方がまだ易しい」と、言われたのです。主イエスは、人間の限界を感じたのでしょう。これを感じることができるのは、主イエスだけかもしれません。主イエスは私たちと同じように「聞き」、そして「見る」のですけれども、それは私たちが聞いたり見たりするのとは違う次元で起こっていることではないかと思うのです。

弟子たちは、主イエスの言葉を聞いて天地がひっくり返るほど驚きました。神様の祝福を溢れるほどいただいているこの議員すら救われないのか⁉ 「それでは、だれが救われるのだろうか」と言わざるをえなかったのです。すると、主イエスは、「人間にはできないことも、神にはできる」と、おっしゃいました。人間の救いは人間の業ではなく、神の業だということでしょう。

人間の救いは、人間の予想を全く超えた神の御業なのであり、人間の行動によっては、「永遠の命」を得るとか「神の国」に入るという権利を獲得できないということです。

弟子たちと主イエス

そのやり取りを聞いて、弟子の代表たるペトロが、「このとおり、わたしたちは自分の物を捨ててあなたに従って参りました」と、言いました。

それに対して、主イエスは「はっきり言っておく。神の国のために、家、妻、兄弟、両親、子供を捨てた者はだれでも、この世ではその何倍もの報いを受け、後の世では永遠の命を受ける」と、言われたのです。どういうことでしょうか？

弟子たちが、主イエスに従うために家や財産を捨てたことは間違いありません。しかし、主イエスとの最後の夕食をとった後、ペトロを初めとする弟子たちは「自分たちのうちでだれがいちばん偉いだろうか」という議論を始めたのです。もちろん、彼らにしてみれば、これが主イエスとの最後の夕食となるとは思っていなかったし、彼らは等しく財産を捨て、家族の誰かを泣かせてきたのです。しかし、彼らは偉い順に主イエスからご褒美を貰えると思っていたのです。

だからシモン・ペトロは最後の晩餐の後、「シモン、シモン、サタンはあなたがたを、小麦のようにふるいにかけることを神に願って聞き入れられた」と、主イエスに言われたのです。シモンとはペトロ（ギリシア名）のユダヤ名であり本名です。そのペトロが「サタン」にふるいにかけられて落ち、「あなたは今日、鶏が鳴くまでに、三度わたしを知らないと言うだろう」と、主イエスに言われてしまうことになります。つまり、夜明けが来る前に三度、主イエスを否認するのです。それは現実となりました。それが、ペトロを初めとする弟子たちの姿です。主イエスは、既にそのことをご存じでした。

ここで主イエスがおっしゃっていることは、やはり二心の問題だと思うのです。弟子たちが、本当に地上の報いを望まないで、「神の国のために、家、妻、兄弟、両親、子供を捨てた」のであるなら、彼らは「この世ではその何倍もの報いを受け、後の世では永遠の命を受ける」でしょう。しかし、彼らが地上において報いを望んでいるならば、それは無理と言うものです。実際、ペトロを初めとする弟子たちの心は、地上における報いを望んでのものだったのです。彼らも、「議員」や「人々」と同じなのです。だから、ここで「非常に悲しんだ」のは、心が張り裂けんばかりに悲しんだのは、議員や弟子たちではなく、実は主イエスの方だったのではないかと思います。

わたしに従いなさい

「神の国」とか「永遠の命」というものは、目に見えるものではありません。目に見えるものとは異なる次元のものなのです。「報酬」とは全く違うものです。「それから、わたしに従いなさい」という主イエスの呼びかけに応えることによってのみ、手に入れることができるものです。そういう意味で、それまでの命に死んで、新しい命に生きることなのです。

誰だって、それまでの自分の命は惜しいものなのです。失いたくはないものです。しかし、永遠の命、神の国に生きる命を得るためには、失わねばならぬものもある。信仰によって与えられる命とは、そういうものです。それまでの命を失って、初めて得るものなのです。そして、主イエスはその命を与えるために、十字架の上で命を失ったのだし、その上で復活の命を与えられたのです。

十字架のイエスのみ

そのことを知るために、主イエスの「この世ではその何倍もの報いを受け、後の世では永遠の命を受ける」という言葉に注目したいのですけれど、ここで「受ける」（アポランバノー）とは、全く新しく受けることです。ただ受けるのではなく、失ったが故に全く新しく受けるのです。

それは、十字架上で喘ぎ苦しむ主イエスを嘲る犯罪者に向かって、もう一人の犯罪者が言っている言葉に出てきます。彼は「我々は、自分のやったことの報いを受けているのだから、当然だ。しかし、この方は何も悪いことをしていない」（ルカ二三・四一）と、言っているのです。

ここで刑罰を「受けている」と訳された言葉が、一八章のそれと同じです。彼は、この後、来臨される時には自分のことを覚えて欲しいと主イエスに頼み、「はっきり言っておくが、あなたは今日わたしと一緒に楽園にいる」（ルカ二三・四三）と、主イエスに言われるのです。

そこで「受ける」ですが、主イエスが受けている刑罰は、直接的には彼ら犯罪者の行動に対するものでもあると、私は思うのです。少なくともその一人は、自分のこれまでの行動が何を意味するのかを分かっていません。しかし、本当に罰を受けているのは主イエスであり、彼らではないのです。主イエスに死刑判決を下した議員を含めて、その行動に関する刑罰を受けているのは主イエスであり、そうであるが故にこそ、罪人の罪を赦して救いを告げることができるのは、この方以外にはいないのです。この世の報いやかの世における永遠の命も与えることができるのは、すべてこの方、神の独り子なるこの方以外にはいないと思うのです。「何も悪いことをしていない」この方。この方以外にはいない。それができる唯一の方を、神はこの世に送った。それが、「人間にはできないことも、神にはできる」という本当の意味だと思います。こんなことは、神しかできません。人間は、自分を救いえないのです。そのことだけは、どうか分かってください。

私たちにとってのイースター

私たちにとってのイースター、それはこのイエス・キリストを我が身に受け入れて、「それから、わたしに従いなさい」と言う主イエスの招きに従うことではないかと思います。もし、それができるのなら、その時、私たちのそれまでの命は終わるのですから。そして、その時、「はっきり言っておくが、あなたは今日わたしと一緒に楽園にいる」との言葉を、自分に対する言葉として聴けるのです。

この方の「それから、わたしに従いなさい」との呼びかけを、自分に対する呼びかけとして聴き、それに応える時、つまり信仰に生き始める時、私たちのそれまでの命は死に、新しい命に甦るのです。それは決して他人事ではありません。私たちキリスト者は、聴いて信じたのです。そして、新たに生き始めたのです。その時、神様が救ってくれるのです。大変なことです。それが私たちにとってのイースターです。

聖なる父なる御神様

感謝をいたします。あなたが、あなたのみが、罪なき御独り子をこの世に降し、御独り子はあなたに祈りながら、復活を信じて十字架への道を歩んでくださいました。ただそのことのゆえに私たちの罪は赦されて、今ここにあります。神様どうぞ、私たちの主はイエス・キリストであるということをはっきりと告白しながらこの世の人生を生きていくことができますように。このお祈りをイエス様のお名前を通しておささげいたします。アーメン

（二〇一六年三月二十七日　イースター礼拝）

神の国はすぐにも現れる？

ルカによる福音書一九章一一節～二七節

人々がこれらのことに聞き入っているとき、イエスは更に一つのたとえを話された。エルサレムに近づいておられ、それに、人々が神の国はすぐにも現れるものと思っていたからである。イエスは言われた。「ある立派な家柄の人が、王の位を受けて帰るために、遠い国へ旅立つことになった。そこで彼は、十人の僕を呼んで十ムナの金を渡し、『わたしが帰って来るまで、これで商売をしなさい』と言った。しかし、国民は彼を憎んでいたので、後から使者を送り、『我々はこの人を王にいただきたくない』と言わせた。さて、彼は王の位を受けて帰って来ると、金を渡しておいた僕を呼んで来させ、どれだけ利益を上げたかを知ろうとした。最初の者が進み出て、『御主人様、あなたの一ムナで十ムナもうけました』と言った。主人は言った。『良い僕だ。よくやった。お前はごく小さな事に忠実だったから、十の町の支配権を授けよう。』二番目の者が来て、『御主人様、あなたの一ムナで五ムナ稼ぎました』と言った。主人は、『お前は五つの町を治めよ』と言った。また、ほかの者が来て言った。『御主人様、これがあなたの一ムナです。布に包んでしまっておきました。あなたは預けないものも取り立て、蒔かないものも刈り取られる厳しい方なので、恐ろしかったのです。』主人は言った。『悪い僕だ。その言葉のゆえにお前を裁こう。わたしが預けなかったものも取り立て、蒔かなかったものも刈り取る厳しい人間だと知っていたのか。ではなぜ、わたしの金を銀行に預けなかったのか。そうしておけば、帰って来たとき、利息付きでそれを受け取れたのに。』そして、そばに立っていた人々に言った。『その一ムナをこの男から取り上げて、十ムナ持っている者に与えよ。』僕たちが、『御主人様、あの人は既に十ムナ持っています』と言うと、主人は言った。『言っておくが、だれでも持っている人は、更に与えられるが、持っていない人は、持っているものまでも取り上げられる。ところで、わたしが王になるのを望まなかったあの敵どもを、ここに引き出して、わたしの目の前で打ち殺せ。』」

ペンテコステ礼拝

今日はペンテコステ礼拝です。ペンテコステとは主イエスの復活から五十日目の「五十」を表す言葉です。使徒言行録にありますように、その日に弟子たちに聖霊が降り、彼らが一斉に世界中の言葉で、主イエスの十字架の死と復活によってもたらされた福音を語り始めたことを記念する日です。教会は全世界に向けた弟子たちの説教に始まる。だから、一般にこの日は「教会の誕生日」と言われるのです。その日のことについて語り出せば切りがありませんけれど、一つ言えること、それは「その日が来なければ、弟子たちは自分が聞いたことが何であったか分からなかった」ということです。そのことは確かです。つまり、「聖霊」が与えられなければ、主イエスの言葉は分からない。そうであるが故に、聖霊が与えられなければ、彼らが福音を語り出すこともなかったし、彼らの言葉を聞いた者の中に「兄弟たち、わたしたちはどうしたらよいのですか」（使徒言行二章三七節）と言う者もいなかったでしょう。聖霊が与えられなければ、一八章にありますように「彼らにはこの言葉の意味が隠されていて、イエスの言われたことが理解できなかった」（一八・三四）のです。

私たちも、聖霊を与えられなければ聖書のどこも本当の意味は分かりません。いわゆる「専門家」も然りです。誰だって、聖霊を与えられなければ、み言葉の真理は分からないのです。だから私たちの礼拝では、聖書朗読の後、語る者、聞く者が読まれた言葉から今日の神の語りかけを聴けるように、ひとしく聖霊が与えられるように祈り求めるのです。

今日の箇所

以前も言いましたように、今日の箇所は九章五一節に始まる主イエスのエルサレムへの旅の終わりにあたります。一九章二八節に、主イエスは「先に立って進み、エルサレムに上って行かれた」とありますように、次回から主イエスのエルサレム入城が始まります。今日の場面は、主イエスがエルサレムに入る直前の場面です。前回は「業」によってでしたが、今回は譬話の形での「教え」によって、これまでのそしてこれからの主イエスに関して語っている場面だと思います。そういう意味で、表面的には似ても似つかない前回のザアカイの箇所と今回の箇所とはセットなのだと思います。

人々

今日の書き出しである一一節には、「人々がこれらのことに聞き入っているとき」とか、「人々が神の国はすぐにも現れるものと思っていたからである」と、「人々」が二度も出てきます。原語ではアウトイスですが明確な限定はありません。これは、直前のザアカイの言葉や主イエスの言葉を聞いていた「人々」と、言えるでしょう。しかし、それに止まりません。家の中にいた弟子たちもザアカイの僕や、その場にいたであろう彼の家族の者たちも含みます。さらに、主イエスが彼の客になったのを見ていた人々（七節）もいたでしょうし、「群衆」（オクロス、三節）や「民衆」（ラオス、一八章四三節）

と呼ばれる人たちも含むでしょう。さらに、エルサレムを経て天に至る箇所までを読み、エルサレムに入ってからの主イエスの歩みを読んでいくすべての「人々」を指すと思います。つまり、「人々」には、私たちもすべて含まれるのです。この部分の「人々」は、これまでのまとめを聞き、これからの主イエスの受難・復活・昇天を聞いていくすべての人を指しているのだと思います。そういう私たちが日々思うことは、どういうことでしょうか。

神の国はまだ来ないのか

私は、主日毎の礼拝司式者の祈りに「アーメン」と唱和しつつ、「あー、同じことを感じているな」と思うことがしばしばあります。そこで祈られることの一つは、自分たちの罪深さの悔い改めであると同時に、世界各地の紛争それに東日本や熊本などで起こった大震災に対する無力感です。中東や北アフリカの戦争や紛争の継続、そして難民の誕生、日本における震災などが起こるたびに多くの人々が死にます。その様を見ながら「仕方ないことだ」と思いつつ、「いつまでこんなことが続くのだ」とも思う。自然が起こす出来事も人間が起こす出来事も一緒くたにして「もう嫌だ」と思う。そういうことがしばしばあるのです。滅茶苦茶な話ですけれども、それは「神の国」はまだ来ないのかという問い、あるいは嘆きだとも思います。

そういう意味でファリサイ派の人々が、主イエスに「神の国はいつ来るのかと尋ねた」（一七章二一節）というのはよく分かる気がします。彼らは、「こんな世の中は早く終わってしまえば良い」と思っていました。彼らの場合は、正しいことをしている自分たちだけが選ばれた「神の国」が実現すればよいと思っていたのです。しかし、主イエスは、「神の国は見える形では来ない。『ここにある』『あそこにある』と言えるものでもない」とおっしゃるし、弟子たちには、「人の子はまず必ず、多くの苦しみを受け、今の時代の者たちから排斥されることになっている」と言われるのです。そういう意味での分かりにくさが、主イエスにはあるだろうと思います。

しかし、ファリサイ派の人々だけでなく、「人々」は主イエスが「エルサレムに近づいておられ」るのを見て、主イエスが王位につく日は近いと思ったに違いありません。そうなれば「神の国はすぐにも現れるものと思っていた」のです。今、主イエスの目の前にいる「人々」はそういう人々です。神の国は、主イエスがエルサレムで王位につき、敵を殲滅した時に実現する。「人々」は、そう思っていたのです。それは、無理のないことだと思います。

王の位を受ける

そこで主イエスは、「人々」に向かって王の話とムナの話をします。王の話は歴史的な事件を元にしているとか、ムナの話はマタイ福音書二五章のタラントンの話と似ているとかいろいろ言われます。

第一の件ですが、ヘロデ大王の死後、息子の一人であるアルケラオがローマ皇帝に、父と同じユダヤ全土の王位を求めたこと、ユダヤ人が約五十人を皇帝のもとに派遣してそれを止めさせようとしたことや、アルケラオが帰国後にその五十人のユダヤ人たちに凄惨な報復をしたことは、当時のユダヤ人が苦い記憶として知っていました。主イエスも当然知っていたでしょう。そのことが、この話の背景にあるだろうと私も思います。そういう雰囲気の中で、主イエスは「王の位を受けて帰るために、遠い国に旅立つこと」になった者に、ご自身を譬えておられるのです。それは随分と大胆なことです。

ムナ

もう一つはムナの話です。王に即位されるはずの人は、一人一ムナを十人に与えて、「わたしが帰って来るまで、これで商売をしなさい」と、言いました。ムナというのは貨幣の単位ですが、一ムナは労働者の約三か月分の給料のようです。ですから、一人一ムナではとても商売を始めるなんて無理だと思うのですが、今はこのまま読んでいきましょう。あくまで譬話ですから。

「王の位」を受ける人は、一人に一ムナを与えて、「これで商売をしなさい」と言って遠い国に行ってしまいました。いつ帰るかも分からないし、帰って来る「王」とはどんな王かも分からない。分かることは、王予定者は不在であり、その不在の王予定者から信頼された「僕」は、与えられた一ムナでいつか帰って来る「王」が喜ぶことをしなければならないということです。ある者は、一ムナから十ムナを儲け、ある者は五ムナを儲けました。しかし、ある者は、与えられた一ムナを袋に入れてしまったままだったのです。そして彼は他の僕とは違い、帰って来た王に向かい、「あなたは預けないものも取り立て、蒔かないものも刈り取られる厳しい方なので、恐ろしかった」と、言ったのです。

霊　文字

弟子たち、彼らは神から等しくみ言葉を与えられています。しかし、み言葉だけでは意味が分からず、持っているだけではみ言葉は彼らの中で堅い石のようになってしまうのです。「命の息」としての聖霊が与えられなければ、そしてそれを用いなければ、み言葉はただの石です。パウロは、コリントの信徒への手紙二の中で、「文字は殺しますが、霊は生かします」（三・六）と言いましたけれど、それは当たっているでしょう。「命の息」としての聖霊がなければ、聖書の言葉は時に人を殺すものになります。「み言葉」という同じものでも、全く違ったものになるのです。

一ムナを袋に入れておいた者にとって、主人は、つまり王となって帰った者は、預けないものを取り立てる厳しい方なのです。預かる前から、主人は彼にとってはそういう存在であったかもしれませんが、預かっている期間が長ければ長いほどそうなったとも言えるでしょう。彼の中では、み言葉がドンドン石のように堅くなっていったのでしょう。そして、遂にみ言葉をくれた主人を恐ろしいものと感じ、ついに主人を精神的に殺してしまった。そうしなければ、彼が生きていくことができなかった。一ムナをそのままにしておくとは、結局そういうことだと思います。しかし、それは僕の思いとは逆に、最後には、王となって帰ってきた者に殺されることなのです。それが、話の最後に明らかになります。

「王」とは常にそうだと思うのですが、味方もいれば敵もいるものです。「王の位」とは、他面から言えば王の「支配」のことですから、その「支配」に服することを良しとする人とそうではない人がいるのは当然のことです。何もしなかった僕にとって、王になる人は厳しい方で恐ろしかったのです。そして、王は、彼が稼がなかったことではなく、彼の言葉の故に彼を裁くのです。つまり、自分の主人を理不尽に厳しい方だと思っている彼の思いの故に彼を裁くのです。

稼ぐのは誰？

そこで、「僕」に代表される「弟子たち」ですが、彼らは「み言葉」は受けているのです。礼拝毎に、主イエスに側近く呼ばれて受けている。私たちも、同様です。しかし、私たちは自分の罪深さを分かっていないこともままあります。み言葉を受けるだけ受けており、それも自分に都合のよい受け方をしている場合が多いものです。そうであるとすると、受けているということは、恵みではなく、むしろ逆の意味になることがあります。み言葉は、人を生かすのではなく、殺すことにもなるからです。そういう、生死を分けるものなのです。

主イエスは、「人の子はまず必ず、多くの苦しみを受け、今の時代の者たちから排斥されることになっている」（一七・二五）と、言われました。「人の子」は、今の時代の者たちから排斥される。殺される。その中に弟子たちも入っているのです。私たちも、です。彼らも私たちも、主人の命ではなく、「自分の命を生かそうと努める」（一七章三三節）者だからです。主人の命を生かすことによって生きるのではなく、自分の命を生かすために主人の命を排斥する。そういう者たちには、主イエスの本当の姿は見えません。しかし、主イエスは、そういう者たちを生かすために語り続けます。いつか見て欲しいからとも言えるし、そういう者を選んでしまったからだとも言えるでしょう。しかし、考えてみれば、この世にはそういう者しかいないのです。

それはともかくとして、今日の箇所を見ていきます。一七節です。ここで「良い僕」と訳された「良い」はアガソスで、「議員」の話に出てきます。彼が主イエスに「善い先生」と呼びかけると、主イエスが「善い者」は神お一人だとおっしゃるのです。それがアガソスです（「善」と訳されたり、「良」と訳されたりしますが）。

「あなたの一ムナで」とありますように、彼らにとって稼いだのは「私」ではないのです。究極的には、王になって帰って来た人です。実は、彼こそが稼ぎの担い手なのです。ムナ自身が、それが王のものであるが故に稼ぐ。そのことを心底知っている。それが「良い」ということなのです。つまり、主イエスが喜ぶことをひたすら考え、それを実行した人は「良い僕」なのです。十や五という意味で主イエスは平等なのではありませんし、どれだけ稼ぐかは商売によって違うし、それは個々人に任されたことです。そして、「王」は十ムナでも五ムナでも構わないのです。

前回の箇所も同じですけれども、ザアカイが何を言うかについては、主イエスは分かりませんし、誰が幾ら稼ぐかは王になって帰ってくる人は分かりません。すべては彼が帰って以後のことです。逆から言えば、「生ける者と死ねる者とを裁く」王であることが、誰の目にも明らかになるのは、再臨の時なのです。それまでは分からない。分からないからこそ、「我こそは王なり」と思っている人が、そこら中に出るのです。そしていろんなことをする。そして、従う人がいる。しかし、思い込みで生きることほど怖いことはありません。自分で善悪を完璧に決めることは危険です。

ユダヤ人の王

私は先ほど、主イエスは「これからエルサレムに入る」と言いました。そこで多くの人は、主イエスは王となり、そこで権力を振るって「神の国」はすぐに実現すると思っていた。それが世論なのです。その世論の中を主イエスは生きており、この譬話を語っているのです。

そこで「王の位」という言葉に注目したいと思います。「王の位」は、バシレイアという言葉で「支配」とか「国」を表します。主イエスの国を表す時は、「あなたの」をつけて「あなたの国」と訳されることもあります。ここでは神の支配が及ぶ地域を表しているのです。だから、内容的には「神の国」を意味するとして「王国を受け取る」と訳しているものも多くあります。

しかし、実際はどうだったのでしょう。主イエスは当時の支配層を、それがユダヤ人であれ異邦人であれ、結果として完膚なきまでにやっつけたし、支配層の反対である群衆は主イエスを少しも理解できなかったのです。弟子たちも同様です。その結果、主イエスは、結局、同時代のすべての人に嫌われ、排斥され、十字架につけられました。更に、異邦人であるピラト総督によって、死刑判決が下され、政治的犯罪者として、「ユダヤ人の王」（バシレウス）と記された札をかけられたのです。そこだけ読みます。

ほかにも、二人の犯罪人が、イエスと一緒に死刑にされるために、引かれて行った。……犯罪人も、一人は右に一人は左に、十字架につけた。（二三・三四抜粋）

イエスの頭の上には、「これはユダヤ人の王」と書いた札も掲げてあった。（二三・三八）

「頭の上」とは言うまでもなく、十字架の上です。この世における主イエスの「王座」は十字架の上なのです。人の子は同時代の人々に排斥され、その結果、ローマの皇帝に逆らった犯罪者として十字架につけられるのです。それが、主イエスの王座なのです。

そうであるが故に、主イエスは「自分の十字架を背負って、わたしに従って」来なさいと言うのです。しかし、私たちの多くは自分が王であり、主イエスは僕であると思っているような気がします。人生は自分のものだと思っており、結果としては、自分自身を殺しているからです。思いと結果は、逆の場合が多いのです。

神からのメシア

主イエスは、ペトロがご自身のことを、「神からのメシアです」と告白したことを受けて、すべてのキリスト者に「わたしに従ってきたい者は、自分の十字架を背負って、わたしに従え」と、言いました。

主イエスに従うとは、ただ単純に従うのではなく、「自分の十字架を背負って」のことであり、主イエスのために「命を失う」ことであると言ったのです。そのこと抜きに、私たちは与えられたムナを増やすことはできないのです。ただ付いて行くのでは、主イエスの十字架の下まで辿りつかないからです。

主イエスご自身エルサレムから天に上げられるために、自分の十字架を背負って、自分の命を神にささげられたのです。つまり、「人々」のために、私たちすべての人間のために失ってくださったのです。そのようにして、主イエスはエルサレムで「王の位」に就かれたのです。メシアである主イエスの支配とは、そういうものです。敵を愛し、その罪の赦しのために祈り、そして十字架の上で死ぬ。身代わりになって神の刑罰を受ける。すべての人間の罪を贖う。そういう意味で、主イエスは「主」であり、「メシア」なのです。そのようにして「失われたものを捜して救うために来た」（一九・一〇）のです。

王

しかし、主イエスの旅はエルサレムの十字架の死で終わりませんでした。死では終わらなかったのです。神は、死に至るまで従順であった主イエスを高く引き上げたからです。神は主イエスを復活させ、もともと主イエスがおられた天に引き上げられたのです。そこで、「主」という名を与えて、ご自身の右の座に座らせ、「王」としたのです。この時、十字架の王は、天の王になられたのです。御子が人の子として最も低きに降られたからこそ、最も高きに上げられたのです。聖書は、このことを語っているのだと、最近になって漸く腹の底から思い始めました。だからこそ、私も生きていられるのだと思うようになったのです。神の独り子が最も低きに降られたからこそ、最も高きに上げられた。この方こそ、世の「救い主」なのです。私はそのことを信じます。

二八章二六節で故郷に帰る二人の弟子たちに、「メシアはこういう苦しみを受けて、栄光に入るはずだったのではないか」と、主イエスはお語りになりました。また、エルサレムで弟子たち全員に現れ、「平和の宣言」をした後、「メシアは苦しみを受け、三日目に死者の中から復活する。また、罪の赦しを得させる悔い改めが、その名によってあらゆる国の人々に宣べ伝えられる」と、言われたのです。そして、いつの日か「高い所からの力」、つまり聖霊に覆われた後に弟子たちは力を得て、「エルサレムから始めて」福音の証人となる、と言われたのです。それはつまり、「主イエスこそ真の王、メシアである」という宣言を、聖霊を受けた弟子たちは始めたのです。

主の業に励む

その日が復活から五十日目に当たるペンテコステです。その日、聖霊が弟子たちの上に降り、彼らが世界中の言葉で説教したのです。その説教の最後にペトロは、こう言いました。

「だから、イスラエルの全家は、はっきり知らなくてはなりません。あなたがたが十字架につけて殺したイエスを、神は主とし、またメシアとなさったのです。」

人が最後ではないのです。神が最後です。そのことがはっきりしていなければなりません。聖霊を受けた者でなければ読んでもさっぱり分からない聖書では、神が最初であり、最後なのです。

その最後に関して、コリントの信徒への手紙一、一五章二八節と五八節のパウロの言葉を聞いておかねばなりません。そこにこうあります。

すべてが御子に服従するとき、御子自身も、すべてを御自分に服従させてくださった方に服従されます。神がすべてにおいてすべてとなられるためです。

わたしの愛する兄弟たち、こういうわけですから、動かされないようにしっかり立ち、主の業に常に励みなさい。主に結ばれているならば自分たちの苦労が決して無駄にならないことを、あなたがたは知っているはずです。

これはパウロが「終わり」のことを語っている一節です。主イエスの再臨のことです。最後の敵は罪であり、その結果なる永遠の死です。神と人が永遠に分かたれてしまう人の死です。しかし、主に結ばれているキリスト者である私たちにとって、死も神と私たちを分かつ壁とはなりません。だから、今日も私たちは主に結ばれて、各自に与えられた「主の業」に励むことができるのです。そのことを忘れてはならないのです。

神の国はすぐにも現れる？

終わりの日に明らかになる

私たちは今日の礼拝において同じみ言葉、ムナを聞きました。それを生かすも殺すも、これからの私たち次第ですし、それは私たちが「聖霊」を求めて生かされるか否かの違いによってもたらされます。主は、そのことは私たちに任せておられます。それぞれの人間に意志を与えた主イエスは、行動は各自に任せておられるのです。

私たちの日毎の業は小さなものだし、とるにたらないものでしょう。でも、その業を命の息である聖霊を求めて何年も続ければ、きっと大きなものになるし、なによりも主が喜んでくださる「主の業」になるのです。それは決して無駄にならないのです。そのことを知っている者は、御子と共に苦しみに耐えつつ与えられたムナを増やしているのです。それがムナを与えられている者の違いとなって現れます。その違いは、主イエスが生ける者と死ねる者を裁く終わりの日、再臨の日に完全に明らかになるでしょう。それは、「神の国」が完成する日です。その日がいつか、それは私たちには分かりませんが、主イエスは今日もその日に向かってムナを蒔きつつ地の果てまで行かれるのだし、私たちもその日を見つめて信仰と伝道に生きるのです。「聖霊」を求めつつ主の業に励むのです。その業は決して無駄になりません。ペンテコステ礼拝に覚えておきたいのは、そのことだと思います。

父なる御神

あなたにみ言葉を与えられて、これを生かすも殺すも私たちが聖霊を求めて生きるか否かにかかっております。御子主イエス・キリストは私たちの罪のために十字架にかかって死んで、甦って天におられる。王として今も苦しみを経験しながら地の果てまで歩んでおられます。私たち、恵みによってそのことをこの肉をもって、今知らされた私たちは、御子と共に苦しみながら終わりの日を見つめつつ、与えられたムナを増やしていくことができますように。聖霊をいつも求めながらその業に励むことができますように。私たちにはそれぞれに与えられた賜物があり、また、その環境があります。その中でどうぞ、あなたが喜ばれることをなしていくことができますように。主イエス・キリストの御名によって御前におささげいたします。アーメン

（二〇一六年五月十五日　ペンテコステ礼拝）

見たら、悟りなさい

ルカによる福音書二一章二九節～三八節

それから、イエスはたとえを話された。「いちじくの木や、ほかのすべての木を見なさい。葉が出始めると、それを見て、既に夏の近づいたことがおのずと分かる。それと同じように、あなたがたは、これらのことが起こるのを見たら、神の国が近づいていると悟りなさい。はっきり言っておく。すべてのことが起こるまでは、この時代は決して滅びない。天地は滅びるが、わたしの言葉は決して滅びない。」「放縦や深酒や生活の煩いで、心が鈍くならないように注意しなさい。さもないと、その日が不意に罠のようにあなたがたを襲うことになる。その日は、地の表のあらゆる所に住む人々すべてに襲いかかるからである。しかし、あなたがたは、起ころうとしているこれらすべてのことから逃れて、人の子の前に立つことができるように、いつも目を覚まして祈りなさい。」それからイエスは、日中は神殿の境内で教え、夜は出て行って「オリーブ畑」と呼ばれる山で過ごされた。民衆は皆、話を聞こうとして、神殿の境内にいるイエスのもとに朝早くから集まって来た。

九十九周年創立記念礼拝、「牧師招聘とは何か」講演

今日は九十九回目の創立記念礼拝ですし、午後には主任代務者である大住雄一先生による「牧師招聘」に関するご講演があります。来年の記念すべき創立百周年と、近づいてきた新会堂建設を新しい牧師と迎えるであろうことは今の中渋谷教会にとって本当に相応しいことだと喜んでいます。この八月には私の新しい任地が甲府の山梨教会に決まりました。主任代務者である大住先生は、原則第一日曜日と第三日曜日にテサロニケの信徒への手紙一によって「終わりの日」に関する説教をしてくれていますけれども、私もルカ福音書二一章を通して、「終わりの日」に関して、皆さんと一緒に主イエスの言葉に聞けることを喜んでいます。聖書は、手紙も福音書も、十字架と復活では終わらず、世の終わり、神の国の完成、人の子の来臨のことを記しているからです。

心と命の言葉

「私は自分の目で見たもの、手で触ったものしか信じない」という言葉をよく聞きます。それは、「私は迷信など信じない、宗教など信じない、目に見えず手で触れることができないものなど信じない」ということでしょう。「現実」しか信じないのです。私も大いに賛成する面がないわけではありません。しかし、自分が「見ている」とされるいわゆる「現実」にも多いに疑問を感じます。私たちの目が見ているものは「現実」のごく一部ですし、いわゆる「目の錯覚」もたくさんあります。真後ろのものは見えないし、少し角度を変えただけで全く違うものが見えてくることもしばしばです。手で触ることも同様です。ですから「見たこと、触ったことしか信じない」ということは、誠実そうに見えながら、実は自分を神格化しただけの場合もあります。

そもそも人間の「心」などは、見たり触ったりできる「現実」として存在するのでしょうか。存在しないでしょう。それでは、「心」は存在しないのかと言えば、そんなことはありません。目に見えなくても、手で触れなくても存在する。人間というものの中には「心」と呼ぶほかにないものがあると思います。そういう意味で、精神に障碍を持っている方のための施設で起きた大事件の首謀者が言ったように、「生きていてもしょうがない人間」など存在しないのです。人間は障碍と呼ばれるものを持っていようといまいと、目に見える効率だけで生きているのではありません。「地の面のあらゆる所に住む人々すべて」に生きている意味はあるのです。それを他人が否定したり、自分で否定することは間違っていると、私は思います。ヨハネはその手紙の冒頭に「初めからあったもの、わたしたちが聞いたもの、目で見たもの、よく見て、手で触れたものを伝えます。すなわち、命の言について」と、言っています。「命の言」と無関係な人はいません。誰もが関係している。しかし、そのことを知っている人は多くはない。「命の言」は目には見えず、耳には聞こえないからです。いわゆる「手」で触れることもできません。説教は、聖霊によって「心」に知らされた「命の言」を、一人でも多くの人と共有したいと思ってやっていることです。

神の国と受難の人の子

そういう意味で、今日も出てくる「神の国」もそうでしょう。「神の国」は、キリストによる神の支配のことですが、この世が存続している限り見えるかたちでは来ないのです。しかし、人の間に既に存在している。分かる人には分かる。主イエスは、そうおっしゃっているのです。しかし、弟子たちだけに、「あなたがたが、人の子の日を一日だけでも見たいと望む時が来る。しかし、見ることはできないだろう。（中略）しかし、人の子はまず必ず、多くの苦しみを受け、今の時代の者たちから排斥されることになっている」と、言われます。

今日の箇所と同じく、ここでも「神の国」と「人の子」が並行関係で出てきます。「人の子」と主イエスがおっしゃるときは、主イエスご自身のことです。神の国を完成するキリストです。「人の子」は旧約聖書のダニエル書に、神の栄光を表す雲に乗って世の終わりにやって来る「人の子」として出てきます。「人々」は、「人の子」は「栄光の人の子」であると信じていました。しかし、主イエスは、すべての人に分かる「栄光の人の子」を語りつつも、「多くの苦しみを受け、今の時代の者たちから排斥される」という「受難の人の子」を、弟子たちにだけは分かってもらいたくて語っているのです。

つまり、「栄光のキリスト」だけでなく、多くの人々には受け入れることができない「受難のキリスト」を語るのです。ある者は信じるでしょう。その時、神の国は「ここにある」とか「あそこにある」と言えるものでないし、目に見える存在ではありません。しかし、しっかり存在している。そういう存在を語る。説教もそういうものです。そして会衆と共に今に生きるキリストを見る。触れる。そこに礼拝が生じるのです。

昼は神殿（教会）の境内

主イエスは、北の端まで行って、それから南にある首都エルサレムへの旅を始めました。そして、人々の質問に答えた後、最後の説教を始めたのです。その説教の場所は「神殿の境内」で、聴衆は様々な人を含む「民衆」です。朝から夕方までは神殿の境内で民衆に教え（二〇・一）、夜は家だか外だか分かりませんが、「オリーブ畑」と呼ばれる山で弟子たちと共に過ごされた。それが、エルサレムに着いてからのイエス様の行動パターンでした。

たとえ

そのことを確認した上で、二九節に入ります。そこでイエス様は「たとえ」を語られました。「たとえ」は、イエス様の説教でしばしば使われるものですけれど、最後の説教とも言うべき今日の箇所にも「たとえ」が出てきます。礼拝における説教や聖餐はそれ自体が「たとえ」ですし、その言葉も「たとえ」ですけれども、「たとえ」は、目に見えることを指し示しながら目には見えない、しかし確かに存在するものを語る場合に使います。今日の場合は、それが「神の国」や「人の子」なのです。これらは、たとえでしか語られないものです。言うまでもなく、「神の国」はイエス様の説教で中心的な主題ですし、「人の子」も大事な言葉です。

見たら、分かる

マルコやマタイとは違って、ルカだけは「いちじくの木」だけではなく「ほかのすべての木」を入れます。イエス様の語っていることは、ユダヤ人だけでなく、この時代に住むあらゆる「人々」に関係すると言いたいのだと思います。その上で、「見て、分かる」とか「見たら、悟る」という言い方をしています。ここで「分かる」も「悟る」も原語では同じです（ギノースコー）。「見る」はブレポーとホラヲーと違いますけれども、両方とも、「目で見る」のほかに、「心で見る」とか「注意する」という意味もあるのです。主イエスは「惑わされないように気をつけなさい。わたしの名を名乗る者が大勢現れ、『わたしがそれだ』とか、『時が近づいた』とか言うが、ついて行ってはならない」（二一・八）と、言われます。その時の「気をつけなさい」が「見なさい（ブレポー）」と同じ言葉です。また、ぶどう園の譬え話の中で、ぶどう園の主人は、「わたしの愛する息子を送ってみよう。この子ならたぶん敬ってくれるだろう」（二〇・一三）と言います。そこでは「見る」ホラオーが「たぶん」と訳されているようですけれども、「僕ら」と私が「愛する息子」とでは、農夫たちも違う扱いをするはずだという主人の思いがあったことは言うまでもありません。そういう経験に基づいた思いが「見る」とか「分かる」の中には在る。その事だけは、覚えておこうと思います。

弟子たちが見たこと、聞いたこと

そこで、今日は初めに一〇章を見ておこうと思いますけれど、そこは、七十二人の弟子たちを各地の町や村にイエス様が派遣したところです。そこで弟子たちは、各地で病人を癒しながら「神の国は近づいた」と福音を告知するのです。「神の国」の方に私たちが近づくのではなく、「神の国」の方が私たちに近づいて来るのです。病人の癒しはその徴です。神の支配は、神に見捨てられたと言われている人に近づいて来るのです。弟子たちは、その現実を見て、主イエスのもとに帰って来ます。そして、「主よ、お名前を使うと、悪霊さえもわたしたちに屈服します」と言います。その後、主イエスは「あなたがたの見ているものを見る目は幸いだ。言っておくが、多くの預言者や王たちは、あなたがたが見ているものを見たかったが、見ることができず、あなたがたが聞いているものを聞きたかったが、聞けなかったのである」と、弟子たちに言ったのです。

ここにホラオーとブレポーが出てきます。「預言者や王たち」は、弟子たちが見たものを見たかったし、聞いたものを聞きたかったのです。しかし、彼らは見聞きできなかったのです。

狐と鷲　目と耳

少し個人的なことを言いますが、私の部屋にはアフリカにいる長い耳の狐と鋭い眼を持つ鷲の大きな写真が二枚あります。狐は一メートルも地下にいる虫の音を聞いて掘り当てて食べるのだそうですし、鷲は一キロだか二キロだか遠くにいる餌になる小動物を見つけて地面すれすれのところを飛んでいくのだそうです。私は信仰にとって最も大事なのは「目」と「耳」だと思っているので、写真を見せていただいた時にお言葉に甘えていただいたのです。鼓膜を震わせず、肉眼には見えずとも、「ここに神の国は来ている、神の支配は現実のものになっている」という「神の言」を聞き取る目や耳が信仰には必要なのです。信仰においては、聖書の言葉は言うまでもなく、通常の出来事を見たり聞いたりする時の目や耳が大事なのです。通常の出来事の中に「神の国」の現実や、それとは逆行する現実を見聞きすることが大事なのです。

「見る」ことと「聞く」こと

それと関連してもう一つ個人的なことを言いますけれど、私は、病気になる前までは、教会員の皆様の一人ひとりの誕生カードを書いていました。申し訳ないことですが、今年度は健康に自信がないものですから、続くか分からないことはなるべくやらないようにしております。しかし、退院後、「最後」と言っては何ですが、前から気になっていた讃美歌の歌詞（第二編八三番）を一節ずつ書いていただき、パソコンでカードを三枚作っていただきました。思いがけずたくさん作ってくださったのですけれど、「牧師からこんなものを貰ったら、その方は気詰まりになるかな」とも思い、今はまだあまり使っていません。それは、それぞれこう書いてあるのです。

「呼ばれています、いつも
聞こえていますか、いつも」
「問われています、いつも
こたえていますか、いつも」
「召されています、いつも
気づいていますか、いつも」

自分が呼ばれていること、問われていること、そして召されていることは、特別な場で特別な言葉が使われるわけではありません。誰の言葉かも分かりません。しかし、ある人にとっては、確かに神の語りかけの言葉である場合もあります。

見ること、聞くことは怖いこと

説教をしている牧師にとっても、聖書を読み始める時、それはただの言葉にしか見えません。そこから今日私たちに語りかける神の「み言葉」を聞き取り、神の支配がここに来ているのだと分かるためには、かなりの時間がかかります。しかし、決定的なのは「時間」ではなく、「聖霊」の働きです。それは、「神の業」なのです。その点は皆さんも同様です。自分の力で信仰に入った人はなく、信仰は誰にとっても今に働く「神の言」を聞くことに始まるからです。

多くの預言者や王たちが望んだにもかかわらず、見ることや聞くことができなかった言葉を、聖霊によってある者たちは今見ることができるのだし、聞くことができるのです。そして、そこに「神の国」到来の徴を見ることができる。それは「呼ばれて」いることだし、「問われ」「召されて」いることですから、怖いことです。その招きに応えてしまえば、それまでの自分ではいられないことだからです。

だから「見る」ことや「聞く」ことは怖いことなのです。「怖いもの見たさ」という言葉もありますけど、「神の言」の内側、自分自身の内側を見ることは怖いことです。普段は全く見ることがありませんし、自分の力で見るわけではないからです。そしてそれは、そのまま他者に受け入れられるわけではないからだし、自分でも到底受け入れられないことだからです。

キリスト者の目と耳

今日の箇所では木の枝に「葉が出始めると、それを見て」夏が来たと分かるのと同じように、「これらのことが起こるのを見たら、神の国が近づいていると悟りなさい」と、あります。「これらのこと」や、三二節の「すべてのことが」とは、イエス様の説教でこれまで語ってきたことです。つまり、「戦争」や「暴動」の勃発、キリストを名乗る者の登場、迫害の到来、エルサレムに象徴されるものの崩壊や惑星の崩壊などです。人間が「永遠」と思っていたものがすべて崩壊する。人間の目に見えるものは、それがどんなに「永遠」に見えるものであっても「いつかは必ず崩壊する」と、主イエスは言われる。その時、人々は逃げまどったり、怯えたりする。それが「これらのこと」や「すべてのこと」の内容です。

しかし、キリスト者はそこに「神の国が近づいている」ことを「悟る」のです。つまり、同じものを見ても、一切のものの破滅ではなく、神の国の完成を見ているのです。どうしてでしょうか。

主イエスの言葉は滅びない

今日の箇所では、「人の子」と「神の国」は並行関係です。「人の子」が再臨する「世の終わり」の時にこそ、既に到来しつつあり、未だ完成していなかった「神の国」は完成するのです。その完成に、私たちキリスト者は与る。だから、私たちは「身を起こして顔を上げ」ることができるのです。

主イエスの言葉は、天地が滅びても滅びないからです。この「滅びる」という言葉は、「過ぎ去る」という意味です。人間は常に永遠のものを作りたがりますけれども、そんなものはないのです。真の人であり真の神であるイエス様と、イエス様をこの世に送り給うた父なる神様、そしてその交わりに私たち罪人を招き入れ、私たちにそのことを知らせてくださった聖霊、そういう三位一体の神様だけが永遠なのです。その神様は、見て触れることができる「命の言」によって、私たちにご自身を示し、今も永久に生きてい給うのです。

私たちは、この方の「命の言」でもある御子イエス・キリストに属している時に永遠に過ぎ去ることがないのです。滅びないのです。私たちは、そのイエス・キリストの言葉を信じる信仰によって、肉体を超えて「永遠の命」に生きるのです。そこに、聖霊の働きがあることは言うまでもありません。

これは、主イエスが「はっきり言っておく」とおっしゃったことです。「確かに（アレーセオス）言っておく」と並んで、「はっきり（アーメン）言っておく」は、私が大好きな言葉です。イエス様は、最後の説教でこの言葉を使いました。聞き手、特に「弟子たち」には信じて貰いたかったのです。私たちに対しても同様だと思います。

心が鈍くならないように

そこで、主イエスは「放縦や深酒や生活の煩いで、心が鈍くならないように注意しなさい」と、言われます。「さもないと、その日が不意に罠のようにあなたがたを襲うことになる」のです。「その日は、地の面のあらゆる所に住む人々すべてに襲いかかるから」です。「しかし、あなたがたは、起ころうとしているこれらすべてのことから逃れて、人の子の前に立つことができるように、いつも目を覚まして祈りなさい」と、言われる。説教を聴いている者に言われるのです。

言うまでもないことですけれど、「世の終わり」は全地に「住む人々すべてに襲いかかる」のです。それも、「不意に罠のように」襲いかかってくる。つまり、人間は自分の力で「世の終わり」をもたらすわけではなく、そのことに対して人間は完全に無力なのです。私たち人間が「神の国」の完成をもたらすわけではありません。それは神の業であって如何なる意味でも私たちの業ではありません。しかし、私たちキリスト者がしなければならないことがあります。それは「心」を鈍らせないことです。

目を覚まして祈る

皆様の中にもご覧になった方もおられると思うのですが、テレビコマーシャルでお笑いコンビの一方が借金で頭が一杯になり、公園のベンチで頭を抱えているのです。その時、脳内を表す半円グラフが出て、そのグラフの中で「仕事」や「趣味」と並んで「借金」が出てくるのですが、「借金」の割合がグーンと大きくなるのです。その時、コンビのもう片方が出てきて、「そういう時はナントカ法律事務所に行って相談するように」と勧めるのです。そこで、相談すると脳内の半円グラフの借金の比率が小さくなる。そういうコマーシャルです。借金の額が変わらずとも、返済計画の有無で割合が変わると言いたいのでしょう。

「放縦や深酒や生活の煩い」というものは、得てしてこういうことを引き起こします。心の中が鬱積して、正確な考えをすることができないのです。何かと追われている私たちの日常生活は、借金をしなくても大切なものをないがしろにしがちです。

主イエスは、そういう日常生活をしている私たちに、きちんと見るべきものを見、聞くべきものを聞くことを求めるのです。そうすれば、戦争や暴動が起きようが、迫害がやって来ようが、「永遠の都」と呼ばれるものが滅びようが、天体が焼け落ちようが、慌てふためくことはないのです。それは私たちが、「栄光の人の子」だけでなく、「受難の人の子」、十字架の死の後に復活の命に甦り、天に挙げられて、いつの日か再臨して神の国を完成される「人の子」を知っているからです。私たちキリスト者も、「人々すべてに襲いかかる」ことは経験するのです。そのことに変わりありません。しかし、「心が鈍く」ならないように、「いつも目を覚まして祈って」いる私たちキリスト者は、世の終わりの時に神の国を完成する「人の子の前に立つ」のです。その完成に与るのです。

心が燃えていたではないか

しかし、そうなるためには「聖霊」が必要です。今日は「心」に関してだけ語ります。

「心」という言葉は、この福音書の最後の章である二四章に出てきます。女たちは、最後の奉仕のつもりで、主イエスが葬られた墓に行きました。そこで「人の子は必ず、罪人の手に渡され、十字架につけられ、三日目に復活することになっている」という主イエスの言葉を、天使たちは女たちに伝えたのです。そして彼女らは弟子たちに伝えた。しかし、弟子たちはその言葉を信じることができませんでした。

そして、二人の弟子はエマオという故郷に帰って行きました。彼らは、受難のキリストを信じられなかったのです。復活した主イエスはそういう弟子たちを追いかけ、話を聞きました。そして、ついに彼らに「ああ、物分かりが悪く、心が鈍く預言者たちの言ったことすべてを信じられない者たち、メシアはこういう苦しみを受けて、栄光に入るはずだったのではないか」と、言われたのです。ここに「心」が出てきます。しかし、もう一回出てくるのです。

「メシアは、苦難を受けた後に栄光を受けると、私は言ったではないか」と、主イエスは言うのです。しかし、弟子たちは、それが主イエスだとは分かりませんでした。主イエスは、その後、モーセから始めて聖書全体について歩きながら語りました。しかし、彼らの目は遮られていて、目の前にいるのが主イエスだとは分からなかったのです。

その後、夕方になったので勧められるままに彼らの家に入り、食事の時になったのです。


一緒に食事の席に着いたとき、イエスはパンを取り、賛美の祈りを唱え、パンを裂いてお渡しになった。すると、二人の目が開け、イエスだと分かったが、その姿は見えなくなった。二人は、「道で話しておられるとき、また聖書を説明してくださったとき、わたしたちの心は燃えていたではないか」と語り合った。

（二四・三〇～三二）


道で、主イエスから聖書全体の話を聞いていた時、それが復活の主イエスだとは分からなかったのです。しかし、その時、彼らの「心」は聖霊によって燃えていたのです。その現実が、その後の彼らの行動、つまり使徒として、どんなに迫害されても全世界に福音を宣べ伝えることにおいて決定的なのです。彼らは、受難の主イエスこそ、人間では決して打ち破ることができない死の壁を打ち破った栄光のキリストであることが分かったのです。

復活のイエス、再臨の人の子は肉眼で見るものではないし、その言葉も主イエス時代のユダヤ人の言葉や今の英語や日本語であるわけではないでしょう。そういう意味で私たちも分かるわけではないのです。しかし、聖書の言葉、説教の言葉に、あるいは讃美歌の言葉に私たちの心が熱くなったことがあるのではないでしょうか。その時がなければ、私たちはキリスト者になっていなかったと思うのです。

私たちは、「世の終わり」が来れば、おそらく肉体的には死して後ですけれども、「身を起こして頭を上げ」「いつも目を覚まして祈る」者として、「心」を燃やされた者として、「神の国」の完成に与り、「人の子の前に立つ」のです。いや、信仰において今既に立っているのです。肉体の目には見えず、耳には聞こえず、その「心」でしか分かりえない主イエスが、今も生きておられることを私たちは知っているのですから。だから、肉体が生きている今も、その死の姿をもっても、私たちの主、受難と栄光のキリスト、再臨の人の子によって世の終わりに完成する「神の国」の完成を証しする者でありたいのです。

主イエスは、ご自身の受難に入る前の最後の説教で、本当の言葉として私たちにこう語りかけられたのです。だから、「アーメン、その通りです。主よ、信じます」と、告白する者でありたいのです。

九十九周年礼拝と講演

信仰の証しは誰も一人でやれる訳はなく、教会全体でやるのです。私たちは自分に与えられた賜物で自分ができることをやるしかないし、それでよいのです。ただ私たちは聖書を読んでいる人間として、良い目と耳を持つ者でありたいと思います。しっかり見るべきものを見、聞くべきことを聞き、そこで見たものや聞いたものを語りたいと思います。
　これから主任代務者である大住雄一先生による「牧師招聘とは何か」のご講演をお聞きする前、教会創立九十九周年礼拝において、教会に与えられている恵みと使命に関する、主イエスの言葉をご一緒に聞けたことを神様に感謝したいと思います。

聖なる父なる御神様
　私たちの目と耳を、そしてその心を鈍くならしめないで、さやかにあなたの御臨在を御子イエス・キリストを通して見ることができますように。そしてあなたは御子イエス・キリストを通して必ずこの世を完成するということを、神の国を完成するということを、証しすることができますように。私たちキリスト者一人ひとりは弱く乏しい者ですけれども、しかしこの教会に連なり、肩を組み合って証しをしてゆくことができますように。主イエス・キリストの御名によって御前におささげいたします。アーメン

（二〇一六年九月二十五日　創立九十九周年記念礼拝）

神の国が来るまで

ルカによる福音書二二章一四節～二三節

時刻になったので、イエスは食事の席に着かれたが、使徒たちも一緒だった。イエスは言われた。「苦しみを受ける前に、あなたがたと共にこの過越の食事をしたいと、わたしは切に願っていた。言っておくが、神の国で過越が成し遂げられるまで、わたしは決してこの過越の食事をとることはない。」そして、イエスは杯を取り上げ、感謝の祈りを唱えてから言われた。「これを取り、互いに回して飲みなさい。言っておくが、神の国が来るまで、わたしは今後ぶどうの実から作ったものを飲むことは決してあるまい。」それから、イエスはパンを取り、感謝の祈りを唱えて、それを裂き、使徒たちに与えて言われた。「これは、あなたがたのために与えられるわたしの体である。わたしの記念としてこのように行いなさい。」食事を終えてから、杯も同じようにして言われた。「この杯は、あなたがたのために流される、わたしの血による新しい契約である。しかし、見よ、わたしを裏切る者が、わたしと一緒に手を食卓に置いている。人の子は、定められたとおり去って行く。だが、人の子を裏切るその者は不幸だ。」そこで使徒たちは、自分たちのうち、いったいだれが、そんなことをしようとしているのかと互いに議論をし始めた。

家族というのは難しい

最近の報道による傷害や殺人事件などを見て思うことの一つは、「いわゆる容疑者たちの家族関係はどうなっているのだ」ということです。昔、家族関係が滅茶苦茶で、ある施設に入っている少年と話したことがあります。彼が求めていることは、一つの食卓を囲んで、テレビから流れてくるおかしな一言に、家族の誰かがクスッと笑うと他の誰かも笑う。そういうことでした。ある家にとっては当たり前のことでしょうけれど、それが当たり前ではない家は幾らでもあります。人を傷つけたり、殺したりという恐ろしいことをする人の多くは、それまでに既に家族の中で傷ついていたり、精神的に殺されたりしたことがある場合が多いのです。最近は乳幼児や幼児、児童の虐待もどんどん増えており、そのことが原因である場合もあります。

先日は、覚醒剤の依存症になってある施設にいる人たちのことをテレビで観ました。その人が立ち直るきっかけはアパートの壁の向こう側から、いかにも幸せそうな家族の団欒が聞こえたことにあるそうです。その幸せそうな家族に引き替え、自分の部屋には薬のための注射器とかライターなどがゴロゴロとし、汚れ放題汚れている。壁一枚隔てて全く違う世界がある。精神科病院と刑務所を行ったり来たりしている自分は、いったいどっちの世界で生きたいのだと思ったというのです。しかし、彼がそうなってしまう前に、家族の者が滅茶苦茶にされているのです。彼は血の繋がった姉から、「お願いだから死んでちょうだい。もう電話をしてこないで」と言われた、と言っていました。どっちが先か、どっちが悪いのかは、分かりません。

どちらにせよ、家族というのは実に難しいものです。人を生かしもし、殺しもするからです。人から愛されているという実感や、人を愛することを習うのは、基本的には家庭だろうと思います。「基本的な人格は、家族の中で養われる」。たしかにそうでしょう。しかし、早死にする人もいれば、子を愛せない親もいるし、他人から見ればしっかりしている家族だっていろいろあるのです。問題が人を成長させることだってあるのですから、問題がなければ良いというものではありません。また、家族以外の関係の中で育った人もいます。とにかく、家族というものは考えれば考えるほど難しいものである。それは確かなことです。

弟子たち　使徒たち

今日は、「過越の食事」（パスカ）の場面です。これは家族、親族の食事です。残してはいけないのです。全部食べ切らなくてはいけない。小羊も種入れぬパンも苦菜も、全部食べなくてはならない。そういう食事を、主イエスは弟子たちと一緒にした。それは、主イエスは弟子たちを家族とした。つまり、父なる神を中心とした家族としたということです。その家族がどういうものであるかは、その時、「弟子」たちは分かっておりません。それが分かるのは、彼らが後に「使徒」になってからです。しかし、今はその問題はさておいて先に進みましょう。

主イエスの主導性

今日の箇所は、「時刻になったので」という言葉で始まります。これは、二二章一節の「さて、過越祭と言われている除酵祭が近づいていた」と、七節の「過越の小羊を屠るべき除酵祭の日が来た」に繋がります。そこで私が語ったことの一つは、主イエスの主導性です。祭司長たちもユダも、民衆も、ペトロもヨハネも、誰もこの時、自分がやっていることが何であるかが分かってはいないのです。分かっているのは、主イエスだけである。そう語ったのです。
そのことは、「時刻になったので」という言葉に始まる今日の箇所にも繋がります。主イエスだけなのです。今ここで何が起こっているのか、これから何が起ころうとしているのか分かっているのは、主イエスだけなのです。そのことを頭に入れておいてください。

主イエスにとっての過越の食事

ルカ福音書には、よく似ていると言われるマルコ福音書やマタイ福音書とは違い、「杯」の場面が一七節と二〇節で繰り返されており、使徒たちの議論もあり、細かく見るとその他にもいろいろと違いがあります。ある学者は、過越の食事には三度の杯の時があるから、ルカの方が史的には正しいと言いますし、その他の点でもいろいろな説明があります。
私は、彼らが守り続けてきた「過越の食事」が、主イエスの十字架の死により、弟子たちとの「最後の晩餐」となり、それが現在の教会の「聖餐式」に繋がる。主イエスはそのことを表し、ルカはそのように受け取ったのだと思っています。それは次第に明らかになってきます。今日は、その点に絞って読んでいきたいと思います。

使徒たちも一緒だった

今日のところで、主イエスの「弟子たち」がいきなり「使徒たち」となっていることにお気づきになったと思います。「使徒」とは「遣わされた者」という意味で、ルカ福音書の続きと言われる使徒言行録では「弟子」が「使徒」となっています。新しく誕生した主の民であるキリスト教会の中で、かつて主イエスの「十二弟子」と呼ばれていた者が主イエスの「十二使徒」と呼ばれるようになったのです。教会は肉眼には見えないキリストの体だからです。

ここにおける「使徒たちも一緒だった」の「一緒」（スン）は、この先に出てくる女中の言う「一緒」と同じです。主イエスが群衆に捕らえられ、大祭司の屋敷に連れて行かれた時、ペトロはひそかに付いていき、人々に交じって中庭で焚火に当たりながら周囲の様子を見ていました。その時、ある女中がペトロをじっと見て「この人も一緒にいました」と言ったのです。つまり、「イエス様とペトロはいつも一緒にいる仲間だ」ということです。この「一緒」とは、そういう意味です。

切に願っていた

「使徒たち」というのは、言ってみれば教会の代表者たちであり、彼らの信仰が教会の信仰なのです。そういう意味で、教会は何処の教派であっても「使徒的教会」と呼ばれ、当然、中渋谷教会も「使徒的教会」です。だから使徒と共なる食事は教会の食事であり、その食事をとることを、主イエスは「切に願って」いたのです。この「切に願う」も、原文では「願い」と「願う」が重なっており、主イエスの必死さが伝わってくる言葉です。

「過越の食事」は、ヘブライ人が奴隷であったエジプトを脱出して、神の民イスラエルが誕生したことを記念する「救いの食事」であることは、前回語りました。その食事を主イエスは弟子たちとの「最後の晩餐」として守りながら、主イエスの十字架の死による新しい契約の食事、聖餐の食事の出発にしようとしているのです。

苦しみを受ける前に

「苦しみを受ける前に」、主イエスは「使徒たち」とこの食事を共にしたいと切に願われました。この「苦しみ」はパスカに似てパスコウという言葉ですけれども、主イエスの言葉の中では、いずれも十字架の死を暗示する場面で出てきます。最初の受難予言（九章）や復活のイエス様の言葉（二四章）も、主イエスは苦しみを受けつつ、十字架で殺され、三日目に復活することを指していることは言うまでもありません。すべては「使徒たち」、つまり「私たち」の救いのためなのです。

神の国が来るまで

福音書に書かれていることは、すべて一回的な出来事です。今から数えれば、約二千年前に起こった出来事です。その時以来、主イエスは過越の食事だけでなく、肉体の命をもって食事をとることはないのです。「神の国で過越が成し遂げられるまで、わたしは決してこの過越の食事をとることはない」とか、「神の国が来るまで、わたしは今後ぶどうの実から作ったものを飲むことは決してあるまい」とは、一義的にはそういう意味です。しかし、そのことを知っているのは、この時、主イエスのみなのです。

主イエスは、繰り返し「感謝の祈りを唱え」ます。それはユダヤ人の習慣なのですけれど、主イエスだけはやはり特別な意味を込めて祈っておられると思います。

ここで主イエスは、杯を「取り上げ」とあります。これは「取り上げ」と言うより「受け取る」（ディクソマイ）を表す言葉です。主イエスは、ご自分の定めをここで受け取っておられるのです。主イエスだけは、この食事が人々の救いが決定する「最後の晩餐」になることをご存じであり、それが後の教会の「聖餐式」に繋がることをご存じだったのです。

「弟子たち」いや「使徒たち」は、最初は何も知りませんでした。彼らがこの食事を特別な食事として守るようになったのは、この時に主イエスから頂いた一つの「杯」が、自分たちの罪のために十字架で流される主イエスの血であることが分かったからです。それは罪に対して死の罰を下す神の使いがイスラエルの家を過ぎ越すために必要な犠牲の小羊の血であります。この食事を守ることを通して、彼らはそのことが次第に分かってきたのです。つまり、わたしたちの体は朽ちるもので蒔かれて朽ちないもので甦る。主イエスの十字架の死と復活の命を自分の救いのために受け入れるとはそういうことです。それが実際に起こるのは世の終わり、主イエスの再臨によって「神の国で過越が成し遂げられ」「神の国が来る」時のことです。しかし、それまでも私たちがずっと主のものであることは言うまでもありません。私たちキリスト者は、誰でもその望みを抱いて生きているのです。そして、教会の聖餐式はこの終末に完成する「神の国」を証し、その国、つまり神の支配が肉眼には見えない形で、しかし確かにこの地上に来ていることを証し、この国に人々を招くものなのです。主イエスと弟子たちとの「最後の晩餐」は次第に使徒たちとの「聖餐式」になり、このようにしてすべての人々を神の国に招くものとなっていくのです。

与える

そこで重要なのは一九節と二〇節の両方に「あなたがたのために」とあることです。パンに象徴される主イエスの体は「あなたがたのために与えられ」た主イエスの「体」なのだし、杯は「あなたがたのために流される」主イエスの「血による新しい契約」の象徴なのです。この両方とも主イエスの命を表しますけれど、主イエスは使徒たちにその命を「与えた」のです。使徒たちは、この時はその意味が分かりません。しかし、主イエスは使徒たちのために、そして私たちのためにその体と血を与えてくださったのです。

それは、主イエスが、私たちのために死んでくださり、私たちのなかに生きてくださっていることを表しているのです。私たち人間は、自分のしていることがどういうことなのか分からない。そして私たちの命の源である神様からどんどん離れていってしまう。そういうことしかできない罪なる私たちのために、主イエスは十字架上で死んでくださった。そして、三日目に復活させられて「あなたがたに平和があるように」（二四・三六）と言って、私たちに出会ってくださった。そのことを通して、私たちは永遠に生きる者とされた。二度繰り返されている「与える」という言葉は、そのことを表していると思います。

わたしの記念として

しかし、毎週の礼拝における司式者の祈りにあるごとく、私たちは忘れやすい者です。だから、そういう私たちに聖餐式を伴う礼拝が与えられているのです。その度に主イエス・キリストの十字架の死と復活の命、そして昇天と天からの統治、そして再臨による神の国の完成を、み言葉と聖餐のパンと葡萄酒を通して、私たちは思い起こすのです。「わたしの記念として、このように行いなさい」とあるとおりです。

教会は、世の終わりまでこの礼拝をささげます。この礼拝の中で、私たちは生きているのです。なんと幸いなことかと思います。

旧い契約

「わたしの血による新しい契約」と、二〇節にはあります。「新しい契約」という限り「旧い契約」もあるはずです。それは、出エジプト記の過越の食事が書かれている一二章の続きにあります。この食事の後、イスラエルはエジプトを脱出し、十戒と契約の書を与えられたと出エジプト記に記されています。その後、二四章になりますけれど、聖書新共同訳の小見出しでは「契約の締結」となっているところで、モーセは民の前で十戒と契約の書を読みました。そこで民は「わたしたちは、主が語られた言葉をすべて行います」と言うのです。その上で、モーセはイスラエル十二部族を表す十二個の祭壇を建てて、その祭壇に犠牲の雄牛の「血」をささげ、契約の書をもう一度民に読み聞かせます。すると、民が「わたしたちは、主が語られた言葉をすべて行います」と繰り返します。そこでモーセは、「血」を取り、民に振りかけて「見よ、これは主がこれらの言葉に基づいてあなたたちと結ばれた契約の血である」と言ったのです。

その契約締結の式を見届けてから、モーセは兄のアロンやイスラエルの長老七十人たちとシナイ山に登り、そこで「神を見て」の食事をします。これは、神の前で新しい民が誕生したことを記念する食事です。もちろん「過越の食事」を経ての出エジプトが前提のことですが、ここで十戒と契約の書を与えた上での「血」による契約締結が終わり、彼らはその徴である「神を見て、食べ、また飲」む食事をしたのです。このように、言葉と血をもって、神の民イスラエルは誕生したのです。

ルカ福音書二二章の「血による新しい契約」の前に、主イエスの長い説教があり、その言葉の後に、使徒たちを伴う神と主イエスとの契約締結があるということは重要なことです。

主イエスの苦しみ

主イエスは、ご自身の「苦しみ」（パスコウ）を、基本的に「使徒たち」あるいは「弟子たち」だけが聞いている受難予言の中で語ります。「人の子は必ず多くの苦しみを受け、長老、祭司長、律法学者たちから排斥されて殺され、三日目に復活することになっている」（九・二二）というようにです。そこで「苦しみ」とは、主イエスの十字架刑の死を意味するものなのです。そこで裂かれる体や流される血はすべて犠牲の体と血なのであって、主イエスは単に死んだのではなく、十字架に磔にされて死んだのです。

その時、主イエスが祈った祈りは「父よ、彼らをお赦しください。自分が何をしているのか知らないのです」（二三・三四）というものでした。私たちは自分が知らぬ間に、命の源なる神から離れてしまう罪を犯してしまう。その罪を赦して欲しい。主イエスは、ユダヤ人だけでなくすべての人間が陥る罪の赦しのために、十字架の上で死んでくださった、犠牲となってくださった、その体を裂き、血を流してくださったのです。そのようにして、私たちを新しい民としてのイスラエル、み言葉と聖餐の食卓を中心とした民とする契約を神と結んでくださったのです。だから、私たちキリスト者がこの食卓を囲む時に、いつも主イエスの血によって結ばれた契約、決して破られることのない契約の中に入れられるのです。

しかし、見よ

「しかし、見よ、わたしを裏切る者が、わたしと一緒に手を食卓に置いている」と、主イエスは言われます。この「しかし」と二一節の「だが」（プレーン）は、これまでのもの（デ）よりも強い意味です。さらにここでは「見よ」（イドゥ）が付いて、私たちが注目すべきことが何であるかが言われているのです。それは何かと言うと、新しい民が誕生する食卓、新しい契約の食卓に主イエスを「裏切る者」がいるということです。使徒たちは誰も分かりません。でも、主イエスだけは分かっている。それもこの食事の最初からです。にもかかわらず、主イエスはこの食事を続けてきたし、それを止めはしないのです。

つまり、主イエスの犠牲によって新しく誕生する民とは、これから「接吻」で主イエスを裏切るユダや、小麦のようにふるいにかけられるペトロをはじめとした「使徒たち」なのです。主イエスの体は彼らのために裂かれ、その血も彼らのために流されるのです。それは自分の罪を知って悔い改めた者のためではなく、「自分が何をしているのか知らない」者のためです。そのようにして死ぬことが、主イエスに対して神が「定められたとおり」のことであり、主イエスだけはそのとおり歩んでいくのです。主イエスが主導する救いの道は、ご自身にとっては滅びの道だったのです。そして、主イエスはその最初からすべてをご存じでした。

ユダは、「接吻」で主イエスのことを裏切る道を自ら選び取ったのです。だから彼は「不幸」（ウーアイ）なのです。私たちは、何でもかんでも神様のせいにはできません。主イエスだって、いくらでも神様が定めた道に背くことはできたし、悪魔の誘惑も受けてきたのです。主イエスに与えられた道は、これまでもずっと苦しみに満ちたものでした。これからもそうです。主イエスは、「苦しみもだえ、いよいよ切に祈られ」（二二・四四）つつ、その道を歩んで行かれたのです。何とか道から逸れるようにと画策する悪魔と、主イエスは戦いつつ、神が定めた道を歩み通されたのです。

しかし、ユダもペトロも結局自分の思いを優先しました。ユダは、マタイ福音書によれば、主イエスに対する有罪判決を知って後悔しましたけれど、時既に遅く、彼は首を吊って自殺してしまいました（マタイ二七・三〜一〇）。そして、ペトロは主イエスのことを「わたしはあの人を知らない」（二二・五七）と三度も言ってしまったのです。

私たちは主イエスの家族

主イエスはそういう者たちのために苦しまれたのだし、その苦しみの前に新しい契約のための食事を彼らと一緒にしたいと切に願われたのです。主イエスと一緒に食事をするのは、主イエスを裏切り、結果として死刑の手助けをすることになるユダと、ご自身を否認することになるペトロを含む使徒たちです。彼らを、主イエスはご自身の家族とされたのです。私たちも、その家族の一員です。私たちの中にも裏切る者、否認する者、いろいろいるでしょう。私たちは何も立派な人間ではありません。でも、主イエスはそういう私たちのために苦しんでくださった、体を裂いてくださった、血を流してくださった。そのことによって、私たちを新しい主の民イスラエルとする新しい契約を結んでくださったのです。その事実に変わりはありません。み言葉と聖餐は、今もそのことを伝えているのです。私たちは新しい主の民イスラエルなのです。今日はそのことを覚えたいと思います。

そして、私たちはこれから始まるバザーに備えましょう。今は昔と時代は変わりました。奉仕の中心であった家庭婦人は減り、お中元やお歳暮の献品が華やかな時代は終わりを告げました。しかし、昔も今も私たちが神の家族の一員である事実は変わりません。私たちは目に見える形では物を売っています。でも本質的には物を売っているわけではなく、この教会の一員であること、主イエスの家族の一員であることの喜びを分かち合うのです。喜びは、分かち合う時こそ倍加するからです。この喜びを分かち合うためにこそ、バザーはあるのです。

主イエス・キリストの父なる御神

感謝をいたします。新しい主の日を与えられて、なくてはならないみ言葉を与えられました。私たちは主イエスを裏切り、否認してしまう者ですけれども、あなたはこの私たちを顧み、選び、洗礼を授け、食卓を与えてくださり、み言葉を与えてくださいました。その恵みを心から感謝をいたします。どうぞ少しでも、主イエスに、そしてあなたに喜ばれる者となりますように。今日はこれからバザーをささげます。その収益は神学校や、この教会の福音伝道のために使われます。また聾話学校のためにもささげられます。どうぞあなたが祝福してくださいますように。あなたの家族であることを喜びと感謝と賛美をもって、その時を過ごすことができますように。このお祈りを主イエス・キリストの御名を通して御前におささげいたします。アーメン

（二〇一六年十月三十日）

わたしたちのために祈る主イエス

ルカによる福音書二二章二四節〜三四節

　また、使徒たちの間に、自分たちのうちでだれがいちばん偉いだろうか、という議論も起こった。そこで、イエスは言われた。「異邦人の間では、王が民を支配し、民の上に権力を振るう者が守護者と呼ばれている。しかし、あなたがたはそれではいけない。あなたがたの中でいちばん偉い人は、いちばん若い者のようになり、上に立つ人は、仕える者のようになりなさい。食事の席に着く人と給仕する者とは、どちらが偉いか。食事の席に着く人ではないか。しかし、わたしはあなたがたの中で、いわば給仕する者である。あなたがたは、わたしが種々の試練に遭ったとき、絶えずわたしと一緒に踏みとどまってくれた。だから、わたしの父がわたしに支配権をゆだねてくださったように、わたしもあなたがたにそれをゆだねる。あなたがたは、わたしの国でわたしの食事の席に着いて飲み食いを共にし、王座に座ってイスラエルの十二部族を治めることになる。」

「シモン、シモン、サタンはあなたがたを、小麦のようにふるいにかけることを神に願って聞き入れられた。しかし、わたしはあなたのために、信仰が無くならないように祈った。だから、あなたは立ち直ったら、兄弟たちを力づけてやりなさい。」するとシモンは、「主よ、御一緒になら、牢に入っても死んでもよいと覚悟しております」と言った。イエスは言われた。「ペトロ、言っておくが、あなたは今日、鶏が鳴くまでに、三度わたしを知らないと言うだろう。」

人間の二面性

今週はいつにも増して人間の二面性を見させられた週だと思います。お隣の国もいろいろ大変のようだし、我が国の現状も嘆かわしいものですが、優に一年間もやっていたある国の大統領選は、「史上最低のけなし合い」だとか「政策なき論争」とか「憎しみによって分断される国民」とか言われてきました。「女性」であること以外はこれまでとあまり変わらぬ候補が選ばれると思っていたのが、当初は「泡沫候補」と言われていた暴言王にして、政治経験が全くない候補が、おそらくその故でしょうけれど、次期大統領に選ばれました。すると今のところその候補の威勢の良い前言は鳴りを潜め、「彼が大統領であることは災いだ」「史上最低の大統領だ」と言っていた現大統領と会い、「大統領と会えて光栄だ。偉大な功績についていろいろ聞いた。また会いたい」とリップサービスを言う。そういうことは、かたちは違っても対立候補や現大統領も本質は同じかもしれません。今後その国や、我が国を含めた世界がどうなっていくのかは、私には分かりません。

次期大統領になる方は、先日、女性に対して、今で言うところの、パワハラとかセクハラまがいのことを言ったと公にされました。でも、「私ほど女性に対して尊敬の念をもってる者はいない。それは皆が知っていることだ」と、多くの人が見ているテレビ討論では言うのです。つまり、「私は女性ばかりではなく、この国の労働者、ひいては私が国民と考えるすべての人の『守護者』となる」と言っているのだと、私は思います。

二五節にある「守護者」と訳された言葉は、主イエスの時代の権力者の自称だったようです。「恩人」という意味もありますが、とにかく「良い」ことをする人です。しかし、ある人にとって「良いこと」は、他の人にとって「悪いこと」です。でも、そんなことを気にしていたら「守護者」はやっていられません。しかし、間違ってはならないことは、彼らは「使徒たち」ではなく「この世の人」です。この違いは大きいのです。

使徒たち＝教会の現実

今日の聖書箇所で問題になっているのは、十二弟子、後の十二使徒です。教会の中で、重んじられるべき人です。前回の過越の食事、最後の晩餐、最初の聖餐式の場面において彼ら「弟子」たちは突然「使徒」たちと呼ばれ、この福音書を書いたルカは、イエスの復活、昇天以降に誕生した「教会」を意識して書いています。「あなたがたキリスト者が重んじている『使徒たち』の現実は、こういうものだ」という意味で書いているのです。しかしそれは、十二使徒の現実を公にして人々の歓心を買おうとしているわけではありません。神に選び立てられた教会の現実を書こうとしているのです。

聖ヶ丘教会との合同礼拝

先日の聖ヶ丘教会と中渋谷教会との合同礼拝後の茶話会において、合同礼拝の起源の話になり、私は大体こういう趣旨のことを言いました。

「この種の祈り会は信徒のものです。牧師はいつ辞めるか分かりません。三十年位前から洗礼と聖餐の関係が問われてきました。その頃から、この祈祷会は始まりました。長らく『祈祷会』と言ってやって来たのです。しかし、それでは全員が祈るようだし、聖餐式もあるのだから『礼拝』と呼ぼうということになり、『合同礼拝』と呼ぶことになったのです。聖ヶ丘教会と中渋谷教会とでは、あらゆる面でタイプが違いますけれど、洗礼と聖餐の関係に対しては一致しているのです。でも、教会の中で『先生』と呼ばれる人間は、何でも相手より上だと思いたがる傾向があるから、こういう祈りは信徒が中心にやらなければ駄目です」。そう言いました。私は、そう思っています。

マウンティング

そもそも二四節の言葉、「偉いだろうか」は「誰が人々から一番偉いと思われているか」が原文の意味です。私たち人間にとっては、自分で思うことと同時に人にどう思われているかが大事なのではないでしょうか。

それは「議論も起こった」という言葉にも表れています。この「議論」という言葉も、「争うことが好きだ」という言葉です。「好き」と「争い」が合わさった言葉なのです。私たちも、気がつけば好きなことをしているということがあります。使徒たちも、例外ではありません。イエス様は、首都であるエルサレムに入り、そろそろご自分の国を造るのではないかと弟子たちは思っている。その弟子たちの中で、誰が一番偉いと思われているか。今で言う「世論調査の結果」が、彼ら使徒たちの関心事だったのです。

この世においては、名刺に記されている役職で、人の見方やお辞儀の角度が変わったりします。また先日のワイドショーでは、これまで動物にしか使わなかったマウンティングという言葉を人間にも使って、「女のマウンティング」が特集されていました。それは、子どもに習い事をさせているか、どのメーカーの乳母車に乗せているか、着物はどのブランドかなどを何気ない会話などで探るというもので、人は人に対して、どこまでも上から目線を持ちたがるということです。人は、そういう二面性を持っているので、恐いものです。

異邦人と主イエスの食事

主イエスは、「使徒たち」をいきなり「異邦人」に譬えます。「異邦人」とは突き詰めれば結局「この世の人」のことですけれども、それは主イエスとの食卓を共にしていないが故に「契約」とは何の関係もない人のことです。「使徒たち」は、主イエスと食事をしているのです。でも、その「使徒たち」も「偉い人」になりたいし、上に立ちたいし、食事の席について給仕をしてもらいたいのです。その点で、この世の人と全く変わりはないのです。

しかし、主イエスの食事においては、主イエスご自身がすべて給仕したのではないでしょうか。杯やパンをご自身の血や体として、つまりご自身の命として、主イエスは「使徒たち」に与えたのです。主イエスは、最も低きところに降って、「神の国」たる新しい共同体、「教会」を建てる契約を使徒たちに与えたのです。その「契約」の最初の受け取り手が、彼ら「使徒たち」なのです。しかし、その使徒たちが、気がつくと「契約」とは無関係の「異邦人」「この世の人」になってしまう。

そういう中で、主イエスだけは違う。彼らは、その事実を見ていたはずです。彼ら使徒は、主イエスの言葉と業、そして「新しい契約」の目撃者であり、体験者なのです。しかし、この世の人でもある。彼らはそういう意味での二面性もあるのです。

試練　誘惑

主イエスは伝道開始時から様々な「試練」に遭いました。主イエスは、褒められ、感嘆もされましたけれど、最初から殺されそうにもなったのです。そして、彼ら弟子たちを選んだのは主イエスです。弟子たちは尽きることのない魅力を持つ主イエスに従いながら、主イエスの言葉と業を見てきました。

主イエスは弟子を選ぶ前に、悪魔の誘惑を受けられました。この「誘惑」も「試練」も同じペイラスモスという言葉です。主イエスは、悪魔からの誘惑に対してみ言葉によって打ち勝たれました。それから宣教を開始されたのです。

弟子たちは違います。主イエスが教えてくださった祈りにも「わたしたちを誘惑に遭わせないでください」（一一・四）とありますし、もうすぐ出てきますオリーブ山における祈りにおいても、主イエスから「誘惑に陥らないように（起きて）祈りなさい」と二度も言われるのです。つまり、彼らは主イエスによって祈られなければならない人なのです。その点は、後程語ります。ここで私たちが覚えておかねばならないこと、それは主イエスが彼らを選び、彼らが主イエスの言葉と業を間近に見聞きし、主イエスに祈られ、後に教会の使徒になって、主イエスの言葉と業、新しい契約の食事、十字の死と復活、そして自分たちの裏切りと主イエスによる赦しの事実を伝えたことです。そういう意味で、彼らは使徒なのです。

あなたがたにゆだねる

今日の二七節から三〇節までに、「あなたがた」が実に四回も出てきます。新しい契約に与ったのは、そして主イエスを裏切ったのは、イスカリオテのユダやペトロだけではないのです。使徒たち全員なのです。そして、二九節に二度出てくる「ゆだねる」は、ディアティセーミという言葉です。その名詞形ディアテーセーは、二〇節に出てくる「新しい契約」の「契約」という言葉です。自分がやっていることの意味も分からぬまま、神を抹殺してしまう私たち人間のために、主イエスは神の罰として十字架に磔になって死んでくださり、墓に葬られました。神がそこを復活の場にしてくださることによって、人間の罪は赦されたのです。主イエスは結局そのことを語り、その業をなさってきたのだし、その十字架の死と復活の命を通して神とそして使徒たちと新しい契約を結んできたのです。彼ら使徒たちは、主イエスの復活、昇天、聖霊降臨を通してそのことを知ったのだし、主イエスはそのようにして「神の国」を打ち立て、それを彼らに委ねたのです。

国と支配

主イエスは、そのことを「あなたがたは、わたしの国でわたしの食事の席に着いて飲み食いを共にし」と言われます。今回初めて知ってビックリしたことは、この「わたしの国」の「国」と二九節に出てくる「わたしの父がわたしに支配権をゆだねてくださったように」の「支配権」は同じ言葉、バシレイアという言葉だということです。ですから、主イエスが「使徒たち」と一緒にした食事は、単なる食事ではなく、「新しい契約」を結んだ記念の食事なのです。

前回、私は出エジプト記二四章九節以下を引用しましたけれど、それはモーセをはじめとするイスラエルの長老たちが神を見ながらする食事、シナイ山における契約締結を記念する食事の場面です。その直前に、モーセが民と祭壇の両方に犠牲の血を振りかけたりするのですが、そこに「神はイスラエルの民の代表者たちに向かって手を伸ばされなかったので、彼らは神を見て、食べ、また飲んだ」（出エジプト二四・一一）と、あります。神を見て食事をするとは、そういうことです。

神は、信仰に生きることに失敗したイスラエルを含む形で、しかし、全く新しい契約を「使徒たち」と結ぼうとしているのです。それは、自分が何をしているかも分からぬままに、主イエスを裏切る弟子たちに命まで与える食事を通してです。この主イエス・キリストを通して、神はご自身を現し、「使徒たち」は後の聖餐式に繋がる最初の食事をしたのです。

主イエスの愛

三〇節後半の「あなたがたは……王座に座ってイスラエルの十二部族を治めることになる」は、「すべての教会は使徒たちの信仰に基づいて『使徒的教会』と呼ばれる」という意味以外のものではないでしょう。彼らが示されたのは「神の国」で人々を治めるわけではありません。それは「神の国の秩序」ではないのです。彼らが示されたのは「罪の赦し」です。どんなに高い地位にある人も、犯された罪も自分が犯してしまった罪も赦せません。先日アメリカの大富豪と政治献金に関する番組を見たのですが、彼は自家用の大きな舟の上で寛ぎながら、浜辺で遊ぶ庶民を見ながら、「彼らよりも私が幸せなのかどうか、私も分からない」と、言っていました。大金を使っても、人間の罪はどうにもならないのです。誰も自分の罪や自分に犯された罪を赦せないのです。

しかし、イエス・キリストに愛されていること、その愛は自分の命を与える愛であることを知った者は、「罪の赦し」という愛に突き進んで行かざるをえません。主イエスは、こう言われました。

「父がわたしをお遣わしになったように、わたしもあなたがたを遣わす。」そう言ってから、彼らに息を吹きかけて言われた。「聖霊を受けなさい。だれの罪でも、あなたがたが赦せば、その罪は赦される。だれの罪でも、あなたがたが赦さなければ、赦されないまま残る。」

（ヨハネ二〇・二一～二三）

使徒の仕事とはキリストの仕事であり、それは即ち「罪の赦し」です。「使徒たち」は、最初にそのことを知らされた人たちです。そしてそれが「神の国」であり、聖餐と説教は、その「罪の赦し」を表しているのです。

自分が欲しいのは憐れみだけだ

皆さんの中にもご覧になっている方もおられるかもしれませんけれど、日曜日の夜に、トルストイ原作の『戦争と平和』というテレビドラマがあります。ナポレオンとの戦争が描かれ、舞台は主にモスクワです。登場人物の一人にアンドレイという軍人がいます。彼は父親の言いつけ通り、婚約者であるナターシャを一年間だけおいて遠くに行ってしまうのです。その間に、ナターシャは、本当は妻がいるアナトールという色男にあの手この手で誘惑され、「一緒に駆け落ちしよう」ということになる。しかし、その駆け落ちは寸前に止められるのです。でも、ナターシャは家に引き籠るしかなくなり、アナトールはモスクワにはいられなくなるのです。アナトールもナターシャも決して赦せないアンドレイは、自殺願望を内に抱えながら、ナポレオンとの戦場に向かいます。

その前に、主人公でもあるピーター（ペトロ）に、アンドレイは「赦しは女の美徳で僕にはできない。そして、僕はアナトールに会ったら、殺す」と言っているのです。

アンドレイは戦場で半死半生になり野戦病院に運ばれます。その隣のベッドに、なんと片足がノコギリで切り落とされたアナトールがおり、泣きながらこう言うのです。

「今、**自分が欲しいのは憐れみだけだ**」。

アンドレイはその言葉を聞きながら、静かにアナトールの手を握るのです。「殺す」と言っていた相手です。

そして、ひょんなことから特権階級の伯爵になってしまったピーターは、戦争というものはどんなものであるかを知りたくて、戦場に行きました。そこで彼が知ったことは、戦争の悲惨さで、戦争とは結局人殺しにすぎないことを知ります。そして、彼は分かったのです。

「**世界は愛されたがっている**」。

「私が世界を愛している」ではないのです。「神が世界を愛している。その愛を人は現して欲しい」。神はそう言っているのです。

祈り

来週の朝礼拝には入会式があります。クリスマス礼拝では、試問会の結果ですが洗礼式が予定されています。当然、試問会では祈ってもらいます。受洗してキリスト者になるとは、垂直の言葉を使う、神からの言葉、神への言葉を持つということだからです。キリスト者は人間同士の間で使う水平の言葉だけでなく、神との間に使う垂直の言葉も使うのです。でも、誰だって最初は赤ん坊ですから、そういう言葉を使えばよいのです。神はその独り子を通して私を愛してくださっている。その事さえ、知ればそれでよいのです。その愛の極みが、ここで言う「憐れみ」「罪の赦し」なのです。「罪の赦し」以上の愛などこの世にはありません。

ペトロの愛、主イエスの愛

最後にペトロのことを語ります。ここでは彼の本名である「シモン、シモン」と出てきます。このように二度の呼びかけは「アブラハム、アブラハム」や「サウル、サウル」など、重要な箇所で出てきます。ここには訳されていませんけれども「見よ」という言葉も出てきます。

ペトロもユダも他の者たちもエルサレムに入って、これからが本番だ！と張り切っていたでしょう。その時にサタンに誘惑されたのです。神は、これから信仰に生きようとしている人間に、信仰は人間のものではないことを教えるために、サタンを使うことがあると思います。「ふるいにかける」とは、その信仰の真贋を見分ける方法だと思います。

ペトロは自分の信仰はまともだと思っていますから、「主よ、御一緒になら、牢に入っても死んでもよいと覚悟しております」と、豪語します。しかし、ほどなく「わたしはあの人を知らない」と、鶏が鳴く前に三度も言うことになります。主イエスの預言通りです。その時、岩（ペトロ）のような彼は、自分を裏切ったのです。裏切りとはそういうものではないでしょうか。彼は主イエスを裏切るのですが、裏切りとは自分を真っ先に裏切るものです。彼の自分への愛、主イエスに対する愛はその程度だったのです。

しかし、主イエスは言われたのです。

「しかし、わたしはあなたのために、信仰が無くならないように祈った。だから、あなたは立ち直ったら、兄弟たちを力づけてやりなさい。」

（ルカ二二・三二）

岩（ペトロ）のような人でも挫けること、失敗することは幾らでもあります。しかし、主イエスはそういう人を見捨てることなく、祈ってくださるのです。この主イエスの祈りは、ペトロ個人に対するものでないことは、言うまでもありません。

神が立ち直らせてくださる

先々週、Aさん（女性）が事故によって急逝し、私はAさんが『桜通信』や「会報」に書き残してくださったものを何度も読みました。そして、「信仰（受洗）五十年」のお祝いの時に私が必ず言う言葉が、Aさんにとっても意味あることだったと思いました。私は必ず「信仰五十年とは、五十年の長きにわたって神様がお見捨てなく導いてくれたことを感謝することだ」と言うのです。そしてそれは、「キリスト者」と呼ばれることや「長老」と呼ばれることに、多少危惧があったAさんの踏ん切りになったようです。

信仰は神様の賜物なのです。決して自分のものではありません。最後に勝つのは、主イエス・キリストを通してご自身を現し、契約を立てられた神です。十字架と復活の主イエス・キリストを通して、神の国の基礎を究極的な愛において据えた神なのです。

最後にこの箇所に関するある註解者の言葉を引用します。

「ペトロが弟子の手本とされるのは、彼が決して失敗しなかったからではなく、立ち直ったからである」。

これは本当のことだと思います。ペトロのために、主イエスは祈ってくださっているのです。そのことを忘れないで生きていきたい。私たちが生きているのでなく、私たちは生かされているのです。ご自身の十字架の死と復活を通して、神と人との間に「平和がある」と言われた主イエス・キリストとの出会いを通して、「神の国」は私たちを通して証しされていくのですから。

聖なる父なる御父

主イエスと弟子たちは別次元を生きております。私たちにおいても同じです。いつも主イエスは孤独です。だけれど、私たちはその主イエスの言葉を聴き、その業を信じている者たちです。私たちを通して神の国は広まって行くのです。どうか私たち一人ひとりのためにこれからも祈ってください。お見捨てなく、あなたの子として、キリスト者として歩むことができますように。この祈りをイエス様のお名前を通しておささげします。アーメン

（二〇一六年十一月十三日）

正しい人がもたらす神の国

ルカによる福音書二三章四四節〜五六節

既に昼の十二時ごろであった。全地は暗くなり、それが三時まで続いた。太陽は光を失っていた。神殿の垂れ幕が真ん中から裂けた。イエスは大声で叫ばれた。「父よ、わたしの霊を御手にゆだねます。」こう言って息を引き取られた。百人隊長はこの出来事を見て、「本当に、この人は正しい人だった」と言って、神を賛美した。見物に集まっていた群衆も皆、これらの出来事を見て、胸を打ちながら帰って行った。イエスを知っていたすべての人たちと、ガリラヤから従って来た婦人たちとは遠くに立って、これらのことを見ていた。

さて、ヨセフという議員がいたが、善良な正しい人で、同僚の決議や行動には同意しなかった。ユダヤ人の町アリマタヤの出身で、神の国を待ち望んでいたのである。この人がピラトのところに行き、イエスの遺体を渡してくれるようにと願い出て、遺体を十字架から降ろして亜麻布で包み、まだだれも葬られたことのない、岩に掘った墓の中に納めた。その日は準備の日であり、安息日が始まろうとしていた。イエスと一緒にガリラヤから来た婦人たちは、ヨセフの後について行き、墓と、イエスの遺体が納められている有様とを見届け、家に帰って、香料と香油を準備した。

婦人たちは、安息日には掟に従って休んだ。

死と墓

いよいよ主イエスの十字架による死と埋葬の場面です。次回は空の墓と復活の場面の一回目となります。

何でもそうですが、初めがあって終わりがあります。初めは終わりに向かっている、とも言えるのです。いつどのようにして始まり、いつどのようにして終わるのか。それは、私たちには全く分かりません。私たち人間は、その初めから終わりに向かって生きている。私たちのこの世における人生は、死と墓に向かって歩んでいる。そのことは、はっきりしています。よく言われることですけれども、その人の人生がどういうものであったかは死んでから分かる。そういう面もあるでしょう。

今年の三月末で中渋谷教会における私の任期が終わることもあって、私は今月末から来月初旬にかけて二つの埋骨式をします。そうでなくても、年に一回は小平霊園にある教会の墓に行き、死や墓というものが私たちキリスト者にとってどういうことであり、どういう意味があるのかを考えますし、語ります。そして思うことは、私たちにとっての死や墓の意味は、イエス・キリストの死と墓によって劇的に変化したということです。

全地は暗くなり

ここには「既に昼の十二時ごろであった。全地は暗くなり、それが三時まで続いた。太陽は光を失っていた」と、あります。「その時に日蝕が起こった」とか、「突然曇ったのだ」とか言われたりもします。けれど、太陽が最も高く上がり光を地面に照り付ける時に、実は暗黒の出来事が起こっていたのだと言いたいのだと思います。そういう言い方は聖書の中にたまに出てきます。たとえば、イエス様が捕まる時、それは真夜中でした。その時、「だが、今はあなたたちの時で、闇が力を振るっている」と、イエス様は言われました。その「闇」を、「真夜中」の暗さの意味にとる人はいないだろうと思います。主イエスから見れば、「今は間違ったことが行われている。しかし、今の時を支配しているのはあなたたちだ」。そういう意味だと考えるでしょう。

それと同じように、「全地は暗くなり」とか「太陽は光を失っていた」という描写は、「主」であり「メシア」である方の死は、地域的なことではなく全世界的なことなのだと言わんとしているのだと思います。

考えてみれば、イエス様がこの地上にお生まれになった時も、天使は「民全体に与えられる大きな喜びを告げる」と、当時は人間扱いをされていなかった羊飼いたちに言いました。それは、「全世界の民の大きな喜びになることが今起こっているのだ」と言うことだし、「その知らせを、神は真っ先にあなたがた羊飼いに知らせるのだ」と言うことでしょう。それが、当時の全世界でもあったローマ帝国の皇帝アウグストゥスが登場している理由です。彼は世界の中心にいましたし、彼の誕生そのものが「福音」「喜ばしい知らせ」「平和をもたらす者の誕生」と言われていたのです。しかし、天使は、布に包められて羊や牛の飼い葉桶に寝かされている赤ん坊が「主メシア」であると言い、「その子の誕生は、ベツレヘムという村をはるかに越えて民全体の喜びとなっていくと」言うのです。それと同じことが、ここには込められているのだと思います。

神殿の垂れ幕

マルコやマタイとは違って、ルカだけは「神殿の垂れ幕が真ん中から裂けた」ことを、主イエスが十字架の上で死んでからでなく、まだ息がある時に起こったことにしています。主イエスはその後で、「父よ、わたしの霊を御手にゆだねます」と言ってから息を引き取るのです。

この件に関しても神殿批判だとか、神殿礼拝の終わりだとか、いろいろと解釈があります。もちろん、私も神殿礼拝との関連があると思います。「垂れ幕」とは神殿の「聖所」と最も奥にある「至聖所」を隔てる幕のことですから、神殿と関係していることは言うまでもありません。

ルカ福音書の「今」はまさにその時期なのですけれども、ご自身の民イスラエルを創造されたことを神が記念する過越の祭りが始まる直前の贖罪日に、大祭司一人が至聖所の中に入り、民が犯した罪の赦しを求めて神に祈るのです。その罪の赦しが与えられなければ、民は神と交わることができないのです。罪とは、結局、自分を神とし神に背を向けて生きることですから、罪人が神様と交わりを持てないことは当然のことです。そして、私たちは気がつけばその罪人として生きているものです。

話が少し横道に逸れますけれど、神学生時代に、正教会の秘儀を映像で見たことがあります。正教会の祭壇には木の壁で隔てられた至聖所があり、その奥には信徒が入ることはできません。その中で、私たちが言うところの聖餐式に使うパンと葡萄酒を、祭司たちが彼らのやり方で分けるのです。そのこと抜きに、会衆は神と交わることはできないのです。

つまり、神殿の幕が真ん中から裂けたことは、神様がこの十字架の主イエスを通してご自身を現した、それも神の選びの民であるべきユダヤ人だけではなく、異邦人にも現したことです。それは、すべての人の罪を、神は主イエスの十字架の死を通して赦し、そのことを通して、すべての人の神になろうとしているということではないでしょうか。それが神の民であるユダヤ人には許せないのです。だけれど、そのこと抜きに、神は私たちの神ではないでしょう。

主の死

主任代務者である大住雄一先生がいつかの説教でおっしゃっていたことですけれども、パウロが教会から受け継いだ聖餐制定の言葉の最後が、「それによって、主がこられる時に至るまで、主の死を告げ知らせるのである」となっていることは大事なことです。その一つの理由は、「主の死」とは十字架の死だからです。四つの福音書は、どれも主イエスの死と埋葬、復活のことを述べていますし、その後に続く使徒言行録や書簡も結局、「主の死」は自分のためであると信じるしかない人間の生き方を語っているのです。つまり、その死は人間の罪を赦すために必須のものなのです。神は、ご自身の独り子の十字架の死によって、罪人の罪を赦し、その御顔を現されたのです。神が私たちの神となるにあたって、無くてはならないのが「主の死」なのです。

ルカ福音書が明らかにしているのは、主イエスの十字架の死によって、ユダヤ人を超えた「民全体」が神の民になり、さらに生死の区別を超えてすべての民をご自身の民とする新しい契約を神が結んだということ、私たちは信仰においてその契約に入るのです。至聖所に至る神殿の垂れ幕が真ん中から裂けたとは、その新しい契約を現しているのです。

神の正しさ

主イエスの十字架の叫びは、マルコ福音書やマタイ福音書の「わが神、わが神、なぜわたしをお見捨てになったのですか」ではなく、ルカ福音書では「父よ、わたしの霊を御手にゆだねます」です。また、十字架の下からじっと主イエスを見ていた百人隊長の言葉は、マルコやマタイでは「本当に、この人は神の子だった」ですけれども、ルカでは「本当に、この人は正しい人だった」であり、彼は「神を賛美した」となっています。私たちは今、ルカ福音書を読んでいますからその線で読んでいきますけれど、主イエスが最後まで全幅の信頼を神様に置いていたことはすべての福音書に共通していることです。主イエスが罪人の一人に数えられ、死刑としての十字架に付けられることに神のご意志があり、そのご意志に主イエスが敢然と従うこと。オリーブ山での祈り以後、そのことにおいて、主イエスに迷いはなかった。罪がない主イエスが、罪人の罪を一身に背負って十字架上で神に捨てられながら、罪人の罪が赦されるように祈り、その贖いのために死ぬ。その理不尽さに神様の「正しさ」があり、主イエスはその正しさに最後まで従われたのです。そこに主イエスの「正しさ」があるのです。そしてルカ福音書は、そのことを語っているのです。

主よ、わたしを憐れんでください

主イエスの十字架上の祈りの言葉は、詩編三一編六節の言葉なのです。就寝の時に唱える祈りの言葉として、多くの人が知っていたようです。この祈りは「主よ、憐れんでください」（一〇節）「罪のゆえに力はうせ、骨は衰えていきます」（一一節）と続きます。キリスト教の典礼歌が「キリエ　エレイソン」「主よ、憐れみ給え」という歌で始まることは何度も言ってきました。私たち人間は、神と共に生きなければ、神に造られた人間として生きることができません。そして、神と共に生きるためには、神に背を向けて生きる罪をいつも新たに赦していただかなければならないのです。主イエスは、そのために十字架の上で祈り、神の裁きを受けて死ぬのです。そこに、神の「正しさ」があるのです。その「正しさ」を求めること抜きに、神を礼拝することはできません。

しかし、自分のやっていることが分からない私たち人間は、主イエスを邪魔者として排斥し、結局、この世から追い出すために亡き者とする他にないのです。そこに自分たちの「正しさ」がある。そう思っているのです。それはよく分かることです。私たちは誰でも、神様への愛や隣人への愛を徹底できないからです。主イエスを積極的に排斥するか、消極的に排斥するかの違いはありますが、排斥することに変わりはないのです。そういう人間です。つまり、救いようがない人間なのです。そういう人間を救うために、罪なき主イエスを罪人の一人として十字架で裁く。そこに神の「正しさ」があり、そこでご自身がどういう神であるかを表すところに神様の「正しさ」があり、その神に全幅の信頼を寄せて従うところに、主イエスの「正しさ」があるのです。私たちは、その「正しさ」を信じ受け入れることによって、神から見て正しい人間にされるのです。それは、自分の罪を認め、その赦しを乞い求めることです。

正しい人

百人隊長がどこまで見ていたのか分かりません。でも彼は、十字架の下にずっといて、主イエスの祈りを聞き、主イエスと犯罪者たちとの対話を聞き、主イエスの最後の言葉を聞いたのです。そのすべてを通して、主イエスが与えようとしている「救い」は、自ら十字架から降りたり、犯罪者たちを降ろしてずっと生かすことにあるのではなく、この世では犯罪を犯した犯罪者の罪を十字架の死によって赦し、最早涙も死もないパラダイスに共に生かすことにあると知ったのです。主イエスと共に生きるパラダイスを与えるところに主イエスの「正しさ」があることを、百人隊長は知ったのです。そして、「本当に、この人は正しい人だった」と言って、「神を賛美」したのです。

主イエスの誕生の時や埋葬の時もバプテスマのヨハネや預言者シメオン、議員のヨセフなど「正しい人」は出てきます。そのことは大切なことです。

神を賛美した

でも、この十字架の死において現れた「正しさ」は、それらとは違うと思います。この「正しさ」を理解するためには、「神を賛美した」という言葉を見る必要があります。この言葉は、羊飼いたちがエルサレムの家畜小屋で、天使が言った通り、赤ん坊が布に包められて飼い葉桶の中に寝かされているのを見て、「神を賛美した」というところに最初に出てきます。神様はアウグストゥスに比して、最低の所にご自身の子を誕生させたことによって、新しく「地には平和、天には栄光」を新たに造り始めたのです。それは、罪の赦しによって造り始めたということです。

この言葉が次に出てくるのは、「信仰」（ピスティス）という言葉が初めて出てくるところでもありますが、主イエスが中風の者に向かって「人よ、あなたの罪は赦された」（五・二〇）と言い、中風の者を歩けるようにしてくださったという箇所です。その現実の中で、彼は「神を賛美した」（五・二五）のです。主イエスの癒しの業は、人間の罪の赦しの業なのであって、そのことを自分のものにするためには「信仰」が必要であり、そこに「神を賛美した」ということが生まれるのです。

群衆　胸を打つ

その事実が影響したのかもしれませんが、これまで主イエスに敵対的に登場してきた「群衆」が「胸を打ちながら帰って行った」とあります。彼らは、主イエスの十字架の死を見物に来たのでしょう。「イエスという男は『ユダヤ人の王』を自称して世間を騒がせ、結局異邦人であるローマ人とユダヤ人の双方に十字架に付けられて殺される。いい気味だ」という感じだと思うのです。しかし、その彼らが主イエスの十字架の全場面の目撃者になることによって、罪の悔い改めの徴である「胸を打つ」ようになったのです。

主イエスはある時、「自分は正しい人間だとうぬぼれて、他人を見下している」人間に対して、一つの譬えを語りました。それは、律法を忠実に守っているファリサイ派の人と、当時罪人の一つの代表であった徴税人が神殿に祈るために上ったという話です。ファリサイ派の人は神の前で自分の正しさを誇り、自分が徴税人のような人間でもないことを感謝しました。しかし徴税人の方は、祭壇から「遠くに立って、目を天に上げようともせず、胸を打ちながら言った」のです。「神様、罪人のわたしを憐れんでください」、と。ここに「胸を打つ」という言葉が出てきます。

主イエスの十字架の死の姿を見、その言葉を聞くということは、新しい人間を造り出すこと、自分の罪を知り、「胸を打ちながら」その罪の赦しを求め始めることなのです。私たちも、この礼拝に於いて主イエスの姿を見、その言葉を聞かねば礼拝したことにはなりません。

目撃者　証言者

その次に登場する人たちは、「イエスを知っていたすべての人たち」と「ガリラヤから従ってきた婦人たち」です。彼らは、「遠くに立って、これらのことを見ていた」のです。誰も、主イエスのために何かをした訳でも、できた訳でもありません。でも、特に婦人たちは、この後の埋葬や復活の証人になります。そして、復活の時は八章と同様に名前が記されます。当時、女の弟子というものはあり得ませんでしたし、女の目撃証言が重んじられることもありませんでした。しかし、主イエスの十字架の死と埋葬、そして復活という決定的な出来事の目撃者は、いずこの福音書においても女なのです。その証言がキリスト教、教会の基礎になっている。それは事実です。

主イエスの十字架の周りにはユダヤ人だけがいるわけではなく、異邦人の百人隊長もいますし、身分の高い者も低い者もいますし、男も女もいるのです。そういうすべての人たちが、イエスの十字架の死は主の死、メシアの死、地に平和と天に栄光をもたらす死であることの証人となり、当時半人前扱いだった女たちがその死と埋葬の目撃者であり、証言者だと聖書は告げるのです。

議員　遺体

しかし埋葬者になるためには、総督ピラトに直接話しかけることができる地位が必要です。その点で、ヨセフという人が最適でした。彼はイエスを「十字架につけよ」と言った最高法院の「議員」でしたが、「善良な正しい人で、同僚の決議や行動には同意」しなかった人です。そのヨセフが律法にある通り、日没と同時に始まる安息日の前に、主イエスの「遺体」を十字架から降ろし、彼が持っていた新しい墓に納めると、ピラトに申し出たのです。この十字架刑に責任を持つピラトから見れば、ヨセフは最高法院の「議員」ですから断る理由はなく、主イエスの遺体の引き取りをヨセフに委ねました。

ヨセフにも、彼の後について主イエスがどこに葬られたかを確認する婦人たちにとっても、この時の主イエスは「遺体」です。この「遺体」という言葉がこの箇所に三度も出てきますけれども、彼らにとってはその「遺体」に対して最後の奉仕をしているのです。彼らにできることはそれしかありませんし、懸命にその奉仕をしているのです。しかし、彼らのその行為が、先程述べたように、主エスの遺体の埋葬の事実を造り出し、後に証言となるのです。そして、主イエスはその遺体から復活されるのです。しかし、そんなことはその時、誰も知りません。人間は、自分が何をしているのか知らないものです。

私たちの羊飼い

ヨセフは「ユダヤ人の町アリマタヤの出身で、神の国を待ち望んでいた」と、あります。アリマタヤはユダヤ地方とガリラヤ地方の境にある小さな町だそうですけれど、彼が「神の国を待ち望んでいた」ということを最後に少し考えたいと思います。

私は皆さまのお祈りやお支えのお蔭で、今もリハビリ生活を続けていますけれど、先月から週に一回はバスに乗って病院に行けるようになり、先日、病気になってから初めて電車とタクシーに乗って亀戸にお住いのYさん（女性）、また月島にお住いのYさん（女性）のお二方の訪問に行って来ました。あっと言う間に二月になってしまい、残された時間は僅かになってしまいましたし、いろいろと忙しいのですけれども、残された期間に、高齢の方たちをできるだけお訪ねしたいと思っています。

その中のお一人に、「中近東などの例を見ると、仏さん（仏教）の方が平和のような気がして……」と言われました。私は、お二方と共に今日はこの言葉を読もうと朝から心に決めていた聖句を読み、一言語ることにしました。その聖句とは、ヨハネ福音書の一〇章の「わたしは良い羊飼いである。良い羊飼いは羊のために命を捨てる」という言葉です。この言葉は、私がキリスト者になる上で決定的な言葉です。そして、私は大体こういうことを言いました。

「すべての人が、十字架の主イエスの前に平伏さなければ、この地上に平和は実現しないのです。自分のやっていることが分からない。そういう私たちの罪が赦されるようにと十字架に磔にされつつ祈り、そのことを正しいことにしてくださった十字架の主イエスの前に、すべての人間が平伏さなければ平和は実現しません。イエスはキリストです。私たちのために命を捨ててくれた羊飼いです。それによって私たちは私たちの親を知らされました。もちろん、それは肉の親ではありません。霊の親です。その霊の親が同じということで、私たちが兄弟姉妹であるという現実が造り出されたのです。その現実を造り出してくれた主イエスの十字架の前に、すべての人が平伏すこと抜きに平和は実現しません。平和の実現のためには、私たち人間がやるべきことがたくさんあるのでないか」。

そう語ったのです。

分断と神の国

現在は、どこかの大統領のお蔭だけでなく、これまで私たちの目に見えにくかった「分断」が強調される時代です。階級、身分、肌の色、宗教、国籍、性、敵と味方、そういう違いがさまざまな差別や憎しみを生み出し、その憎しみや差別が肯定される。そういう時代だと思います。今は、地に平和を生み出し、天に神の栄光を生み出すこととは正反対の時代です。

言葉を換えれば、「神の国」の実現とは正反対の時代なのです。しかし、だからこそ、私たちキリスト者は「神の国」を待ち望むのではないでしょうか。「天にまします我らの父よ、御名を崇めさせたまえ。御国を来たらせたまえ。御心が天になるごとく、地にもなさせたまえ」と、礼拝の中で共に祈るのではないでしょうか。それは全員で「神の国」を求める祈りです。そして、「神の国」は、私たちのために十字架で命を捨てられた主イエス・キリストによってもたらされるものです。聖書はそのことを書いているのです。そして、私たちはその聖書を読んでいる。

その私たちがすべきこと、それはこの主イエス・キリストこそ正しい方であり、神はこの方を通して「神の国」をもたらそうとしておられることを、十字架の主イエス・キリストの前に平伏しながら証しすることでしょう。神様は、そのことを私たちに期待しているのです。何年かかっても、一生かかってもよいのです。しかし、主イエス・キリストの十字架の死によって罪を赦されて、再臨のイエス・キリストと共にいつの日か実現する「神の国」に向かって、私たちは真っ直ぐに生きるようになった。私たちは洗礼によって、復活のイエス・キリストの新しい命に与ったからです。だから私たちは、そのように生きるしかないのです。そのことは忘れないで、自分に与えられた人生を死と埋葬の時まで生きていきたいと思います。私たちは今、その終わりに向かって生きているのです。

主イエス・キリストの父なる御神様

感謝をいたします。この礼拝を通して、私たちが今、何者であるか、何をすべきであるか、何が正しいことであるか、そのことを知らされます。あなたが御子イエス・キリストの十字架の死を通して、私たちにそのみ顔を現してくださいました。何が正しいかを知らせてくださいました。この地上においてさまざまな声が聞こえますけれども、少なくとも週に一回はこの聖書を本当に虚心に読み、あなたの語りかけを聞くことができますように。

主イエス・キリストの御名を通して御前におささげいたします。アーメン

（二〇一七年三月十二日）

あとがき

本説教集は、ルカによる福音書の本文中に「神の国」という言葉が入った箇所を集めたものである。ただ、「私たちのために祈る主イエス」（二七三頁）は例外なのであるが、『聖書　新共同訳』では「支配権」と訳されている言葉はバシレイアであり、「国」と同じである。この「支配権」は内容的には明らかに「神の国」のことなので、入れておいた。説教を語った場所はこれまで同様、中渋谷教会の礼拝の中である。期間は二〇一六年六月十三日の「神の子の到来」に始まる。

そこで主イエスは、引き留める群衆に向かってこう言われた。

「ほかの町にも神の国の福音を告げ知らせなければならない。わたしはそのために遣わされたのだ。」

（ルカ四・四四）

主イエスは、最初から「神の国の福音」を告げ知らすために、地上に来られた「神の子」だったのだ。私は、当時の私なりに「今もこうして礼拝において主の言葉を語り、聞いて信じ、聖餐の食卓を囲みつつ、『神の国』の福音を宣べ伝えているのです」（二一〇頁）と語っている。しかし、その頃の私の中に、「神の国」はまだそれほど定着していなかったと言わざるをえない。

今から四十年近く昔のこと、神学校に入りたての頃、先生が学生一人ひとりに「君は何故、神学校に来たのかね？」と尋ねたことがある。「教会の学としての神学を学びに来た」という同級生のこたえに腰を抜かさんばかりにビックリしつつ、私は「イエス様が何故十字架に磔にされたか知りたくて来た」とこたえた。「随分と実存的な問いだね」と、先生がおっしゃったことをよく覚えている。

私の問いが実存的な問いなのかどうか私にはわからなかったが、私の説教は絶えずその問いを巡ってのものだったと思う。もちろん、十字架の死の裏には復活の命がある。そのことも語ったに違いない。しかし、あくまで焦点は十字架の死にあったように思う。

二〇一四年十一月末、私は脳梗塞や水頭症などによって手術や入院を余儀なくされ、それは結局、一年一か月の長期に亙った。教会にも大きな心配とご迷惑をかけたことを申し訳なく思う。しかし、その間に私の中では、主イエスの十字架や復活も結局「神の国」の重要な柱であって、十字架や復活だけを見ていても聖書が言わんとしていることの全体像は見えてこないことがわかってきた。

それ以来、主イエスがこの地上に現れたことに「神の国」が始まり、十字架の死と復活の命を一つの頂きとし、昇天と聖霊降臨、教会の誕生、終末に人の子イエスが再臨されることによって「神の国」が完成すると考えるようになった。聖書は、聖霊降臨によって誕生した教会の書物である。そして、聖書は、「イエスとは誰か」、そして私たちにとっては不思議な「神の国」に関して書かれ、その国に生きるようにと、私たち一人ひとりを招く神の言である。私たちキリスト者は、その招きに応えた者たちなのである。

私は、二〇一六年十二月末の退院から二〇一七年三月まで原則月二回の説教の機会を与えられた。その間になんとかルカによる福音書の説教を終わらせることができたことは、リハビリ中の身にとっては、大変ありがたかった。まだ入院中の十二月に語った「人に尊ばれるもの・神に忌み嫌われるもの」（一七六頁）以後の説教は、上記のことを考え始めて以降ということになる。そして今、私は二〇一七年四月から山梨教会の牧師として「時は満ち、神の国は近づいた。悔い改めて福音を信じなさい」という言葉をもって宣教を始めたイエス様の歩みを、教会員の方たちと共にマルコによる福音書を読みながら辿り始めている。私は今既に「神の国」に生きるからこそ、何年も何年もかけて考え行きたいと思う。

僅か数か月前に語った次の言葉が今の私の気持ちを言い得ているように思うので、最後にそれを記しておこう。最終説教「正しい人がもたらす神の国」（二八六頁）の最後の言葉である。

「その私たちがすべきこと、それはこの主イエス・キリストこそ正しい方であり、神はこの方を通して『神の国』をもたらそうとしておられることを、十字架の主イエス・キリストの前に平伏しながら証することでしょう。神様は、そのことを私たちに期待しているのです。何年かかっても、一生かかってもよいのです。しかし、主イエス・キリストの十字架の死によって罪を赦されて、再臨のイエス・キリストと共にいつの日か実現する『神の国』に向かって、私たちは真っ直ぐに生きるようになった。私たちは洗礼によって、復活のイエス・キリストの新しい命に与ったからです。だから私たちは、そのように生きるしかないのです。そのことは忘れないで、自分に与えられた人生を死と埋葬の時まで生きていきたいと思います。私たちは今、その終わりに向かって生きているのです」。

今回も一麦出版社の西村勝佳さんに大変お世話になった。感謝したい。

二〇一七年七月

山梨教会牧師館にて

及川　信

神の国
説教

発行日……二〇一七年九月二十六日　第一版第一刷発行
定価……[本体二、四〇〇＋消費税]円
著者……及川　信
発行者……西村勝佳
発行所……株式会社一麦出版社
札幌市南区北ノ沢三丁目四—一〇　〒〇〇五—〇八三二
郵便振替〇二七五〇—三—二七八〇九
電話（〇一一）五七八—五八八八　FＡＸ（〇一一）五七八—四八八八
URL http://www.ichibaku.co.jp/
携帯サイト http://mobile.ichibaku.co.jp/
印刷……株式会社アイワード
製本……石田製本株式会社
装釘……須田照生

ISBN978-4-86325-105-2 C0016